外国语言文学前沿研究丛书

本书系浙江省哲学社会科学规划课题『中国哲学典籍在俄罗斯的翻译、传播和影响』（20 NDJC203YB）的研究成果

中国哲学典籍俄罗斯传播史

杨春蕾 著

上海交通大学出版社
SHANGHAI JIAO TONG UNIVERSITY PRESS

内容提要

本书以18世纪以来俄罗斯对中国哲学典籍的翻译和研究成果为研究对象，进行中国哲学典籍俄罗斯传播史的梳理与研究。全书遵循俄罗斯汉学发展史的脉络，按照俄罗斯汉学起源、发展、兴盛的时间顺序，以俄罗斯主要汉学家的学术成就为线索，在俄罗斯汉学家丰富的研究文献中，探究中国哲学典籍在俄罗斯的传播轨迹。

本书主要适合对中国哲学感兴趣并致力于中国传统文化对外传播的学者阅读。

图书在版编目（CIP）数据

中国哲学典籍俄罗斯传播史 / 杨春蕾著. —上海：上海交通大学出版社，2023.9

ISBN 978-7-313-29226-1

Ⅰ. ①中… Ⅱ. ①杨… Ⅲ. ①哲学－古籍－文化交流－文化史－研究－中国、俄罗斯 Ⅳ. ①B2②B512

中国国家版本馆CIP数据核字（2023）第147549号

中国哲学典籍俄罗斯传播史

ZHONGGUO ZHEXUE DIANJI ELUOSI CHUANBOSHI

著　　者：杨春蕾

出版发行：上海交通大学出版社　　地　　址：上海市番禺路951号

邮政编码：200030　　电　　话：021-64071208

印　　制：上海万卷印刷股份有限公司　　经　　销：全国新华书店

开　　本：710mm×1000mm　1/16　　印　　张：14.75

字　　数：208千字

版　　次：2023年9月第1版　　印　　次：2023年9月第1次印刷

书　　号：ISBN 978-7-313-29226-1

定　　价：88.00元

前言

中国哲学典籍在俄罗斯的翻译和传播与俄罗斯汉学发展历程息息相关。探寻中国哲学在俄罗斯的传播史，不得不先追溯俄罗斯汉学起源和发展的历史踪迹。本书将中国哲学典籍在俄罗斯的翻译与传播历程按照俄罗斯汉学发展的时间顺序分为拓展阶段、发展阶段和繁盛阶段。在每一个阶段都涌现出了众多卓有成就的汉学家，这些深耕于中国传统思想文化翻译和研究的汉学家撰写了丰富的汉学文献，为中国哲学思想和中国传统文化在俄罗斯的传播做出了巨大的贡献。

在近三个世纪的俄罗斯汉学发展历程中，中国哲学像一条丰盈充沛的主干河流，融入俄罗斯汉学史的浩瀚海洋中。俄罗斯汉学家对中国的研究涉及众多方面，从政治法律到安防军事，从朝堂庙宇到风土人情，从追溯历史文化到探寻地理疆域，从抽象性的哲学思想到具象性的实物……可谓是包罗万象。俄罗斯汉学家对中国文化的研究可分为典籍文化研究和实物文化研究，典籍文化包括中华五千年文明中流传下来的哲学、文学、历史、法律、医学、军事等珍贵典籍；实物文化包括园林建筑、剪纸、日常摆设等珍奇古玩和艺术制品。

中国哲学典籍在俄罗斯的传播经历了三个阶段，即拓展阶段（18世纪初—19世纪上半叶）、发展阶段（19世纪下半叶—20世纪50年代）和繁盛阶段（20世纪60年代以后），在每个历史时期以时间为线索，以历史人物为节点，对主要汉学家的成就进行梳理，系统展现俄罗斯汉学家对中国哲学思想浓厚的兴趣和孜孜不倦的研究。

第一阶段为拓展阶段，自18世纪以来，随着中国文化在西方的传播，中国哲学典籍开始传入俄罗斯，在这一时期，俄国的传教士（同时也是早期的汉学家）在翻译和传播哲学典籍方面起着重要的作用。罗索欣（И. К. Россохин, 1717—1761）、列昂季耶夫（А. Л. Леонтьев, 1716—1786）、卡缅斯基（П. И. Каменский, 1765—1845）、西维洛夫（Д. П. Сивиллов, 1798—1871）、比丘林（Н. Я. Бичурин, 1777—1853）等对中国哲学典籍进行了翻译和研究。罗索欣开拓性地翻译了《三字经》（未出版）、《千字文》和《二十四孝》，列昂季耶夫除再次翻译和出版《三字经》之外，还首次翻译了《大学》《中庸》等典籍。这一时期最显著的特点是以比丘林为首的汉学家把翻译和研究结合起来，促进俄国汉学最终成为一门独立的学科。

第二阶段为发展阶段，这一阶段以瓦西里耶夫（В. П. Васильев, 1818—1900）为首的汉学家使俄国汉学获得了长足的发展并进入了一个新的高度。以瓦西里耶夫为代表的汉学家将研究领域进一步扩展到儒、释、道及其他哲学流派，使汉学研究规模化，继而推出了众多的译著和研究成果。中国哲学典籍的翻译和研究在俄罗斯汉学史上迎来了首轮热潮。

随着1917年十月革命取得胜利，苏联时期一波三折的中国哲学研究阶段到来了。这一时期翻译和研究中国哲学典籍的主要汉学家有苏联早期翻译和研究《易经》的休茨基（Ю. К. Щуцкий, 1897—1938）、在中国哲学方面颇有建树的彼得罗夫（А. А. Петров, 1907—1949）、第一位汉学家院士阿列克谢耶夫（В. М. Алексеев, 1881—1951）等。这一时期，汉学家在总结前人翻译的基础上进行重译和再研究，同时翻译与研究并行，出现了诸多中国古代哲学研究资料，其中部分穿插译文。此阶段是俄罗斯汉学史上研究中国哲学典籍的重要阶段，起着承前启后的作用。

第三阶段是繁盛阶段。苏联后期中国哲学研究领域出现了群雄崛起、群星璀璨的盛况，涌现出了大批卓有成就的汉学家，比如研究墨子的专家季塔连科（М. Л. Титаренко, 1934—2016）、研究荀子的费奥克蒂斯托夫（В. Ф. Феоктистов, 1930—2005）、阳明学专家科布杰夫（А. И. Кобзев，1953—）等，他们的译著和研究成果也蔚为大观，俄罗斯的“孔夫子”贝列罗莫夫（Л. С. Переломов, 1928—2018）对儒家学说的研究广受赞誉。这一时期突出的成就是汉学家的集体成果《古代中国哲学》（1972—1973）和布罗夫（В. Г. Буров, 1931—）等人合编的《现代中国哲学》（1980）。这一时期，中国哲学研究备受关注，汉学研究领域全面拓宽，在这一时期探究中国哲学的领军人物，如季塔连科、贝列罗莫夫、卢基扬诺夫（А. Е. Лукьянов, 1948—2021）、布罗夫、科布杰夫等汉学家，使中国哲学翻译和研究达到了鼎盛。在这一阶段，重新修订的《道德经》《论语》《大学》《中庸》《易经》《墨子》《荀子》等译本成功问世，《淮南子》《盐铁论》《商君书》《山海经》《庄子》《列子》等俄译本也正式出版。在有关中国哲学研究的众多成果中，最有代表性的是季塔连科主编的《中国哲学百科辞典》（1994）。进入21世纪，俄罗斯汉学领域最重大的事件当属六卷本大百科全书《中国精神文化大典》（2006—2010）的出版。这一时期新译本的显著特点是在翻译时参考了大量的中国及西方的注释文献，使这些译著变成了真正的科学研究成果，拓展了理解和诠释中国哲学的民族特点的视野。中国哲学在俄罗斯的研究曾受制于苏联哲学史研究模式，现在倾向于用“象数学”的逻辑方法对中国哲学进行多维度、多层面的阐释，并从世界文化的视角对中国哲学进行审视和研究。

本书根据不同的历史时期对众多哲学典籍文献进行梳理和观照，以期勾勒出中国哲学典籍在俄罗斯翻译和传播的历时性学术历程。此外，本书还选取译本较多的同一哲学典籍开展翻译专题研究，如“儒家典籍的翻译研究”“道家典籍的翻译研究”等，进行翻译文献的梳理以及翻译对比分析研究，剖析哲学概念术语在不同译本中存在的分歧和差异，并提出历时性翻译方法与理论范式转型的问题。

儒家典籍众多，在俄罗斯的译著和研究文献较为繁杂。本书选取有代表性的四书典籍（《大学》《中庸》《论语》《孟子》）、五经典籍（《诗经》《尚书》《礼记》《周易》《春秋》）、《荀子》等译著进行研究。本书力求收集每一部典籍全面的翻译文献，并根据时间顺序列表整理每部典籍的翻译情况，对每个译本加以简要分析，并探究同一哲学概念术语在不同译本中的理解和阐释，重点关注翻译方法的历时性发展，由点到面地剖析翻译中存在的文化偏差现象，如对《论语》中“仁、义、礼、智、信”等概念的多种理解和译法。本书还发掘了翻译方法的范式转型，如从比丘林首创的编译法到瓦西里耶夫忠实原作的汉学研究模式转向。

此外，本书还探究和分析了道家典籍在俄罗斯的翻译情况。俄罗斯汉学家对道家经典的翻译和研究主要集中在《老子》(《道德经》) 和《庄子》这两部典籍上。本书主要发掘《老子》《庄子》在俄罗斯的翻译文献，并按时间顺序对每部典籍的翻译列表分析，对比每个译本的特点和风格，并加以述评。探究道家概念术语的差异化理解和翻译，点与面结合地论述文化不对等现象对翻译的影响，如不同译本中对“道”的多种阐释。关注托尔斯泰对《道德经》的翻译以及后期汉学家的散文体、无韵诗体等新体裁译文。

由于时间和精力有限，除《老子》和《庄子》外，笔者未来得及梳理和分析道家其他典籍（如《抱朴子》《列子》《文子》等）在俄罗斯的翻译现状，也未对除儒家和道家之外的其他哲学流派典籍在俄罗斯的翻译情况进行深入的探讨。

总之，本书以18世纪以来俄罗斯对中国哲学典籍的翻译和研究成果为研究对象，进行翻译和传播史的梳理与研究。对俄罗斯不同历史时期的汉学家完成的中国哲学典籍译著和研究资料进行分门别类的收集、整理和分析，是建构海外中国哲学并使其成为独立新兴学科、加深海外中国哲学研究深度的有效途径。

目 录

第一章　拓展阶段：中国哲学典籍在18世纪初—19世纪上半叶的翻译与研究　/ 1

第一节　俄国引进中国哲学的开端　/ 3

一、首开中国哲学典籍翻译先河的俄国汉学家　/ 5

二、俄罗斯汉学的开拓者——列昂季耶夫　/ 11

三、《尚书》俄译第一人——弗拉德金　/ 20

第二节　19世纪上半叶俄国汉学开拓阶段　/ 22

一、俄国汉学奠基人——比丘林对中国哲学典籍的翻译　/ 23

二、比丘林对中国哲学典籍的研究　/ 28

三、比丘林对中国文化传播的贡献和影响　/ 31

第三节　19世纪上半叶俄国其他汉学家对中国哲学的兴趣　/ 33

一、俄国科学院通讯院士卡缅斯基　/ 33

二、颇有建树的著名汉学家西维洛夫　/ 35

三、汉学家切斯诺依和基里洛夫　/ 38

第四节　小结　/ 39

第二章　发展阶段：中国哲学典籍在19世纪下半叶—20世纪50年代的翻译与研究　/ 43

第一节　19世纪下半叶——瓦西里耶夫时期　/ 45

一、瓦西里耶夫和中国哲学的渊源　/ 45

二、《中国文学史纲要》——文学和哲学之争　/ 51

三、19世纪下半叶俄国其他汉学家对中国哲学的研究　/ 55

第二节　托尔斯泰对儒道思想的兴趣和研究 / 68
一、托尔斯泰接触儒家思想的缘起 / 68
二、托尔斯泰对儒道思想的研究 / 69
三、托尔斯泰的追随者对中国哲学的研究 / 73
第三节　苏联前期——阿列克谢耶夫时期 / 76
一、新旧政权更替之下的俄罗斯汉学 / 77
二、阿列克谢耶夫院士对中国哲学的解读 / 81
三、阿列克谢耶夫和阳明学的渊源 / 87
第四节　苏联前期其他汉学家对中国哲学的研究 / 90
一、《易经》俄译第一人——休茨基 / 91
二、专注于中国哲学研究的彼得罗夫 / 99
三、研究中国哲学的其他汉学家 / 103
第五节　小结 / 107

第三章　繁盛阶段：中国哲学典籍在20世纪60年代以后的翻译与研究 / 109
第一节　苏联后期的中国哲学研究 / 112
一、苏联后期三院士 / 113
二、中国哲学领域各领风骚的汉学家 / 115
三、苏联后期中国哲学领域的百花齐放 / 125
第二节　跨越苏联和俄罗斯时期的汉学家 / 136
一、中国哲学研究领域三杰 / 137
二、研究中国哲学的其他主要汉学家 / 147
三、敦煌文献研究专家——孟列夫 / 151
第三节　俄罗斯时期的中国哲学翻译与研究 / 153
一、继往开来、独树一帜的汉学家 / 154
二、后起之秀汉学家对中国哲学的研究 / 162
三、俄罗斯时期对儒、释、道的综合研究 / 164
四、集体创作成果以及对前期研究成果的整理与再版 / 168

第四节 小结 / 172

第四章 中国哲学典籍译本分析与研究 / 175
第一节 儒家典籍译本研究 / 177
一、《论语》译本比较分析 / 177
二、《大学》译本比较分析 / 182
三、《中庸》译本比较分析 / 186
四、《尚书》译本比较分析 / 191
五、《孟子》译本比较分析 / 193
第二节 道家典籍译本研究 / 196
一、《道德经》译本比较分析 / 196
二、《庄子》译本比较分析 / 204
第三节 小结 / 206

参考文献 / 209
索引 / 217

第一章

拓展阶段：中国哲学典籍在18世纪初—19世纪上半叶的翻译与研究

在18世纪初到19世纪上半叶俄罗斯汉学的拓展阶段，俄罗斯汉学的起源和发展与俄国的东正教使团密切相关。从1715年俄国派出第一届东正教使团赴北京开始，直到1864年第十四届使团为止，在近一个半世纪的时间之内，俄国总共派出十四届使团。俄国宗教使团是俄罗斯汉学的发源地，培养出了大批汉学家，正是这些汉学家推动了俄罗斯汉学的起源和发展，促进了中国哲学思想、中国传统文化在俄罗斯的传播。本章主要论述自18世纪以来中国哲学典籍传入俄罗斯的渊源以及翻译和研究状况。从18世纪初到19世纪上半叶的这段时间跨度很大，根据俄国汉学家对中国哲学的研究情况，本章按时间顺序分为三个小节，分别为“俄国引进中国哲学的开端”“19世纪上半叶俄国汉学开拓阶段”“19世纪上半叶俄国其他汉学家对中国哲学的兴趣”。

本章全面搜集、系统梳理早期汉学家在中国哲学研究领域的学术成就，除关注有开山之功的汉学家罗索欣和汉学奠基人比丘林之外，还探究列昂季耶夫、卡缅斯基、西维洛夫等汉学家对哲学典籍的翻译和研究。

第一节　俄国引进中国哲学的开端

中国哲学进入俄罗斯的时间最早可以追溯到17世纪，第一本介绍中国的俄文书籍是由斯帕法里（Спафарий, 1636—1708）撰写的。1675年，他奉命访问中国，于1678年编写《被称为“亚洲”的天下第一块宝地，包括中国各城市和省份》，该手抄本描述了从俄罗斯到中国沿途的考察知识，其中包括中国宗教、孔子学说、中国哲学等知识，手抄本虽然没有出版，但在当时的俄国流传很广。[1]直到1910年，该手

1 ［俄］布罗夫. 俄罗斯的中国哲学研究：十七世纪末—二十世纪末（上）［J］. 汉学研究通讯，1984（56）：249-253.

抄本才在喀山出版，总共有271页。可以看出，俄罗斯很早就接触到了中国哲学，后来中国哲学典籍在俄罗斯的流传主要归功于俄罗斯汉学家们。

俄罗斯汉学起源于俄国宗教使团，俄国贵族通过来自东方的丝绸、瓷器、茶叶等实物了解到在遥远的东方还有一个神秘的国家——中国的存在。17世纪，俄国在政治方面形成中央集权国家，在经济方面也获得了长足的发展，领土疆域也随之向东、向南扩张，在这种情况下，俄国急需和当时的清政府建立直接的联系和往来。17世纪俄国共派出两个外交使团出使中国。1715—1728年，第一届使团的团长为修士大司祭伊拉里翁·列扎依斯基（Иларион Лежайский, 1657—1717），其率司祭、辅祭等8位执事来到北京，受到康熙皇帝的礼遇。后来根据1727年中俄签订的《恰克图条约》中的约定，俄方派四名男学生留在北京学习语言，他们将住在沙皇出资建造的住所，学成后归国。[1]后来这四位学生由商队顺路带来北京，在俄罗斯汉学史上，这四位学生是第一批来中国学习汉语的学生，他们分别是鲁卡·沃耶依科夫（Лука Воейков）、费多尔·特列季亚科夫（Федор Третьяков）、伊万·什斯托帕洛夫（Иван Шестопалов）、伊万·布哈尔特（Иван Пухарт），俄罗斯汉学由此开始萌芽。

在俄罗斯汉学肇始之前，彼得一世（Пётр I, 1672—1725）在进行改革的同时，为了加速俄国学术的发展，曾尝试从西方引进汉学，从西欧各国聘请了一些学者。其于1725年邀请了享有盛名的德国语文学家戈特利布·齐格弗里德·拜耶尔（Готлиб Зигфрид Байер 1694—1738）担任古代史和东方语言学教授，主要研究东方语言：满语、蒙古语、藏语和梵语。[2]1730年，拜耶尔出版了《中国博览》一书，《中国博览》分为上下两册，上册为内容各异的文章，下册是由44个表格组成的共88

1 Русско-китайские отношения. 1689—1916 гг. Официальные документы.-М. : Изд-во восточной литературы, 1958. С. 19–20.

2 Таранович В П. Академик Байер и его труды по востоковедению(рук.)-Архив ЛО ИВАН, Ф. 102, №2, 1С. 11.

页的《汉语词典》，其中收录了拜耶尔编写的《孔子的一生》一文。此书内容杂乱，整体水平不高，在西方和传教士之间反响不是很好。传教士普遍认为拜耶尔是自学的汉语，从没来过中国，也没有借助中国人的文献资料，自助完成了此书，虽然对拜耶尔来说这是一项艰难的工作，但是此书对读者来说没有太大意义。[1]

18—19世纪在俄罗斯汉学和西方汉学的发端时期，中国哲学以其特有的思想价值和行为准则引起了俄国学者的兴趣和关注，进入俄国汉学家的研究视野。18—19世纪最具代表性的先驱汉学家是罗索欣和列昂季耶夫，他们被中国哲学的魅力深深吸引，率先对中国哲学典籍进行翻译和研究。

一、首开中国哲学典籍翻译先河的俄国汉学家

罗索欣（见图1-1）是首开中国哲学典籍翻译先河的俄国汉学家，也是第二届宗教使团的成员。1728—1735年，第二届宗教使团以安东尼·布拉特科夫斯基（Антоний Булатковский）为团长，派在伊尔库茨克进修蒙古语的几名学生到中国学习汉语，其中就有罗索欣、格拉

图1-1　罗索欣

1　Таранович В П. Академик Байер и его труды по востоковедению (рук.)-Архив ЛО ИВАН, Ф. 102, №2, С. 13.

希姆·舒尔金（Герасим Шульгин）、米哈伊尔·波诺马廖夫（Михаил Пономарев），第二届使团学生的数量已经增至7人。[1]

在第一届和第二届使团成员中，罗索欣是最为出色的学生。罗索欣1717年出生于后贝加尔的色楞格思克地区的希洛克村，在瓦斯涅谢修道院创办的蒙古语学校学习了3年。1728年，布拉特科夫斯基慧眼识才，先把11岁的罗索欣调到自己身边做杂工，一年以后，即1729年，他又把罗索欣和他的同学舒尔金作为俄国东正教使团第二届成员一起派到中国学习汉语和蒙古语。第二届使团成员被派到北京的国子监学习汉语和蒙古语，衣食由理藩院提供。罗索欣学习非常努力，在汉语和蒙古语方面都取得了优异的成绩。

1735年，由于成绩突出，应理藩院的要求，罗索欣在理藩院担任翻译并兼任内阁俄罗斯文馆的俄语教师，教授满人和汉人俄语。这样一来，罗索欣有了充分的经济来源和生活保障，他的研究和翻译事业也有了一定的物质基础。在北京工作期间，罗索欣不仅对其在北京的日常生活做了详细的笔记，编成《满汉语会话读本》，还和时任满人教师一起把由思莫特里茨基（Смотрицкий）编写的《俄语语法》翻译成满语。[2]从这本《俄语语法》的前言中可以得知，早在1725年，雍正皇帝就曾下令整顿俄罗斯文馆。由此可见，在第一届俄罗斯使团出使期间，清政府就已经开始设立俄罗斯文馆，这也是为俄罗斯人开设的第一家汉语学校的雏形。

在中国期间，罗索欣又翻译了10本满语和汉语资料，于1739年开始翻译满文版的《八旗通志》。除此之外，由于罗索欣精通满语和汉语，他对中国的一切都表现出了极大的兴趣，做了很多开创性的工作。在回国之前他收藏了很多满文、汉文书籍，后来他把这些书籍带回了俄国。除此之外，罗索欣还积累了关于中国日常生活和文化习俗的知识，记录

1 Веселовский Н И. Сведения об официальном преподавании восточных языков в России. -СПБ. : Типография бр. Пантелееых, 1879. С. 181–183.

2 Волкова М П. Первый учебник русского языка для китайских учащихся. —Краткое сообщение ИНА, 1963. С. 154–157.

了许多手稿笔记，后来这些手稿成为俄罗斯了解中国的宝贵资料。

罗索欣不仅是首开哲学翻译先河的俄罗斯汉学家，还在汉语、满语和中国文化研究方面取得了丰硕的成果。1741年，罗索欣返回俄国，被委派到俄国科学院工作，3月23日，科学院安排他做汉语和满语教学与翻译工作。同年，俄罗斯首所汉语学校在圣彼得堡正式成立，这标志着俄罗斯汉学的开始。俄罗斯汉学的开端始于1741年，在《俄罗斯汉学史》中，李明滨把1741年3月23日，即第一位俄罗斯汉学家罗索欣进入科学院的那一天，确定为俄国汉学的开端。[1]阎国栋在《俄罗斯汉学三百年》中对上述说法给予了肯定，他认为，1741年3月22日[2]，由传教团培养的俄国第一批汉学家代表罗索欣进入圣彼得堡皇家科学院担任满汉语翻译，俄国汉学自此肇始。[3]

在教授汉语的过程中，罗索欣翻译了《千字文》《三字经》，在俄罗斯汉学史上，这是对中国儒家典籍的首次翻译。1741年8月10日，俄国警备部队的4名士兵来到罗索欣的汉语学校学习汉语，他们分别是亚科夫·沃尔科夫（Яков Волков）、斯捷潘·切克马廖夫（Степан Чекмарёв）、列昂季·萨韦利耶夫（Леотий Савельев）、谢苗·克列林（Семен Корелин）。罗索欣按照中国教授汉语的传统启蒙教学方式，经常要求学生背诵《三字经》《千字文》和“四书”，并让学生按照自己的理解翻译其含义。

在教学中，罗索欣经常指导学生翻译一些中国的典籍，遗憾的是很多此类译作都遗失了，保留下来的只有沃尔科夫翻译的“四书”手稿。沃尔科夫是罗索欣最出色的学生，他对“四书”的翻译是在罗索欣的指导下完成的。沃尔科夫是俄罗斯汉学史上第一位翻译“四书”的人，但是有关资料没有明确指出其翻译的是“四书”中的哪一本。据推测，沃尔科夫应该是只翻译了“四书”中的部分章节或者片段。在翻译手稿

1　李明滨. 俄罗斯汉学史［M］. 郑州：大象出版社，2008：1.
2　李明滨和阎国栋在各自的书中采用了不同的日期，此处保留了其书中的日期。
3　阎国栋. 俄罗斯汉学三百年［M］. 北京：学苑出版社，2007：1.

中，“四书”的篇名定为《四书或者中国哲学家孔夫子经典以及言论》。[1]沃尔科夫翻译的“四书”中，收录了由罗索欣编写的一份《用俄语字母记录的汉语发音》抄本。通常认为“四书”是罗索欣翻译的，而实际上其是由沃尔科夫在罗索欣的指导下翻译的，目前这个译本手抄本仍然在圣彼得堡俄罗斯科学院图书馆保存着。

罗索欣的汉语学校从1741年到1751年共存在了10年，汉语学校的学生毕业后因为学习的汉语无用武之地，而转行做了其他的工作，就连优秀学生沃尔科夫也在1767年选择了做科学委员会的文书。罗索欣本人在从事汉语和满语教学之余，主要的活动是翻译。1746年3月，罗索欣按照科学院的要求提交了一份自己完成的工作清单，列出了在教学期间编写的手稿和整理的翻译资料，其中有《中国名师的道德箴言》《三字经》《中国历代皇帝年表及大事记》《哲学问答》《孝经》《不同年代的历法》《一童驳倒孔夫子》等。

以上中国哲学书籍的翻译大多数是节译，翻译的目的是满足教学中练习的需要，译文主要体现了语言文字的转换，但没有体现出罗索欣对中国哲学思想的阐释、理解和思考。

罗索欣在汉学领域另一重大的贡献是致力于《资治通鉴纲目》的翻译，其所翻译的资料只涉及1225年的内容。[2]罗索欣于1750年完成《资治通鉴纲目》的翻译，但是这部译稿和其他的译著一样，没有被出版，一直放在科学院图书馆的档案室里。20多年之后，法国传教士冯秉正（Moyriac de Mailla, 1669—1748）完成这部历史著作的翻译，该译著于1777年至1785年在法国巴黎出版。[3]罗索欣的翻译要远远早于冯秉正，但是由于各种原因一直没有出版，这不能不说是俄罗斯汉学史上的一大遗憾。

---

1 Книга Сышу или Шан лун пюу китайского кунфудзыского закону философическия разные разсуждения—В1/2 лист. 135л. Перелёт-кожа ОР БАН 16.9.21.

2 Дзыджи тунгянь ганму цяньбянь т. е. Сокращение общего зерцала, к учреждению добрых порятков в правительстве способствующее—В лист. 1450 л. 1750 г. В пяти томах. 5 переплетов. ОР ГИМ, Ф. 17, №114-118, 202-206, 1328-1332.

3 ［俄］斯卡奇科夫. 俄罗斯汉学史［M］. 柳若梅，译. 北京：社会科学文献出版社，2011：64.

1757年，罗索欣按照枢密院1756年9月17日颁发的命令，开始翻译由弗拉德金（А. Г. Владыкин, 1757—1812）从中国带回的《八旗通志》，为如期交付译稿，外交部派列昂季耶夫协助罗索欣翻译。由此，俄罗斯最早的两位汉学家开始了合作，但是罗索欣于1761年去世，他们之间短暂的合作就此中断，列昂季耶夫只好自己继续翻译《八旗通志》。《八旗通志》本有16卷，罗索欣完成了其中的5卷，其余的11卷由列昂季耶夫完成。罗索欣和列昂季耶夫为《八旗通志》做的注释共有323页，成为第17卷，其中罗索欣完成了256页的注释，他做的注释十分详尽，在今天仍有很高的学术价值，成为俄罗斯当代汉学家必备的工具书。若想了解中国18世纪上半叶的一些历史事件和史料，就需要查阅罗索欣的注释。[1]

罗索欣是俄罗斯第一位天才汉学家，他用勤奋和渊博的知识，在俄罗斯汉学历史上留下了浓墨重彩的一笔，开启了俄罗斯翻译和研究中国哲学典籍之路。罗索欣治学严谨，所翻译的每一句话都力求精准。罗索欣翻译的图里琛所著的《异域录》[2]比同为圣彼得堡科学院成员的法国汉学家宋君荣（Antoine Gaubil, 1689—1759）翻译的《异域录》更为完善，前者的译本内容更加全面详细，译文中也有详尽的注释，而后者的译本中则没有注释。罗索欣穷尽一生致力于翻译和研究中国的思想和文化，其生前由于长期致力于学术研究和翻译工作，物质生活极为窘迫，经常变卖家当和藏书来维持生计。不仅如此，罗索欣在精神方面也承受着极大的压力和屈辱，他在汉学方面的成就一直没有得到科学院的承认，他还经常受到时任科学院领导（德国汉学家）的压制，在其去世之前，罗索欣的译著、对中国历史文化以及风俗人情的研究手稿一直没有得到出版，罗索欣所有的手稿都被存放在科学院的档案馆里。直到19世纪中叶，几乎历时一个世纪后，在苏霍姆利诺夫（М. И. Сухомлинов,

---

1 ［俄］斯卡奇科夫. 俄罗斯汉学史［M］. 柳若梅，译. 北京：社会科学文献出版社，2011：64-65.

2 Описание путешествия, коим ездили китайские посланники в России, бывшие в 1714 году у калмыцкого хана Аюки на Волге.

1828—1901）编写的《科学院历史资料》里，罗索欣的名字才第一次为人所知。

又时隔近一个世纪，在苏联时期，塔拉诺维奇（В. П. Таранович, 1874—1941）对罗索欣的手稿进行了评析并撰文《俄罗斯汉学家罗索欣》，讲述了罗索欣的生平及其成就。[1]在后来的汉学家看来，罗索欣的翻译水平与当今汉学家的翻译水平不可同日而语，即使在现在，罗索欣的翻译水平也是先进且值得肯定的。苏联时期的汉学家布罗夫指出，因为俄罗斯首位汉学家罗索欣没有先驱者的指引，所以他对中国经典著作的翻译有严重的错误，而且在注释中，他企图发现儒学与基督教相近的地方。[2]罗索欣对中国儒家思想有着较为深刻的认识，在他所处的时代，俄罗斯学者对于中国哲学的观点存在两个派别：一个派别赞美道德规范，把中国社会政治与道德作为其他国家的典范；另外一个派别则持反对意见。罗索欣在《伏尔泰关于中国的笔记》的手稿中批评法国哲学家，认为他们把中国社会与其皇帝理想化，不正确地把儒学当作用文化管理国家的非常完美的宗教。[3]

在罗索欣开设汉语学校之前，俄国外务委员会没有满汉语翻译，中国使团来访之后，翻译缺乏的问题越发尖锐。外务委员会决定聘用俄籍华人周戈（受洗后取俄语名字“费尔多”，姓彼得罗夫）[4]在圣彼得堡教授汉语，1739年6月13日，由周戈担任教师的汉语和满语教学开始了，当时教材稀缺，尤其缺乏最基本的汉语启蒙读本，如《三字经》《千字文》《百家姓》等。周戈的学生中有伊里奇·伊万诺维奇·鲍里索夫（Илья Иванович Борисов）、列昂季耶夫、安德烈·卡纳耶夫（Адрей Канаев）等，后来在周戈的推荐和要求下，卡纳耶夫和列昂季耶夫作为东正教使团的学生被派往北京。在周戈的教学工作结束之后，外务委员

---

1 Таранович В П. Русский китаевед И. К. Россохин, —сб. Из истории науки и техники в странах Востока, вып. II, М., 1961. С. 68–99.

2 ［俄］布罗夫. 俄罗斯的中国哲学研究：十七世纪末—二十世纪末（上）［J］. 汉学研究通讯，1984（56）：249–253.

3 同上。

4 Скачков П Е. Первый преподаватель китайского и маньчжурского языков в XVII веке в России, —Проблемы востоковедения, 1960. С. 198–201.

会派周戈做罗索欣的助手，协助罗索欣教授汉语和满语。后来由于独霸科学院的外籍领导阻挠满语和汉语的学习，周戈被派往阿尔汉格尔斯克守备区，在这期间周戈多次要求增加薪水，甚至亲自来圣彼得堡提出这个要求，都未能如愿以偿。1751年3月9日，饥寒交迫的周戈去世。周戈在俄罗斯汉学领域虽然名气不大，也没有做出什么实质性的贡献，但是他培养出了一位著名的俄国汉学家——列昂季耶夫。

二、俄罗斯汉学的开拓者——列昂季耶夫

列昂季耶夫是18世纪俄国汉学的先驱，是俄国最出色的满学家和汉学家。列昂季耶夫1716年出生于莫斯科官员家庭，他一开始在希腊-斯拉夫-拉丁语学院学习，后来在周戈开办的满汉语学校学习满语和汉语。1741年进入外务院工作，1742年列昂季耶夫和卡纳耶夫以及另外一名斯拉夫-拉丁语系的大学生切卡诺夫（Н. М. Чеканов）自愿参加第三届俄国东正教使团前往北京工作，三人随绍库洛夫（М. Л. Шокуров）团长于1742年12月29日从莫斯科出发，历时近一年，经过很多波折，终于在1743年10月16日来到北京。包括列昂季耶夫在内的三名学生在北京的学习情况很少有资料记载，只是在列昂季耶夫遗留下来的手稿中，我们可以了解一些他们在北京的学习内容。在这批驻中国的使团学生中，列昂季耶夫是最努力、最出色的一个，在北京工作期间，他取代回国的罗索欣担任清政府理藩院的通译，后来被安排在北京的俄罗斯文馆教授俄语。在北京学习和工作期间，列昂季耶夫完成了很多著作手稿，还翻译了一系列满汉语资料。1755年在他返回俄国后，这些资料大部分都出版了。和列昂季耶夫一起被派到中国学习满汉语的学生，以及在他之后来中国的学生，后来都从事其他工作或者不知所踪了，只有列昂季耶夫回国后于1756年4月5日被任命为外务委员会中尉官衔的翻译，年薪是250卢布。列昂季耶夫的工作主要是翻译中俄两国之间的外交公函、作为外交使团的翻译出使中国等。[1]

1 Словарь исторический, или сокращенная библиотека, ч. II, -М., 1790. С. 372.

列昂季耶夫在外务委员会工作期间，翻译了档案馆的一些材料，重新翻译了《恰克图条约》的文本，并协助罗索欣翻译《八旗通志》。在罗索欣去世后，列昂季耶夫独立完成《八旗通志》的翻译和注释。1762年8月7日，因为这部巨著，列昂季耶夫被提拔为12级文官，并获得400卢布的奖金，罗索欣的遗孀也因此获得了600卢布的奖金。[1]

在俄罗斯汉学领域，罗索欣和列昂季耶夫都迈出了开拓性的一步，促进了俄罗斯汉学的发展。虽然罗索欣和列昂季耶夫为翻译工作所付出的巨大努力最终得到了俄国科学院的肯定和奖励，但是《八旗通志》这一皇皇巨著由于受在科学院工作的德籍学者的极力阻挠，一直未能顺利出版，并引起了一系列风波和内部争斗，后来在时任科学院院长的支持之下，1784年，16卷本的《八旗通志》和作为一整卷注释的第17卷最终顺利出版。[2]

1762年3月4日，外务委员会应列昂季耶夫的要求开办学校，直到1763年2月底，4名学生才到列昂季耶夫处报到。但是列昂季耶夫对这些学生很不满意，决定自己亲自挑选学生。圣彼得堡的满汉语学校在列昂季耶夫的主持下又组建起来了，一个受洗后的中国人阿尔捷米·瓦西里耶夫（Артемий Васильев）担任列昂季耶夫的助手。在教学中，列昂季耶夫不仅为教材的事操心，还亲自帮助学生多方联系毕业后的出路，帮他们推荐和寻找合适的工作岗位。他的很多学生都学有所成，在各个部门发挥着大大小小的作用。后来列昂季耶夫和学生被叶卡捷琳娜二世（Екатери́на II, 1729—1796）派往中俄边境解决激烈的边境争端问题，经过艰苦的谈判，双方签订了《恰克图条约补充条款》。[3]

1769年谈判结束后，列昂季耶夫回到了他最初的工作岗位，担任外务委员会翻译，从此进入了他汉学成果最为丰硕的时期。列昂季耶夫较之罗索欣，在物质生活和学术上是相对幸运的。他收入稳定，生活有

---

1 ［俄］斯卡奇科夫. 俄罗斯汉学史［M］. 柳若梅，译. 北京：社会科学文献出版社，2011：86.

2 Обстоятельное описание происхождения и состояния маньчжурского народа и войска, осми знаменах состоящего, т. 9. -Спб., 1784. С. 352.

3 Русско-китайские отношения. 1689—1916, АРХИВ ЛО ИВАН. Ф. 36, оп. 1, №154, С. 151–213.

了较多的保障。况且没有科学院外籍学者的打压和排挤，列昂季耶夫的译著和著作得以及时出版。从18世纪70年代起，列昂季耶夫的译著开始大量问世，在1771年至1786年短短16年的时间里，他出版了21部翻译作品。其译著题材十分广泛，涉及中国的历史地理、中国的行政制度、中国皇帝的谕旨、中国的刑事法律、中国的哲学伦理等方面。1778年在圣彼得堡出版的列昂季耶夫关于中国地理方面的译著《简述中国的城市、收入及其他——选自中国地理》，是他为之付出巨大精力和心血、带有客观详细注释和说明的翻译成果，也是在俄国出版的第一部关于中国地理的译著。[1]这部译著的出版在当时引起了俄国官方和学界的极大关注，即使在今天对读者理解中国历史纪年和那些生涩的中国地名都有很大的帮助。

列昂季耶夫也是俄国第一个大量翻译中国古代哲学典籍的汉学家。在18世纪上半叶，整个欧洲崇尚中国文化，由于叶卡捷琳娜二世和法国伏尔泰（François-Marie Arouet, 1694—1778）、狄德罗（Denis Diderot, 1713—1784）之间保持着友好的关系，俄国上层深受法国的影响，对中国和中国思想文化充满好感和向往。关于中国古代思想的书籍和文章也传到了俄国，这使得俄国读者对孔子和中国其他哲学家的思想产生了很大的兴趣。俄国著名思想家诺维科夫（Н. И. Новиков, 1744—1818）在《雄蜂》和《饶舌者》杂志上发表关于中国皇帝和传统思想文化的文章，借此讽刺当时的沙皇统治。诺维科夫的文章宣扬了中国传统思想的崇高和伟大，激发了俄国社会对中国哲学和思想文化的兴趣。在当时俄国社会思想的影响下，列昂季耶夫、弗拉德金等早期俄国汉学家翻译和发表了一些宣扬儒家思想的作品。

值得一提的是，1770年2月，圣彼得堡最为流行的《雄蜂》杂志上刊登了列昂季耶夫的译文《中国哲学家程子给国王的劝谏》。这是北宋时期的哲学家程颐替父亲程珦给北宋皇帝写的奏折，原文接近5 000字，列昂季耶夫节译了原文中有关“立志”的后半部分，目的在于讽刺叶卡

1　Сатирические журналы Н. И. Новикова, -М.-Л., 1951. С. 209–212, 550.

捷琳娜二世虚伪的"开明政策"以及谴责她在执行新法典时"有始无终"的做派。同年6月，《闲谈者》杂志发表了《雍正传子遗诏》，这两篇译文在当时被多次转载，引起了很大反响。很多学者认为这两篇译文是对叶卡捷琳娜二世的讽刺和暗示，引起了叶卡捷琳娜二世对列昂季耶夫和杂志社的不满，《雄蜂》和《饶舌者》很快被勒令停刊。但是后来《大清会典》的翻译是在叶卡捷琳娜二世的授命之下完成的，所以一些学者的说法也不能让人信服。

1771年，列昂季耶夫的另一本译著《汉人德沛》出版，长期以来这本译著的原作出处一直困扰着中俄学者。[1]这本译著深奥难懂，读者只有深入了解了儒家哲学思想才能读懂《汉人德沛》。在俄罗斯汉学界有人认为《汉人德沛》的主要内容源自儒家典籍《孟子》，也有人认为其是根据儒家典籍的阐释翻译编撰的。《汉人德沛》和卡缅斯基的文献档案一起保存在科学院东方学研究所圣彼得堡分所里，卡缅斯基曾对《汉人德沛》进行过研究，在书的末尾，卡缅斯基亲笔写道："此书原作出处及其科学性令人怀疑，译文太言简意赅、令人费解，此书是不是哲学著作有待考证。"[2]

列昂季耶夫是俄罗斯第一位从满汉语言直接翻译"四书"中的《大学》和《中庸》的汉学家。[3]《大学》译著于1780在圣彼得堡由皇家科学院印刷出版，全书有125页，《大学》俄译本中有很多注释。[4]列昂季耶夫认为自己的译本质量很好，他建议把自己的译本与《科学院通报》[5]上刊登的冯维辛（Д. И. Фонвизин, 1745—1792）的译本[6]进行比较，这表明列昂季耶夫对自己译文的肯定和自信。在18世纪下半叶的俄国，《大学》俄译本的出版触动了俄国先进的启蒙思想，同俄国当时的社会思

1 Депей-китаец. Переведена с китайского на российский язык Алексеем Леонтьевым, Коллеги иностранных дел секретарем. -СПБ., 1771. 59с.
2 История отечественного востоковедения до середины XIX века, 1999. С. 87.
3 刘亚丁. 孔子形象在俄罗斯文化中的流变［J］. 东北亚外语研究，2013，1（02）：2–9.
4 Сы-шу геы, т. е. Четыре книги с толкованиями, Книга первая философа Конфуция, пер. с кит. и манчж. На российский язык надворный советник Алексей Леонтиев, СПб., 1780. 125с.
5 Та-гио, или великая наука, —Академические известия, 1779. май. С. 59–101.
6 冯维辛，俄国剧作家，在1779年把圣彼得堡外籍院士韩国英的法译本《大学》翻译成俄语并刊登在《科学院通报》上。

潮产生了共鸣，俄国的部分社会精英提倡按照中国哲学思想的理想模式，通过相关教育，提高民众的道德水平，在俄国建立一种理想的社会制度。

列昂季耶夫的《中庸》译著于1784年在圣彼得堡皇家科学院印刷出版，全书共有116页，在《中庸》译文注释中有很多汉字的释义。[1]在《圣彼得堡通讯》上有一个匿名作者刊登了对"四书"译本的评论："译成欧洲语言的中国典籍十分罕见，因此，列昂季耶夫的译作不仅在俄国获此殊荣，在其他国家也广受赞誉。"[2]这是第一篇关于中国典籍译本的评论，其中充满了对中国文化的溢美之词。作者在对"四书"和列昂季耶夫的译著高度赞扬之时，怀疑译本是否忠实于原文，指出除了列昂季耶夫本人没有其他人能够加以评判。在当时的俄国，沙皇极力标榜的开明君主专制统治思想出自《中庸》译著中的某些内容。儒家经典《大学》《中庸》译本激发了俄国沙皇、学者以及整个社会对中国哲学思想和传统文化的兴趣和推崇。

18世纪下半叶，列昂季耶夫的译著促进了中国传统思想文化在俄国的传播。同一时期，在俄罗斯还有其他从欧洲文字转译过来的儒家学说译本：谢格洛夫（Н. И. Щгдов, 1744—1818）从拉丁文翻译过来的《孔子传》于1780年由莫斯科大学出版；欧洲传教士撰写的《孔子传》于1790年在圣彼得堡出版；从法文翻译过来的《扎拉斯图特拉、穆罕默德和孔子比较研究》于1793年在莫斯科出版。[3]

除此之外，列昂季耶夫是首次节译《易经》的俄国汉学家。《易经》在17世纪末和18世纪初就已经引起欧洲的兴趣，德国哲学家、数学家莱布尼茨（Gottfried Wilhelm Leibniz, 1746—1716）根据长期居住在中国的法国传教士白晋（Joachim Bouvet, 1656—1730）对《易经》的介绍，从《易经》的阴阳和八卦图式中获得灵感，发明了二进制。后来，法国

1 Джун-юн, т. е. Закон непреложный, Из преданий китайского философа Кун Дзы, пер. с кит. и манчж. На российский язык Алексей Леонтиев, -СПб., 1784. 116с.

2 Санк-Петербургский вестник, 1780. ч. 6. С. 369–372.

3 俄罗斯的两次儒学译介. [2021-03-08] . http://news. sohu. com/20070328/n249019824.shtml.

另一传教士宋君荣来华，他深入研究了《易经》并将其翻译成法语，译本于1750年在法国出版。因为列昂季耶夫在汉学研究上的成就，宋君荣还慕名到圣彼得堡和列昂季耶夫见过面。

1769年，列昂季耶夫在宋君荣的鼓励和建议之下产生翻译《易经》的想法，但最终也只翻译了《易经》的开头部分，因为他认为《易经》的学术术语艰深且难于理解，很难把翻译工作进行下去。列昂季耶夫对《易经》给予高度评价，认为《易经》是中国典籍之首，是世上所有学问的基础。[1]列昂季耶夫的译文名为《中国典籍〈易经〉中阴阳的两重作用》，于1782年在圣彼得堡作为《大清会典》的附录出版。直到1960年，由康拉德（Н. И. Конрад, 1891—1970）院士作序、休茨基翻译的《易经》全译本才出版问世。[2]

在列昂季耶夫的著作中，于1772年首次出版的《中国思想》当属传播最广的译著，这本书在出版后受到了很大的欢迎，紧接着于1775年和1786年又出版了两次，一共出版了3次。该书前两次出版的内容相同，1786年第三次出版时，又收录了列昂季耶夫的一些译文，总共收录28篇译文，其中关于雍正言论的译文有8篇，还把在1776年和1779年两次出版的《格言》[3]以及《汉人德沛》收录进去，《中国哲学家程子给国王的劝谏》也被收录进《中国思想》。1778年，《中国思想》被译成欧洲语言，在国外分别以德文和法文出版，引起了强烈反响。冯·穆尔（Christoph Gottlieb von Murr, 1733—1803）、宋君荣等很多欧洲学者和汉学家表达了同列昂季耶夫通信和相识的愿望。

值得关注的是，列昂季耶夫对中国兵法也很感兴趣，节译了《孙子兵法》和《言兵事疏》（原作者是西汉文景帝时期的著名政治家晁错），这两部著名兵法典籍的译文也被收录进《中国思想》里。列昂季耶夫

---

1 Тайцин Гурунь и Ухери Коли, т. е. Все законы и установления китайского, ныне манчжурского правительства , пер. с манчж. На российский язык Алексей Леонтиев, т. II, -СПб., 1782.

2 Щуцкий Ю К. Китайская книга перемен. -М., 1960.

3 Ге янь, т. е. Умные речи, пер. с китайский язык Алексей Леонтьев. -СПб., 1776. 112с., изд. 2-е. -СПб., 1779. 106с.

是首次翻译《孙子兵法》的俄国汉学家，法国的传教士钱德明（Joseph-Marie Amiot, 1718—1793）的《孙子兵法》法译本也几乎于同一时间出版问世。列昂季耶夫和钱德明是最早向欧洲国家介绍和传播《孙子兵法》的人。《中国思想》里收录的译文，大多是从满文和汉语古文直接翻译过来的，列昂季耶夫使用当今学术界所谓的“直译”法，译文凝练简洁，虽然有大量注释，但是读者理解起来仍有一定的难度。有些原先发表在《饶舌者》和《雄蜂》杂志上的译文却阐述清晰、流畅，采用了当今所谓的“转译”法。有学者认为可能是为了迎合大众阅读口味，当时的编辑对列昂季耶夫的译文进行了改编，添加了一些内容，使一些生硬的文字变成生动活泼的报刊文体。[1]

《中国思想》同时也引起了欧洲学术界的关注。1778年，德国学者把《中国思想》从俄文转译成德文在德国魏玛出版，1796年出版了第二版。[2]1807年，法国学者列维斯克（Левэск）在德累斯顿出版了法文版《中国思想》。[3]列昂季耶夫在序言中写道：“我将介绍中国文人的格言警句和一位叫德沛的高官关于灵魂不灭的中国哲学思想。”[4]

列昂季耶夫的著作中传播较广的还有1788年和1819年两次出版的《圣谕广训》。[5]《圣谕广训》是雍正皇帝对康熙皇帝十六条圣谕的阐释，对统治者来说是宝贵统治经验的总结，在清朝也是求学入仕者的必读书目。列昂季耶夫翻译的《圣谕广训》是在西方出版最早的欧洲语言译著。《圣谕广训》的影响力很大，从出版之日起就受到欧洲人的关注。《圣谕广训》俄文译本的出版使俄国和欧洲全面地了解中国的治国经验和伦理道德规范。

---

1 Фишман О. Л. Китай в Европе: миф и реальность(XIII–XVIII вв.) С. 374.

2 Chinesische Gedanken nach der von Alexei Leontief auus der mandshurischen Sprache verfertigten ruussischen Uebersetzung. Ins Deutsche uebersetzt, Weimar, 1778, 1796.

3 Penseesmorales der divers auteurs chinois recueilies te traduit dulatin et d russe(de leontief) par Leverque, Dresden61807.

4 К любопытному читателю. Китайские мысли. Перевод с манж. На росс. яз. А. леонтьев. -СПб., 1786.

5 Китайские поучения, изданные от хана Юн-Джена для воинов и простого народа в 2-м году царствования его, пер. с кит. на российский язык секретарь Леонтиев, -СПб., 1788, 62с. Изд. 2-е под названием Китайские поучения к народу. -СПб., 1819.

列昂季耶夫的译文准确、流畅，他的译著不仅在18世纪的俄国广为流传和享有盛名，在整个欧洲都引起了很高的关注。除此之外，欧洲不少学者对列昂季耶夫和俄国汉学表现出极大的兴趣，其中来自德国纽伦堡的冯·穆尔不止一次地想和列昂季耶夫通信，法国著名的汉学家宋君荣也多次慕名赶到圣彼得堡拜访列昂季耶夫。《中国思想》和《圣谕广训》这两部哲学译著在欧洲广泛流行，这是一项很大的成就。这一方面可以看出当时的俄国人对中国哲学的兴趣，另一方面也可以看出针对当时俄国社会和政治的另一层含义，即“君为臣友，臣子的任务就是以帮助和劝诫君主获得盛名”（《格言》中的名句）。

罗索欣早期翻译的《三字经》未能出版。1779年，圣彼得堡皇家科学院出版了《三字经》译本，取名为《三字经·名贤集合刊本》，这是列昂季耶夫从满语和汉语翻译过来的《三字经》和《名贤集》的合编本。这是在俄罗斯首次正式出版的《三字经》俄译本，也是最早出版的欧洲语言版本。《三字经》是中国传统启蒙读物和教材，内容涵盖了中国传统思想和伦理道德中的“仁、义、忠、孝”，以及历史名人典故和谚语。在形式上三字一句，韵律严格。在翻译《三字经》时，列昂季耶夫采用的是“散文体”形式，在保证译文忠实于原文意思的基础上，尽量按照原文的韵律来排列俄语译文的韵脚，这样一来，句子就长短不一，但是读起来韵味比较浓郁。《三字经》中蕴含大量的典故和谚语，列昂季耶夫用大量详细的注释来阐述它们，对其中的人名和地名采用音译加注释的翻译方法。

1781年至1783年间，列昂季耶夫翻译并精心注释的三卷本《大清会典》出版问世。扉页上注有“印刷费用办公厅资助”“最忠诚的献礼”“受皇命”等字样。此外，1778年至1779年，列昂季耶夫在叶卡捷琳娜二世的授命下翻译出版了两卷本的《大清律例》。[1]在《大清律例》第二卷前言中，有一小部分《易经》的俄译文，根据上文提到的列昂季耶夫的说法，他当时尝试翻译《易经》是受了宋君荣的影响。

1 Китайское уложение, пер. сокращенно с манчж. на российский язык Коллегии иностранных дел майорского ранга секретарь Леонтьев. -СПб., ч. 1, 1778. ч. 2, 1779.

列昂季耶夫的翻译作品题材很广泛，其中还有涉及农学的《万宝全书》中的《农桑撮要》。[1]列昂季耶夫在18世纪共出版了20部关于中国的著作（译著）和2篇文章。他的著作反映了18世纪俄国的汉学已经达到比较高的水平。列昂季耶夫的作品不仅表现了他高质量的翻译水平，还体现了他渊博的中国文献知识以及对当时清朝社会各个方面的深刻认知。除了翻译中国著作和典籍，列昂季耶夫还增加了一些反映和反思当时中国社会现象以及其他题材的内容，这些内容出现在他作品的附录和注释中。

列昂季耶夫的译著帮助当时的俄国人了解关于中国生活的各个方面，开阔了俄国人的视野，促进了中国思想、哲学文化在俄国的传播。值得一提的是，1775年列昂季耶夫翻译出版了简要介绍中国象棋的《中国象棋》，该著作引发了当时的俄国人对中国象棋的兴趣。[2]时隔一百多年，俄国的《象棋》杂志发表了《中国象棋》的部分章节，文中谈到了一些欧洲国家对中国象棋的评论，俄罗斯和其他欧洲汉学家普遍认为列昂季耶夫的译作是“俄罗斯象棋术语上的里程碑”。[3]

列昂季耶夫于1786年去世。在俄罗斯汉学的开端阶段，罗索欣和列昂季耶夫一起为俄国汉学的发展和中国哲学思想在俄罗斯的传播奠定了稳固的基础，做出了巨大贡献。列昂季耶夫是第一位向俄国社会全面介绍中国哲学思想的汉学家。比罗索欣幸运的是，列昂季耶夫在科学院院长的支持下，其大部分著作都顺利出版，有些作品甚至连续再版，其中许多译著在欧洲还是首译本，有些则被翻译成欧洲文字，由此引发了俄国和欧洲对中国文化的兴趣和关注。

列昂季耶夫的译著不仅在18世纪的俄国，甚至在当下俄罗斯汉学界仍有学习和借鉴的价值。中国文化词汇的外译直到今天仍是翻译界的一大难题，由于时代的限制，当时列昂季耶夫翻译中国哲学典籍的难度可想而知，他本人也表示中国哲学思想著作的翻译有很大难度。1771年

---

1 Уведомление о чае и шелке. Из китайской книги, Ван боу кюань называнимой, -СПб., 1775. 46с.

2 Леонтьев А. Л. Описание китайской шахматной игры секретаря Леонтьев, -СПб., 1775.

3 ［俄］斯卡奇科夫.俄罗斯汉学史［M］.柳若梅，译.北京：社会科学文献出版社，2011：98.

列昂季耶夫翻译出版《汉人德沛》，在前言中说明了理解中国哲学术语的困难，同时表明他的译文中存在晦涩和令人费解的词语。列昂季耶夫在阐释中国文化现象时，极力寻找“孔子和上帝、东正教和儒教的契合点”。[1]用基督教的概念来阐释中国哲学的一些术语，在某种程度上也影响了翻译的准确性，这也是列昂季耶夫著作的局限之处。[2]在18世纪下半叶，由于鲜有中国典籍被翻译为欧洲语言，列昂季耶夫的译作不论在俄国还是在整个欧洲都受到好评，然而关于他译文的质量，在当时除列昂季耶夫本人之外无人能述评。[3]

三、《尚书》俄译第一人——弗拉德金

中国哲学典籍《尚书》也早在18世纪就被俄国汉学家从汉语翻译成俄语，《尚书》翻译第一人是第七届宗教使团的学生弗拉德金。弗拉德金1757年出生于卡尔梅什的一个普通家庭，在1771年卡尔梅什人迁移期间成为孤儿，然后被送到阿斯特拉罕的孤儿院，并在那里接受洗礼，成为东正教徒。1775年弗拉德金进入谢尔盖耶夫神学院学习，1780年被选为第七届宗教使团学生成员到北京学习，在北京学习期间，他需要掌握汉语、满语和中国历史。弗拉德金在北京学习和工作长达14年之久，熟练掌握了汉语、满语，在中国期间编写了《满汉俄大辞典》。1794年，弗拉德金返回俄罗斯，在外务部担任翻译，1796年，在外务部工作期间，弗拉德金从中文原作《尚书》中翻译了《汤誓》，并将译文发表在《缪斯》期刊上。[4]《汤誓》原文通俗易懂，因此弗拉德金直接从中文翻译过来的俄文也准确通顺。1798年弗拉德金开办了隶属于外务部的翻译学校，为外务部培养翻译人才。

弗拉德金在俄国是《尚书》翻译第一人，虽然之前的外籍院士拜

1 Китайская философия: Энциклопедический словарь/ гл. ред. М. Л. Титаренко. -М., 1994. С. 166.

2 阎国栋. 俄罗斯汉学三百年［M］. 北京：学苑出版社，2007：33.

3 Скачков П. Е. Очерки истории русского китаеведения.-М. :издательство Наука, 1977. С. 74.

4 Речь государя Тана к воинству: (С китайского языка) с//Перев. А. Владыкин. -Муза: Ежемесячное издание, 1796.: IV. С. 193–195.

耶尔在自己的《中国博览》中七次引用《尚书》里的名言，冯维辛用法语翻译《大学》时也引用了《尚书》里的内容，但是真正意义上的《尚书》俄译则始于弗拉德金，弗拉德金的《尚书》译文是节译。

汉学家阿加福诺夫（А. С. Агафонов, 1746—1792）1746年出生于圣彼得堡，1771年作为第六届宗教使团的学生被派往北京，从1771年至1782年一直居住在北京，和帕雷舍夫（А. Парышев）、巴克舍耶夫（Ф. Бакшеев）、科尔金（Я. Коркин）等人一起编了一部《1772—1882年间大清国的秘密行动、计划、事件和变化记录》，该书手稿一直保存在科学院东方学研究所档案馆里。[1]阿加福诺夫返回俄国后继列昂季耶夫和早逝的巴克舍耶夫的职位在圣彼得堡外务委员会从事翻译工作，他翻译的一些满文俄译本在俄国广为人知。

阿加福诺夫对一些哲学典籍进行了翻译，这些作品大多是节译和选译，或者是在翻译的基础上编写的著述，如1788年在莫斯科出版的《忠经》，其译作包括1788年在圣彼得堡出版的《圣祖圣训：求言》《圣祖圣训：圣德（1662—1722年康熙论生活准则）》以及《圣祖圣训：论治道（1644—1661年顺治关于行为准则的训诫）》，以上译著在1794年再版。[2]18世纪末阿加福诺夫的著作全部出版甚至再版，这得益于他的译文和著述里宣传的皇权牢不可破以及专制制度不可动摇的思想，这一思想延续了列昂季耶夫著作中的思想主题。[3]

除此之外，18世纪下半叶，一些哲学典籍的部分内容被从欧洲语言翻译成俄语并在圣彼得堡出版，如1780年莫斯科出现了译自拉丁文的《孔子传》（56页），1785年又出版了译自法文的《庄子》（120页）。1794年出版的从拉丁文翻译过来的《古代中国人劝诫和统治的哲学经验》（351页）大多节译自孔子的言论，原作不详。

---

1 ЛОИВАН, ф. 1, оп. 1, № 62. С. 220–257.

2 ［俄］斯卡奇科夫. 俄罗斯汉学史［M］. 柳若梅，译. 北京：社会科学文献出版社，2011：102.

3 同上。

第二节 19世纪上半叶俄国汉学开拓阶段

图1-2 比丘林

19世纪上半叶是俄国汉学的开拓阶段，也被称作比丘林（见图1-2）时代。在这一阶段涌现出了一批杰出的汉学家，他们在汉学研究领域的丰硕成果推动了俄国汉学的发展，使当时的俄国跻身于世界主要的汉学研究国家之列，俄国成为继法国之后世界第二大汉学研究中心。19世纪上半叶，俄国汉学家对中国哲学的兴趣越来越浓厚，除《三字经》之外，大量的儒家典籍被翻译成俄语，其中道家典籍《道德经》也开始被引进俄国。以汉学家院士比丘林为首的汉学家在翻译中国典籍的同时也做分析研究工作，并撰写相关论著。[1]比丘林开拓性地把翻译和研究结合起来，其翻译和研究反映了19世纪上半叶俄国汉学的最高成就。

尼基塔·雅科夫列维奇·比丘林于1777年8月出生于阿库列沃·斯维亚什区的一个村庄，其父是神甫亚科夫·达尼洛夫（Яков Данилов）。比丘林1787年进入喀山神学院学习[2]，1799年在神学院毕业后成为修士，改名为亚金夫·比丘林（Иакинф Бичурин），留在神学院教授语法[3]。比丘林被誉为“俄国汉学的奠基人”，他为俄罗斯汉学做出了巨大贡献，在汉语教学方面、中国典籍翻译方面都卓有成就。在比丘林的努力下，

---

1 Харлампович. К, Материалы для истории Казанской духовной семинарии в XVIII в., -Казань, 1903. С. 10, 21–25.

2 Знаменский П. В., Духовные школы. История российской иерархин, ч. 2. -СПб., 1810. С. 491–496.

3 Мурзаев И. Д., Новые документы об Иакинфе Бучурине, выявленные в архивах Ленинграда, —уч. Зап. Научно-исслед. Ин-та при Совете Министеров Чувашской АССР, вып. XIX, 1960. С. 303–319, 305.

俄国汉学在研究内容和研究方法上更趋成熟化和系统化。

一、俄国汉学奠基人——比丘林对中国哲学典籍的翻译

1801年，比丘林被任命为喀山约阿诺夫斯基修道院院长，1802年升为修士大司祭，后被任命为伊尔库斯克主升天道院院长和神学校校长。[1]1803年，比丘林因为违反教规而受到惩处，被贬到托博尔斯克修道院。1807年，在格罗夫金（Ю. А. Головкин）的举荐之下，亚历山大一世（Александр I, 1777—1825）和宫廷总管制布德伯特（Будберт）不在乎他在修道院的失误，赞赏比丘林具有的高超的汉语水平，因此，比丘林被任命为第九届东正教驻北京使团团长。1807年10月，比丘林率领第九届东正教使团出发前往中国。[2]

比丘林对中国古代思想文化非常推崇，尤其是儒家文化，他翻译和撰写了很多关于儒家学说的著作和文章。1815年，即在北京生活的第七年，比丘林翻译了“四书”的部分内容，还把朱熹为“四书”所写的注释也进行了翻译。[3]在翻译的过程中，比丘林认为“四书”是学习中国所有典籍的关键和基础，也是把中国典籍译成其他语言的关键。[4]在以后的教学实践中，比丘林也一直鼓励学生学习“四书”，认为掌握了“四书”以后，就能通读中国所有的书籍。由此也可以认定比丘林是《孟子》俄译第一人，《孟子》译文手稿一直未能出版，现保存在俄罗斯科学院东方文献研究所档案馆。

米亚斯尼科夫（В. С. Мясников, 1931—）和波波娃（И. Ф. Попова, 1961—）对比丘林的翻译给予了高度评价，他们认为在俄国，比丘林首次意识到中国的注疏文献对于理解中国历史、哲学、文化典籍的重要性，也是第一个尝试把著名注疏家对“四书”典籍的多层次注疏翻译出来的汉学家，比丘林的译本不逊色于甚至超过后来的瓦西里耶夫和波波

1 Там же. С. 305, 306.

2 Государственный архив Иркутской области и ЦГИА(Архив ЛО ИВАН, ф. 7, №37/8, 37/9).

3 Четверокнижке. В двух томах. Почерк-автограф и писарский. В лист. Т. 1, 617 л., т. II, С. 562.

4 О Иакинф Бичурин. (Автобиографическая записка). —Учение записки АН по I по III отделениям, 1855, т. III С. 667.

夫（П. С. Попов, 1842—1913）的译本。[1]

返回俄国后比丘林翻译了《大清一统志》和史籍《通鉴纲目》。比丘林在汉学领域涉猎很广，在中国的历史研究、文化研究等方面建树颇多，还翻译了《西藏志》《蒙古纪事》等民族志以及天文、地理、医学、公务等方面的典籍。值得一提的是，比丘林在中国文学和诗歌方面也颇有研究，他是第一位涉足中国诗歌和文学翻译的俄国汉学家。

比丘林认识到深入研究中国思想文化的价值和必要性，为了继续对中国的研究，他主动要求延长在中国的工作期限。1820年，第十届东正教使团到达北京，于是比丘林开始准备返回俄国。第十届使团团长是卡缅斯基，监督官是吉姆科夫斯基（Е. Ф. Тимковский）。卡缅斯基在自己出版的三卷本《中国之行》中详细地叙述了比丘林回俄国的情况。比丘林返回俄国时带了十二箱满文和汉文书籍，七部满汉语词典，还有六卷中国地图、一箱自己译著和著作的手稿、两箱（四十多卷）中国历史著作，此外还有《十三经》等典籍和清、辽、元历史方面的书籍以及法律和其他方面的书目。比丘林带回的这些书籍极大地丰富了俄国汉学资料，给19世纪的俄国汉学研究打下了坚实的基础。

1822年1月，比丘林和使团成员带着众多宝贵的资料和著作手稿，历经艰辛回到俄国圣彼得堡，却没有得到俄国的肯定和嘉奖，等待他的是圣主教公会的不公待遇和苛刻态度。由于下一届使团指控比丘林在中国宣传东正教不利的一面，比丘林受到处分，被判到亚历山大涅瓦修道院就地羁押。后来又判处他永久流放到瓦拉姆修道院，使团的其他成员也受到不同程度的处分。

在比丘林被羁押期间，1823年1月，他给担任过公共图书馆馆长、艺术学院院长、杂志社编辑的奥列宁（А. Н. Оленин）写信，建议他发表自己关于中国历史的文章。[2]另外给希林格（П. Л. Шиллинг,

---

1 Мясников В. С., Попов И. Ф. О вкладе Н. Я. Бучкрина(1777—1853) в развитие отечественной и мировой синологии // Вестник Ран. 2002. №2.

2 Русский китаевед первой половины XIX века Иакинф Бичурин, Уч. Зап. ЛГУ. История и филология стран Востока, 1954, №179. С. 282–283.

1786—1837）写了三封信，在信中比丘林谈到自己的"错误"和卡缅斯基对自己的"不怀好意"，同时强调自己13年来研究中国的成绩。他表明自己一个人做的事情比过去100年间所有传教使团所做的5倍还要多。他还表示，本来想使自己的劳动成果有益于祖国，但是现在他的全部希望都已经破灭。[1]

由于吉姆科夫斯基对比丘林的保护和帮助，以及俄国科学院亚洲司出于对精通汉语人才的爱惜，比丘林于1826年11月1日被释放，走出了修道院监狱。后来吉姆科夫斯基又帮助比丘林出版著作，从此，比丘林闻名于"欧洲的学者之间"。

比丘林在瓦拉姆修道院羁押期间完成了一系列著作。随后在1826年到1834年期间，在吉姆科夫斯基的帮助下，比丘林的大量著作连续出版问世。其中有1828年出版的《西藏志》和《蒙古纪事》，1829年出版的《准格尔志》《北京志》《成吉思汗家族前四汗的历史》《中国古代历史》《三字经》。从以上出版的著作中可以看出，比丘林特别注重研究亚洲地区的民族历史和这些民族与中国的交往历史。比丘林自己也说过："我出版各种译文和文集的目的在于预先了解一些可以通向中国的国家。"[2]

最值得关注的是比丘林对《尚书》的翻译，在修道院羁押期间，比丘林完成了《尚书》1～46篇的翻译，在《尚书》的译文基础之上，比丘林完成了《中国古代历史》一书的编写，手稿一直保存在圣彼得堡科学院图书馆中，修改后的《中国古代历史》译本直到2014年才由俄罗斯科学院远东研究所出版。[3]

比丘林的《尚书》译文手稿仅有部分经文的译文，因此有学者推断译者仅节译了部分经文作为资料使用。未经修改过的译文手稿里有很多错误和遗漏，没有任何相关的注释。译文中尚有几处与中文原作不吻

---

1 Письмо Бичурина из Валамской монастырской тюрьмы, предисловие П. Е. Скачкова, — Народы Азии и Африки, 1962, №1, С. 100-102.

2 Бучурин Н. Я. Статиститческое описание Китайской империи. -СПб., 1842. С. 111.

3 Древняя китайскаяи стория Н. Я. Бичурина: Транскрипция и факсимиле рукописи1822 годаспереводом Шуцзина, древнекитайский текст оригинала -М.: ИДВРАН, 2014.

合的段落，如《舜典》中部分文字的前后顺序有所更改，《康诰》中则缺失48字，《洛诰》中则加上了“惟三月/哉生魄/周公初基/作新大邑于东国洛/四方民大和会/侯/甸/男邦/采/卫/百工播民/和见士于周/周公咸勤/乃洪大诰治”。除此之外，俄译本中两次将注释插入经文中，如《梓材》中有“此以下皆周臣戒嗣王的词简编错乱误缀于此”的注文，《多士》中有“王曰下当有缺文”的注文。[1]

1828年比丘林的著作——带彩色地图的《西藏志》的出版引起了轰动，各大杂志媒体争相报道，如第十期的《莫斯科通报》，第九期的《祖国之子》，第23号《莫斯科电讯》，第72期、第75～78期的《北方蜜蜂》上都刊登了一些评论。学界对《西藏志》给予了高度评价。[2]

随着比丘林著作的不断出版问世，他在研究中国历史文化方面的成就和丰富的著述终于受到了俄国科学院的关注。1828年12月，比丘林被科学院推举为东方文学和古文物通讯院士。[3]比丘林是俄国汉学家中第一个获此殊荣的人。比丘林的著作在俄国，以及西方其他国家，如英国、法国、德国等，都得到极大的关注和好评。

早在1817年，希林格就发明了石板印刷中文文献的独创印刷方法，他不仅自己曾向比丘林学习汉语，还要求刻字匠练习用中国毛笔写汉字。很多汉学家都惊叹于希林格发明的“石板印模术有如此清新的印刷效果，不相信这些汉字是在中国境外印刷的”。[4] 1829年，比丘林发表了附有中文原文的中俄对照版本的《三字经》译本（见图1–3）。[5]用中俄两种文字出版《三字经》是希林格开创性的想法，该译本也是当时第一本中俄对照版本的译著。这本书的问世在出版界引起了极大轰动，对俄罗斯的汉学研究具有开拓性的意义。当时的权威报纸和杂志《莫斯科电

1 马约罗夫.《尚书》在俄罗斯的传播述论［J］. 扬州大学学报（人文社会科学版），2017，21（02）：87–97.

2 Описание Тибета в нынешнем его состоянии. С картою дороги от Ченду до Лхассы. Пер. С китайского. -СПб., 1828. 249с.

3 Якубовский А. Ю. Из истории изучения монголов периода XI–XIII вв., —Очерки по истории русского востковедения, вып. 1., 1953. С. 38–45.

4 Греч Н. Барон Павел Львлвич Шиллинг Фон Канштадт, С. 547.

5 Сань-цзы-цзин, или Троесловие с литографированным китайским текстом. -СПб., 1829. 83с.

讯》[1]与《北方蜜蜂》[2]先后发表书评，对译文内容和印刷质量给予高度评价和赞赏。这本中俄对照版本的《三字经》对汉语教学来说无疑是非常难得的教材，在扉页后面的内容提要中，比丘林指出这本译著出版的目的是“指导如何翻译中文文献，使其成为阅读汉语译著的参考手册”。[3]此后无论是19世纪30—40年代的喀山大学，还是50年代的圣彼得堡大学，都以此本《三字经》译著作为教材。

图1-3　第一本中俄对照版本的《三字经》俄译本

《三字经》是中国古代启蒙教材，被奉为儒家经典，原文共有一千余字，三字为一句，寓意深刻、思想凝练、意思浅显易懂，但是对仗工整、韵脚严密。《三字经》在翻译时如果兼顾形、声、意的完美结合就会有一定的难度。比丘林翻译的《三字经》共有83页，为了使俄国读者了解《三字经》中蕴含的中国传统思想，比丘林在翻译和注释上下了很大功夫，他的译文凝练简洁，在翻译中尽量遵循原文的文体和句式，用俄语的三个单词对应原文的三个汉字，但是简练的翻译不能全面反映原文的深刻寓意。为此比丘林引经据典，用了大量的注释，全文共有103条注释，占三分之二的篇幅。值得一提的是，比丘林的《三字经》译本得益于希林格发明的石板印模术，在译文后面开创性地附上了印刷精美的汉语原文，让俄国读者直观地感受到了汉字和中华文化的魅力。比丘林的《三字经》俄译本不仅给喀山大学和圣彼得堡大学的汉语教学提供了高质量的教材，而且也促进了俄国汉语教学和汉籍俄译的发展。

1　Московский телеграф, 1829, ч. 30, №24. С. 454–458.

2　Северная пчела, 1829, №153.

3　Белкин Д. И., А. С. Пушкин и китаевед о Иакинф (Н. Я. Бичурин)//Народы Азии и Африки. 1974, №6.

值得一提的是，1823年，比丘林从中国返回俄国时，在吉姆科夫斯基和希林格的帮助下，出版了“四书”中的《大学》和《中庸》译文。[1] 比丘林在翻译儒家经典时反对节译或者改编，坚持全文翻译汉语原作，他的翻译是基于汉语原作的，这样一来就极大地保障了翻译的准确性。后来比丘林在1835年出版《汉语语法》时，也使用了希林格的单个汉字石板印模的印刷方法。遗憾的是1837年希林格猝然离世后，这种石板印模术便在俄国中断了。后来印刷瓦西里耶夫的教材时，书中的汉字大部分都是手写的。[2] 19世纪20年代，希林格汉字字模石印的成功经验在西方引起了很大轰动，带有中文的石印版本的《大学》《中庸》《论语》也受到极大关注。

二、比丘林对中国哲学典籍的研究

后来比丘林又出版了《西藏和青海人的历史》，很多报纸杂志给予这部著作肯定和正面的评价。这部著作标志着比丘林以译著为基础开始了对中国思想文化的独立研究。按照他的计划，在完成一些主要译著的出版之后，开始转向对中国历史、文化等方面的研究。1827—1840年间他在不同期刊上发表了各种各样内容新颖的文章。[3]这些文章以中国的原始资料为基础，大多发表在《莫斯科通报》《莫斯科电讯》《莫斯科人》等杂志上，后来这些文章都收录进比丘林的著作中。《看中国的教育》[4]《最初由孔子确立、为中国文人所接受的中国历史基本原则》[5]等文章的发表引起了强烈的反响，很快有学者针对《最初由孔子确立、为中国文人所接受的中国历史基本原则》和《看中国的教育》发表评论，认为比丘林忠实于史料，客观地展现了中国的历史事件和社会现实，没有

---

1 Об изображении китайских письмен и любопытных изданиях боронах Шиллинга, — Азиатский вестиник, 1825, кн. 5, май. С. 367–373.

2 ［俄］斯卡奇科夫. 俄罗斯汉学史［M］. 柳若梅，译. 北京：社会科学文献出版社，2011：142.

3 Скачков П. Е., Библиография Китая, №1201, 1342, 1349, 1354, 4485, 8940, 12143, 12144, 15089, 19513.

4 ЖМНП, 1838, №5, С. 324–366, №6. С. 568–598.

5 Сын Отчества, 1839, №1. С. 1–11.

注入过多的个人主观意见。

随着中俄边境贸易的发展，边境城市恰克图成为中俄贸易的枢纽城市，为了培养更多的汉语人才，比丘林主动要求去恰克图工作。在从伊尔库斯克到恰克图的途中，比丘林一直向普希金（А. С. Пушкни, 1799—1837）和杰利维格（А. А. Дельвиг, 1798—1831）主持的《文学报》投稿。[1]在恰克图，比丘林克服重重困难成立恰克图汉语学校。比丘林潜心于汉语教学，为中俄贸易培养出了一些懂汉语的人才。在恰克图学校的教材《读书作文谱》的基础上，比丘林撰写了《汉文启蒙》，于1835年将其出版，1838年出版了修订版。《汉文启蒙》在汉语教学方面和汉学研究领域都具有极大的价值。这本教材不仅用于恰克图学校，也成为后来的喀山大学和圣彼得堡大学东方语言系的教材。作为《汉文启蒙》的作者，比丘林于1839年获得了杰米多夫奖[2]。70年后，作为一部优秀的著作，比丘林的《汉文启蒙》在1908年由东正教驻北京使团再一次出版。

图1–4 《中国居民的道德、习俗、教育》

1840年，比丘林的《中国居民的道德、习俗、教育》（见图1–4）一书出版，在书中比丘林探讨了儒学与儒教的关系，阐释了周敦颐的《太极圆说》的内容和朱熹等宋朝注疏家对其所做的注释。[3]紧接着比丘林又完成和出版了《中华详志》（1842）和《中

1　Выписка из письма к В. С. Из Иркутска, от 5 апреля, от 23 августа, от 6 сентября—Литаратурная газета, 1830, № 28, №59, №61.

2　杰米多夫奖金（лауреат Демидовской премии）是指1832—1865年圣彼得堡科学院用俄国贵族杰米多夫的捐款颁发给发表科学、技术和艺术著作者的奖金，杰米多夫奖是俄国最高科学荣誉奖。

3　Бичурин Н. Я. Китай, его жители, нравы, обычаи, просвещение, сочинение монаха Иакинфа. -СПб., 1840. 447с.

国农业》(1842),《中华详志》的出版又使比丘林获得杰米多夫奖。《中国农业》的出版在出版界引起了很大反响，但是这两本书的销售情况不令人满意，没有人对这两部著作做出评论。

比丘林在《中华详志》中详细地阐述了中国地理、历史、经济、人口、文化、宗教、哲学等各个方面的社会现状，还在书中解释了孔子、老子的思想道德和政治学说，即每一个人应该按照一定的社会规范与其社会地位来做事，比丘林把儒学称为“作为国家管理基础的学人宗教”。[1]比丘林解释道：“学人宗教和哲学有着密切的关系，表现为人之初性本善，人的精神本性里面有自然法则，即正直、博爱、公正、中庸，在为人处事中人们应该遵循这些法则。由于自身性格特点和后期的教育不同，有些人偏离了这些自然法则，就成为恶人；有些人遵守了这些法则，富有博爱、正直的品德，公正处事，这就是圣人，圣人与天道和谐统一，这就是自然法则。”[2]比丘林认为孔子和老子的道德规范有时是相通的，但是他们对道德教育却持有不同的观点。

比丘林在其中一个章节专门单独论述“儒教”，集中介绍了儒家的祭祀活动和礼仪，对“儒教”这一概念进行了深刻的剖析，他认为对儒学和儒教应该区分对待。但是比丘林所说的儒教只是儒家中“礼仪”的一部分，远不是儒学的全部。比丘林进一步指出：“儒教的开端和中华民族的起源是同步的。”[3]关于儒教的礼仪，比丘林还专门著书进行了详细阐述，1844年，关于儒教仪式的《学人宗教记述》出版问世，该书还于1906年在北京出版。[4]俄罗斯当代汉学家科布杰夫认为，在对儒学的研究上，比丘林意识中的儒学宗教特性非常模糊，他的观点远没有后来的瓦西里耶夫明确。[5]

---

1 [俄]布罗夫. 俄罗斯的中国哲学研究：十七世纪末—二十世纪末（上）[J]. 汉学研究通讯，1984（56）：249–253.

2 Бичурин Н. Я : Статическое Описание Китайской Империи. -СПб., 1842. С. 66–67.

3 Бичурин Н. Я : Статическое Описание Китайской Империи. -СПб., 1842. С. 29.

4 Бучурин Н. Я. Описание религии ученых (Одно из религиозных учений Китая Жу-цзяо, Сост. в 1844. -Пекин, 1906. 77с.

5 Кобзев А. И. О категориях традиционной китайской философии // Народы Азии и Африки. 1982. № 1.

由于资金不足，比丘林很多手稿都未能出版，其中有1844年完成的《儒教》（又名《儒家的信仰和祭祀礼仪》）的书稿，该书稿是在《大清会典》的资料基础上完成的，专门论述了中国的儒教，借用大量的插图，详细地叙述了孔夫子和中国古代圣贤的祭祀礼仪。该书论述了“儒教的起源”“崇拜的人”“祭祀的服装”“祭祀的器皿”“庙宇与祭坛”“祭祀的准备”“祭祀礼官”“京城祭祀日”“各省和地方祭祀”“私人祭祀”“祭祀图解”等内容，在文后附有“国子监”一文。在第一部分“儒教的起源”中，比丘林认为“儒教”是全体中国人的宗教，是政府的宗教。比丘林还指出“中国人对宗教神性的理解完全不同于其他民族，认为宗教产生的根源是人们本性的需要”。[1]《儒教》的出版计划由于经费原因一直被搁浅，半个世纪以后，俄国东正教驻北京使团认识到这本著作的价值，认为其可以作为中国侨民和使团人员了解中国文化的读本。1906年，传教团印书房出版了《儒教》这部最早论述儒家文化的专著。

此后，在出版《中国的民情和风尚》以及《中国文人的信仰和祭祀礼仪》时又遇到了出版经费问题。[2]几经周折，《中国的民情和风尚》于1848年出版，此书的出版引起了很多关注和评论，《中国的民情和风尚》一书也为比丘林赢得了荣誉。比丘林的最后一部著作《古代中亚各民族资料汇编》是其多年研究的成果，也荣获杰米多夫奖。1851年，此著作的出版为比丘林的学术生涯画上了句号。

三、比丘林对中国文化传播的贡献和影响

19世纪上半叶是俄国社会文化全面发展的时期，这一时期，俄国各界对中国的兴趣越来越大，研究涉及面也越来越广。更多的汉学家开始涉足中国的哲学、历史、文化等各个层面，以比丘林为首的汉学家们的

---

1 Бичурин Н. Я. Описание религии ученых // Конфуций: Я верю в древность/ Сост., перевод и коммент. И. И. Семененко. -М., 1995.

2 Бичурин Н. Я., Китай в гражданском и нарвственном состоянии. Сочинение монаха Иакинфа. В четырех частях, -СПб., 1848. 600с. Изд. 2-е. -Пекин, 1911—1912, Реоигия ученых и ее обряды (ОР ГПБ, Б-ка АНЛ, № А-48, 119).

著作极大地促进了俄国汉学的发展。比丘林遗留下来的手稿，由后来的戈尔巴乔娃（З. И. Горбачева, 1907—1979）、彼得罗夫、彼得·斯卡奇科夫（П. Е. Скачков, 1892—1964）和丘古耶夫斯基（Л. И. Чугуевский, 1926—2005）等汉学家进行整理和研究。在俄国历史上，比丘林是第一位对中国历史、中亚和亚洲各民族进行客观分析的学者。

比丘林的论著里体现了对中国文化的强烈好感，这引起俄国社会和文学界的强烈反响，同时也引起了俄国政治、社会和文学界对中国文化的关注热潮。比丘林的名字广为人知，他和当时俄国各界社会名人建立了良好的关系。比丘林的著作也引起了普希金对中国的向往和对中国文化的关注，并使其产生了前往中国的愿望，遗憾的是由于当时的沙皇尼古拉一世（Николай I, 1796—1855）禁止诗人出国，普希金的中国之行未能如愿。[1]但是比丘林和普希金也因此建立起了深厚的友谊。比丘林把自己的著作《西藏志》《三字经》和《卫拉特人史评》的一部分手稿送给普希金。他在《西藏志》的扉页上写道："译者向宽厚的亚历山大·谢尔盖维奇·普希金阁下致敬，1828年4月26日。"[2]在其他书里也有类似"敬赠亚历山大·谢尔盖维奇·普希金"的话语。

普希金对中国的认识和了解以及对中国的向往，都是通过比丘林的译著和作品产生的，由此可见，比丘林及其著作在当时俄国的影响力。可以说，比丘林引起了19世纪俄国各阶层对中国文化的热爱和追捧，其中就包括伟大的诗人普希金。而普希金也给予比丘林高度的评价和肯定，这体现在《普加乔夫史》一书里，普希金在书中感激地写道："我们感谢亚金夫神甫，他关于卡尔梅克人迁徙的叙述最为准确公正，他渊博的知识和勤奋的劳动使俄国与东方的关系清晰起来。"[3]

比丘林在汉语教学和汉学研究领域做出了巨大的贡献，出版了一系列重要著作，多次获得科学院杰米多夫奖。俄国著名文学评论家对比丘

---

1 Из записной книжки Н. В. Путяты (встречи с А. С. Пушкиным), —Русский архив, 1899, кн. 2, №6. С. 350–353.

2 Моллер Н. С. Иакинф Бичурин в далеких воспоминаниях его внучки, —Русская старина, 1888, №9. С. 535.

3 Пушкин А. С., История Пугачева, —Собрание сочинений, т. 8, М. –Л., 1949. С. 287.

林的著作给予了很高的评价。比丘林通过一己之力最终促进俄国汉学成为一个专门的学科，在汉学研究方法上，比丘林首次把翻译和研究结合起来。比丘林与普希金等俄国文化巨星的交往，以及与西方汉学家之间的书信交流，在当时的俄国产生了巨大的社会影响，也同时引发了俄国人对中国的向往和迷恋，促进了中国文化在俄国和西方国家的传播。

第三节 19世纪上半叶俄国其他汉学家对中国哲学的兴趣

在19世纪上半叶比丘林时代，涌现出了一批杰出的汉学家，他们大多是卡缅斯基（见图1-5）作为团长的第十届东正教使团成员，为俄罗斯汉学的发展做出了重要贡献。

图1-5 卡缅斯基

一、俄国科学院通讯院士卡缅斯基

比丘林时代重要的汉学家卡缅斯基是第十届宗教使团的成员，后来成为外交部文官，1820年被任命为东正教使团领班前往中国，开创官员担任宗教使团团长的先例。使团出发之前卡缅斯基制定了详细的工作计划和指南，这些计划经过了沙皇亚历山大一世的批准。按照工作指南，使团神职人员和大学生必须掌握一门语言——满语或者汉语，必须研究佛教和道教，翻译那些“解释信仰原则”的书籍，并对之进行必要的反驳。[1]指南要求使团成员关注中国的医学和自然史，关注中国的哲学（特别是孔子的学说），还要关注中国的历史、地理、农业等。在北京驻留的

1 Вагин В. Исторические сведения о деятельности графа. -М.: Сперанского, т. II. С. 633.

十年间，由于卡缅斯基周密的计划和井井有条的使团内部学习和工作环境，使团里大多数学生都学有所成，在汉学的某一领域掌握了专业知识。卡缅斯基为俄国汉学做出了一定的贡献，培养了一批优秀的汉学家。

卡缅斯基严于律己、工作勤奋，在北京工作期间和回国后一直没间断翻译和研究工作，他编写了汉语发音、成语等方面的5部满汉俄语词典，其中包括《俄汉医学词典》。除此之外，卡缅斯基还做了大量的笔记，笔记的内容主要是译成俄语的经文摘录、经书箴言、神学思考、教理笔记等。笔记的内容表明卡缅斯基尝试在儒学书籍中找到基督教道德和儒家思想的相通之处。

卡缅斯基翻译了《通鉴纲目》和译自满文的《元史·本纪》中的《关于成吉思汗家族的蒙古史》《大秦景教流行中国碑》等，其中《关于成吉思汗家族的蒙古史》是迄今为止俄罗斯最为完整的蒙古史全译本。但是卡缅斯基大部分手稿没能出版，他生前只发表了两篇文章，没有引起过多的关注。瓦西里耶夫曾谈到，卡缅斯基向亚洲司呈交的译著、笔记、摘录文章等手稿有几麻袋之多，但后来这些手稿不知所踪。[1]卡缅斯基对俄罗斯汉学的贡献还在于他从北京返回俄国时带回了大量的书籍，这些书籍充实了俄国汉学文献资料。

作为比丘林同时代的汉学家，卡缅斯基从北京返回时，比丘林的事业在俄国和欧洲汉学界正如日中天，比丘林的光辉难免掩盖了卡缅斯基的成就。但是对于卡缅斯基在使团领导岗位上取得的成绩、其在培养汉学人才方面的贡献以及他的汉学修养和水平，当时的俄国学术界给予卡缅斯基充分的肯定，推举他为圣彼得堡皇家科学院通讯院士。

卡缅斯基本人对中国哲学经典没有进行深入的翻译和研究，但是他在宗教使团培养出来的学生，都各有建树，其中克林姆斯基（К. Г. Крымский）不仅担任恰克图学校的汉语教师，还积极从事儒学研究，著有《儒学义解》一书，此书阐释了儒家学说的起源和核心思想。值得一提的是，使团学生中的列昂季耶夫斯基（Захаров Федорович

1 Васильев В. П. Воспоминание о И. И. Захарове, -СПб., 1885. С. 94–110；Материалы для истории Российской духовной мисии. С. 48.

Леотьевский）是俄书汉译第一人，在北京期间，他把俄国著名历史学家卡拉姆津（Карамзин）的《俄罗斯国家史》翻译成汉语，这是第一本从俄语翻译成汉语的书籍，首次向中国系统地介绍了俄国历史。

二、颇有建树的著名汉学家西维洛夫

在第十届使团学生中，在中国哲学研究和翻译方面颇有建树的还有著名汉学家西维洛夫（见图1-6）。西维洛夫1798年出生在奔萨省一个村庄的诵经士家庭里。他一开始考入医学院，后来转入修道院传教士学校，1819年剃度为僧，法号为丹尼尔（Даннил）。

图1-6　西维洛夫

西维洛夫1821年以修士司祭身份随第十届使团来到中国，1830年回国后任喀山大学第一届汉语教研室主任。西维洛夫在汉语教学和汉学研究上具有不可取代的地位，遗留大量未出版的手稿。西维洛夫编撰了多部词典，还编写了俄国第一本《汉语文选》。西维洛夫对中国哲学和宗教有着浓厚的兴趣，在俄国汉学史上，西维洛夫最主要的贡献是对中国哲学的翻译和研究。

1826年，西维洛夫随使团驻北京期间翻译了《道德经》，并将其命名为《老子的道德哲学》，该俄译本是俄国历史上第一个《道德经》俄译本，直到1915年才出版问世，题目标注为《丹尼尔·西维洛夫档案中未发表的〈道德经〉译文》。1828年，西维洛夫翻译了《中国哲学家孔子的哲学》。1831年，西维洛夫编译《中国儒、释、道三教综述》，全书共66页，此书第一次全面系统性地向俄国读者介绍了中国最主要的儒、释、道三大学说。[1]西维洛夫于1840—1842年期间翻译了“四书”，共四

1　Российская национальная библиотека (СПб.) (РНБ). Отдел рукописей, ф. 608, оп. 1, ед. хр. 50.

卷，包括《大学》《中庸》《论语》《孟子》。1855年，西维洛夫将“四书”典籍译文手稿寄往亚洲司，遗憾的是该手稿当时没有出版，被保存在俄罗斯对外政策博物馆里。

在教学中，西维洛夫注重培养学生的翻译能力，经常让学生翻译中国典籍里的一些内容，比如“四书”里的《大学》《中庸》等，以此来训练学生的翻译能力。西维洛夫在教授学生中国历史时，用的就是自己的译著《中国通史》的内容。《中国通史》和西维洛夫在北京期间节译的《明心宝鉴》于1837年在喀山出版。西维洛夫于1841年翻译了《尚书》，在俄国汉学史上，这是第一部《尚书》俄文全译本，以前弗拉德金和比丘林的《尚书》是节译本。西维洛夫的《尚书》译本书名为《书经·纪年书》。此译本的完成时间存在争议，部分档案资料显示是1841年，但俄罗斯汉学家根据其手稿，认为此译本应该完成于1855年。西维洛夫的《尚书》译本手稿保存在喀山大学图书馆中，现在相关专家正在对其整理，准备将其出版。

在西维洛夫的《尚书》全译本之后，19—20世纪，虽然俄国陆续出版了其他译者的《尚书》俄译本，但这些译本仍然都是节译或者篇章的翻译。在俄国和苏联时期，学界普遍把《尚书》译文作为历史文献、哲学文本和后期中国文学发展的起源来看待。格奥尔基耶夫斯基（С. М. Георгиевский, 1851—1893）在1885年出版的《中国历史第一时期》中，共引用《尚书》34个章节的译文，格奥尔基耶夫斯基在引用《尚书》译文的同时，也对《尚书》本身和译文做出了史料学的分析和评估。[1]

在俄国历史上，西维洛夫是首个翻译《道德经》的人，也是俄国道家思想研究的奠基人。西维洛夫是在驻北京期间于1828年完成的《道德经》翻译。西维洛夫翻译《道德经》的缘由颇耐人寻味，第十届宗教使团出发之前，使团团长制定了使团的工作指南，其中一条是研究中国哲学思想，目的是对其学说进行驳斥。根据个人的兴趣，使团安排西维洛夫研究中国哲学思想。于是在驻北京期间，西维洛夫于1823年开始

1 马约罗夫.《尚书》在俄罗斯的传播述论［J］. 扬州大学学报（人文社会科学版），2017，21（02）：87-97.

着手研究道家思想并翻译《道德经》，以便对道家思想进行驳斥。但是，西维洛夫在翻译《道德经》的过程中，深深地被老子的思想所折服。在翻译时，西维洛夫专注于准确地表达老子的核心思想，采取阐述式的翻译方法，同时添加大量的注释。为了增加译文的条理性和凝练性，他为每一章节拟定一个标题，并在每一节的末尾都论述自己的观点和领悟。在最后一章中，西维洛夫写道："如果讨论老子的思想，那么随处可以找到和他正常思维相矛盾和对立的地方……但是老子思想的神秘性也正在于此。他思想的精华凝练在每一个汉字里，这种玄秘的思想不仅在中国是独一无二的，在任何一个哲学家那里也都是罕见的，甚至在孔夫子那里也不例外。孔子思想在中国虽然广为流传和推崇，但是在思想的深邃、广博和真理的普遍性上，远远比不上老子的思想……老子思想使我们相信、遵循自然界的真理，远离社会上的谎言和欺骗。"[1]西维洛夫在翻译中被老子的思想所吸引，一直追寻老子的思想和真理。他承认自己不追求字面意思的准确，译文尽管谈不上优美流畅，但是贴近中国这位伟大哲学家的思想本质。

遗憾的是这部译著由于未通过俄国书检局的检查，一直没能出版，因此在当时的俄国没有引起对道家思想的关注。法国汉学家朱利安（Stanislas Aignan Julien, 1797—1873）翻译的《道德经》的法文全译本于1842年出版问世，道家思想由此传入俄国，引起俄国社会的兴趣，这是俄国接触道家思想的开端。特别是托尔斯泰（Л. Н. Толстой, 1828—1910）对老子思想的迷恋，促进了道家思想在俄国的传播。有学者认为，早在1763年，《每月著作与学术简讯》（12月版）上就发表了一篇译自法语的《庄子休鼓盆成大道》，这应该算作较早进入俄罗斯的老庄哲学。[2]但这种说法未免太过牵强，因为《庄子休鼓盆成大道》是从欧洲转译和改编过的中国古典短篇小说，此小说中的故事情节虽然和原著相吻合，但故事发生的地点和主人公都与原著大相径庭，[3]道家庄子

---

1 Российская национальная библиотека (СПб.) (РНБ). Отдел рукописей, ф. 608, оп. 1, ед. хр. 50. С. 36.

2 张爱民. 老庄在俄苏［J］. 前沿，2010（22）：162-165+172.

3 李明滨. 中国文学俄罗斯传播史［M］. 北京：学苑出版社，2011：7.

思想在故事里也是难觅其踪，因此从严格意义上来说，不能算是老庄的哲学作品。

西维洛夫的《道德经》译文直到1915年才发表在《敖德萨图书志学会通报》上，被命名为《丹尼尔（西维洛夫）档案资料中未公布的译文》。1855年，西维洛夫把自己翻译的《诗经》《尚书》《道德经》等译文手稿寄给了亚洲司，这些手稿一直保存在亚洲司档案馆里。其中一本《道德经》手稿保存在喀山大学图书馆档案室里。此外，西维洛夫还翻译了佛教典籍《金刚经》的大部分内容，译文手稿也保存在档案室里。在俄罗斯汉学史上，西维洛夫一直致力于中国哲学典籍的翻译和研究，取得了卓越的成就，为中国哲学思想在俄罗斯的传播做出了巨大的贡献。遗憾的是，由于西维洛夫当时的译著大部分未能得到出版和公开发行，其在当时的知名度比较低，也没有产生太大的影响或引起社会的广泛关注。

三、汉学家切斯诺依和基里洛夫

清朝末年，由于中国政治局势发生了震荡和变化，最后几届使团在北京的处境极为艰难，第十一届宗教使团的成员和学生在缺少师资、教材的条件下，仍在汉语学习和对中国文化的研究方面取得了显著的成绩。其中在佛教研究方面颇有建树的是切斯诺依（Д. С. Чесной, 1799—1866），他出生于特维尔省的一个神职人员家庭，从1831年开始跟着修道院里教满语的中国老师学习满语，为了翻译呼图克图编的《简明藏语语法》，于1834年开始学习藏语。[1]在切斯诺依遗留下来的手稿中可以看出他的翻译和研究情况，他所翻译的材料大多数来自藏文。他翻译了《创世记》和《福音书》的部分内容，在关于“中国的描述和纪录中”，基于藏语译文材料，切斯诺依记录（编写）了《佛的名字》《佛祖的传说》和《佛祖释迦牟尼讲述的最智慧马的故事》。

在第十一届宗教使团中，有一个对道家思想有着极大兴趣，并

---

1 Соколов И. И. Архимандрит Авакум Чесной, —Тверские епархиальные ведомости, 1899, №7, С. 184-190б №8, С. 210-221, №9. С. 243-252.

身体力行奉行老子思想的汉学家——基里洛夫（П. Е. Кириллов, 1801—1864），他是作为使团医生来到北京的。基里洛夫对中国哲学非常感兴趣，切斯诺依在自己的手稿中曾这样评价基里洛夫：“基里洛夫最感兴趣的就是哲学家老子，他把老子置于毕达哥拉斯和柏拉图之上，甚至认为老子超过了康德和谢林。”[1] 基里洛夫在北京开了诊所，他以高超的医术积极为当地人治病，他品格谦虚，以仁爱待人，不论达官贵人还是贫穷的老百姓，他一律同等对待，不顾劳累，一切都以病人为中心。为此，他获得清政府赠送的两块牌匾，在当地居民中获得肯定和尊敬，并为使团赢得了良好的声誉。当时的宫廷和官员对使团的态度非常友好，使团的生活也得到了改善。此外基里洛夫还编写了词典并对中医和草药有着浓厚的兴趣。基里洛夫在北京期间，做了一些关于老子、中医、草药等的笔记，遗憾的是这些手稿不知所踪，至今没有找到。

第四节 小 结

18—19世纪是俄罗斯汉学的开端时期，罗索欣被中俄学界公认为俄罗斯汉学的创始者。自1741年罗索欣进入圣彼得堡皇家科学院工作之日始，俄国汉学诞生了。这一时期以罗索欣和列昂季耶夫为首的汉学家为俄国汉学做出了杰出的贡献。罗索欣首开翻译《三字经》和“四书”的先河，并倾其毕生精力翻译《八旗通志》。由于种种原因，罗索欣的译稿未能出版，现珍藏于俄罗斯科学院档案馆、国家历史博物馆手稿部等处。继罗索欣之后，列昂季耶夫作为杰出的俄国汉学开拓者，翻译了《大学》《中庸》，两本译著分别于1780年、1784年出版问世，这是俄国汉学史上首次出版的哲学典籍。列昂季耶夫也翻译了《三字经》，该译著在欧洲也是最早的译本。此外，列昂季耶夫开创性地节译了《易经》和《孙子兵法》，他最突出的贡献是整理编撰《中国思想》，《中国思想》

---

1 История религий и тайных религиозных обществ Древнего и Нового мира. -СПб, т. II, 1870. С. 66.

的出版问世引起了欧洲汉学界的广泛关注。另外，列昂季耶夫完成了罗索欣未竟的事业——《八旗通志》的翻译。除此之外，列昂季耶夫还留下大量涉及中国哲学、历史、地理、当时清朝政府制度和政策的珍贵手稿。列昂季耶夫内容丰富的译文和著述，是俄罗斯汉学界的宝贵资料，在今天仍是俄罗斯汉学家们学习和研究汉学的重要文献资料。

后来的俄罗斯汉学家给予列昂季耶夫的作品很高的评价，斯卡奇科夫认为列昂季耶夫完全可以称得上是“18世纪最重要的汉学家”。[1]科恰诺夫（Е. И. Кычанов）和库利科娃（А. М Куликова）认为列昂季耶夫的作品为18世纪下半叶的俄国社会精神生活做出了重要贡献，列昂季耶夫不仅在俄国，而且在欧洲汉学史上都占有重要的一席之地。[2]但是18世纪的俄国和欧洲汉学处于起步阶段，由于工具书缺乏，中国文化典籍欧译本也很稀少，这使得欧洲对中国哲学思想认识不足，存在一些误读和曲解的现象。

19世纪上半叶，以比丘林为首的汉学家们因对中国文化坚持不懈的翻译和研究，取得了丰硕的成果，使得汉学成为一个专门的学科，也促使俄国一跃成为世界第二大汉学中心。这一时期，俄国汉学家比丘林、卡缅斯基、西维洛夫等对中国哲学倾注了很多的热情和努力，大量的哲学典籍俄译本问世，如《三字经》《大学》《中庸》《西藏志》《尚书》《诗经》《孟子》等，西维洛夫还首次对《道德经》进行了翻译。

19世纪上半叶，俄国在中国哲学的翻译和研究方面也向前迈出了很大的一步，如：从对孔子的兴趣扩展到对老子的兴趣；从对儒家典籍的翻译开始转向对道家典籍，甚至是兵家典籍的翻译；从单纯的翻译扩展到翻译和研究并行，使这些译著变成了学术研究作品等。此外，这一时期对中国哲学的翻译，也开拓了俄国学者和民众理解中国哲学遗产的民族特点的视野。[3]俄国汉学家的哲学译著不仅在俄国广泛流行，也同时

1 Скачков П. Е. Очерки истории русского китаеведения. -М. : Наука, 1977. С. 76.
2 История отечественного востоковедения до XIX века. -М. : Наука, 1990. С. 90.
3 朱达秋，中国哲学在俄罗斯：20世纪90年代俄罗斯的中国哲学研究［J］. 哲学动态，2005（03）：62-67+73.

被翻译成欧洲多国语言并发行到西欧各国。

以比丘林为首的汉学家为中国哲学思想文化在俄国和欧洲的传播做出了巨大贡献。这一时期汉学研究的鲜明特征是汉学家从对中国思想文化典籍的翻译转向对中国思想文化典籍的分析研究，并撰写了大量论著。这一阶段最显著的特点是以比丘林为首的汉学家把翻译和研究结合起来，促进了俄国汉学最终成为一门独立的学科。这一时期的局限性在于一切的汉学活动都从帝俄对外政策和贸易实际需要出发，以收集资料为目的，有一定的政治局限性。在对中国哲学思想的研究方面，由于所处时代的局限性，比丘林对儒教思想的理解远没有瓦西里耶夫的理解深入和明确。

这一时期由于比丘林对中国文化的兴趣和推广，中国哲学思想在当时的俄国颇具影响力，由此引起了伟大的诗人普希金对中国和中国文化的好感和向往，普希金曾多次在其作品中提及中国和中国文化，这极大地促进了中国文化在俄国和欧洲的传播。

第二章

发展阶段：中国哲学典籍在19世纪下半叶—20世纪50年代的翻译与研究

19世纪下半叶，俄国汉学进入了一个全新的时期，以瓦西里耶夫（中文又名“王西里”）为首的俄国汉学家成就非凡，著述浩繁，汉学研究中心由喀山转移到圣彼得堡，俄国汉学获得长足的发展。这一时期涌现出了一批著名汉学家，汉学研究形成了规模，俄国汉学史上第一个汉学学派——圣彼得堡汉学学派就此出现。瓦西里耶夫等汉学家对中国古典哲学进行了全面、系统、深入的翻译和研究，推出了众多有分量的译著和论述，中国哲学典籍翻译迎来了第一次热潮。

第一节　19世纪下半叶——瓦西里耶夫时期

以瓦西里耶夫（见图2-1）为代表的汉学家将研究领域进一步扩展到儒、释、道以及其他哲学流派，使汉学研究规模化，并迎来了中国文化典籍翻译和研究的首轮热潮，继而推出了为数众多且有分量的译著和研究成果。

图2-1　瓦西里耶夫

一、瓦西里耶夫和中国哲学的渊源

瓦西里耶夫精通汉、蒙、满、梵、朝、日等几种文字，他知识渊博、著述甚丰，在中国哲学、宗教、历史、文学等领域都有深入的研究，且均有不凡的建树。瓦西里耶夫翻译和撰写了大量书籍和文章，在汉语教学方面为俄国培养了大批卓有成就的汉学和东方学人才，拓展了汉学研究的范围，在推动俄国汉语教学、汉学和东方学的发展方面功不可没。

瓦西里耶夫于1818年2月20日出生于下诺夫哥罗德的一个公务员家庭，1834年考入喀山大学语文系东方学专业学习蒙古语，师从蒙古语教研室主任科瓦列夫斯基（О. М. Ковалевский, 1801—1878），研究佛教的科瓦列夫斯基培养了瓦西里耶夫的学术兴趣和政治观点。在他的影响之下，瓦西里耶夫与佛教结下了不解之缘。1837年，瓦西里耶夫以论文《佛教文献精髓》通过答辩，毕业以后留校任教。科瓦列夫斯基建议瓦西里耶夫在佛教这一领域继续研究下去，紧接着瓦西里耶夫进入喀山大学硕士班继续深造，1839年，瓦西里耶夫顺利通过硕士答辩，论文题目为《论佛教的哲学基础》。在论文中，瓦西里耶夫对佛典中的概念加以分析和考证，这对于刚刚起步的欧洲佛学研究尤为重要。瓦西里耶夫的硕士论文引起了当时俄国和欧洲学术界的关注。1840年，梅利尼科夫-别切尔斯基（П. И. Мельников-Печерский, 1818—1883）在《祖国纪事》上针对瓦西里耶夫的论文发表评论文章，对其给予很高的评价。[1]后来他在给波戈金（П. И. Погодин, 1800—1875）的推荐信中预言："这位新汉学家将来不会逊色于著名的比丘林。"[2]苏联时期的蒙古学家沙斯金娜（Н. П. Шастина, 1898—1980）评论道："如果瓦西里耶夫的硕士论文当时能够出版，东方学界能早五十年了解佛教哲学的北方思想形态。"[3]

1840年，作为第十二届东正教使团的学生，瓦西里耶夫被派往中国。在驻中国期间，瓦西里耶夫又学习了藏语，同时翻译了《印度佛教史》《佛教文献》等佛教资料。在中国居住达十年之久的瓦西里耶夫于1850年返回俄罗斯，1851年被任命为喀山大学满汉语教研室主任并被聘为教授。1855年，喀山大学东方学院合并到圣彼得堡大学东方学院，瓦西里耶夫被任命为圣彼得堡大学东方语言系汉语教研室主任。1864年，瓦西里耶夫以《元明两朝关于满族人的资料》一文通过博士论文答

---

1 Отечественные записки, 1840, №3–4, отд. Смесь. С. 16–18.

2 Барсуков Н., Жизнь и труды М. П. Погодина, т. XI, -СПб., 1890. С. 472.

3 Шастина Н. П, В. П. Васильев как монголовед// Материалы по истории и филологии Центральной Азии / СО АН СССР., Бурят. фил. Ред. Б. В. Семичов., Улан-Удэ, вып. 4, 1970.

辩，成为第一个获得博士学位的汉学家。在瓦西里耶夫的开拓和推动下，教学和科研相结合、教研并重型的东方语言系和汉学中心最终形成。因为在汉学领域卓越的成就和巨大的贡献，瓦西里耶夫于1866年当选圣彼得堡皇家科学院通讯院士，1886年晋升为科学院院士，成为俄国汉学家中第一个获此殊荣的人。

随使团驻中国期间，在掌握汉语、满语、藏语、梵语的基础上，瓦西里耶夫对佛教进行了系统、深入的研究。基于大量佛教文献，瓦西里耶夫编撰了多卷本的《佛教，其教义、历史和文献》（见图2–2）。这部著作几乎囊括了所有的佛教知识，内容包括“佛教文献述评”“佛理阐释”“印度佛教史”“西藏佛教史”“玄奘印度游记”，各部分内容有机联结。[1] 1850年瓦西里耶夫回国后，他的这部专业艰深的学术专著无人感兴趣，没有出版社愿意出版。1857年瓦西里耶夫只出版了第一卷《佛教，其教义、历史和文献：总论》，后来又于1869年出版了从藏文翻译过来的《佛教，其教义、历史和文献：印度佛教史》。这两部著作后来被翻译成德语和法语，引起了欧洲学术界的广泛关注，被视为前所未有的欧洲佛学研究的最高成就，也使瓦西里耶夫成为享誉世界的学者。[2]

图2–2 《佛教，其教义、历史和文献》

《佛教，其教义、历史和文献：总论》收录了瓦西里耶夫翻译的《异部宗轮论》和《龙树菩萨论》俄译本。该书是瓦西里耶夫在大量

1 Горбачева З. И. Петров Н. Н., Смыкалов Г. Ф. Русский китаевед академик Василий Павлович Васильев (1818—1910)/ История и культура Китая: Сб. памяти академика В. П. Васильева / Отв. ред. Л. С. Васильев. -М. : Наука, 1974. 480 с.

2 Завадская Е. В., В. П. Васильев-родоначальник буддологии в России // История и культура Китая: Сборник памяти академика В. П. Васильев / под. ред. Л. С. Васильев. -М., 1974.

汉文、蒙文和藏文第一手佛教文献资料的基础上，通过精心梳理这些文献资料，独立研究得出的关于佛学的原创性观点和论断。在书中，瓦西里耶夫把佛教分成小乘（早期佛教）、大乘（晚期佛教）和密教（大乘的组成部分）三部分，认为佛教应该产生于大乘时期。李明滨认为，瓦西里耶夫对俄国的佛教研究贡献和影响最大的地方在于他提出了研究北方佛教文献的必要性这一基本思想。[1]苏联时期的汉学家尼基福罗夫（В. Н. Никифоров, 1920—1990）评论道："与南方佛教研究者不同的是，瓦西里耶夫研究了北方宗教，为后来的学者指明了道路。"[2]别列金（И. Н. Березин, 1818—1896）在对《佛教，其教义、历史和文献：总论》的评论中写道："没有任何一位学者能把汉语和藏语的知识结合起来并运用到佛学研究中，这在整个欧洲都是无人能及的。"[3]别列金还认为该书的价值不仅在俄国被认可，在欧洲学术界也同样得到高度肯定。[4]

1886年，瓦西里耶夫编写了《佛教术语词典》，收录佛教词条近1 000条，但是该词典在其生前没有得到出版。瓦西里耶夫分别于1895年和1899年发表了《由经律而全面发展的佛教》和《佛教概述》。

在编写词典、教材和繁重的教学之余，瓦西里耶夫致力于佛教和中国哲学的翻译和研究。瓦西里耶夫把研究和教学紧密结合起来，在教学中，把"孔子生平""儒家学说的意义""儒家之前的中国古代教育""儒家学说在汉初之前的传播""不同阶段的儒家学说""道教与佛教"等古典哲学内容作为教学的主要内容，此外他还为2～4年级的学生开设哲学典籍翻译课程，让学生翻译《论语》《诗经》等，把《论语》学习作为学生的必修课，还把"佛教文献和历史"作为主要授课内容，让高年级的学生分析佛教文献《般若波罗蜜多心经》《首楞严经》等。在儒家典籍中，瓦西里耶夫和学生先后翻译了《论语》和《诗经》，分

1 李明滨．俄罗斯汉学史［M］．郑州：大象出版社，2008：61.
2 Никифоров В. Н. Советские историки о проблемах Китая. -М., 1970. С. 12.
3 Отечественные записки, 1857, №8, обд. Критика и библиография. С. 110.
4 Там же. С. 114.

别刊登在《汉语文选第二卷释读》和《汉语文选第三卷释读》上。[1] 后来《论语》的译著经过瓦西里耶夫的补充翻译、整理、编辑和注释，于1884年在圣彼得堡印刷出版，这开启了儒学和孔子在俄罗斯传播的一个新阶段。[2]瓦西里耶夫的《论语》俄译本不是全译本，而是摘译，为了适应教学的需要，排版成中俄对照版本，但是其中有一些词语的翻译有失偏颇。此外，在《东方的宗教：儒、释、道》中，瓦西里耶夫对孔子和儒教进行了阐述和讨论。

1873年，瓦西里耶夫出版综合论述中国古典哲学的《东方的宗教：儒、释、道》一书。19世纪下半叶，正值俄国学者、东方学家和哲学家对东方宗教非常感兴趣的时期，这部著作的出版恰逢其时，引起了俄国社会对东方宗教关注的热潮。同其他的著作一样，《东方的宗教：儒、释、道》在大量翔实的原始资料的基础上，摒弃生涩的注释，引经据典，采用通俗易懂、活泼生动的语言和表达手法，把专业、复杂的概念和理论用简洁明了的语言表达出来。瓦西里耶夫本人提倡这种"以普及读物的形式出版学术著作"，认为学术作品有时也要照顾到非专业的读者。但是瓦西里耶夫同时代的学者却不支持这种风格，瓦西里耶夫的学生米纳耶夫（И. П. Минаев, 1840—1890）认为书中，"特别是那些第一手资料，读者并不能识别……那些早已广为人知的东西，却多少有些被歪曲"。[3]

同时，米纳耶夫在评论中指责被瓦西里耶夫夸大了的欧洲中心论："读了瓦西里耶夫的新书，我们可以确信，作者想向读者证明西方优于东方，西方文明一直影响着东方文明。"[4]最后米纳耶夫指出瓦西里耶夫在欧洲学术史上第一次描述了佛教的起源和儒、释、道三者之间的关系，他认为瓦西里耶夫是"俄国为数不多的能独立运用原始资料的学者之一，是有敏锐研究视野的学者"。[5]在苏联时代，《东方的宗教：儒、

1 阎国栋. 俄罗斯汉学三百年［M］. 北京：学苑出版社，2007：87.
2 刘亚丁. 孔子形象在俄罗斯文化中的流变［J］. 东北亚外语研究，2013，1（02）：2–9.
3 ЖМНП. 1874, №3. С. 129.
4 Там же. С. 131, 134.
5 ЖМНП. 1874, №3. С. 148.

释、道》也受到苏联学者的关注，苏联学者对于书中宗教源流观点的局限性也有一些批评意见，苏联汉学家彼得罗夫指出了瓦西里耶夫对道家和儒家思想内容理解的局限性。[1]

在《东方的宗教：儒、释、道》中，瓦西里耶夫从分析儒家典籍《论语》《尚书》等入手，对儒学的缘起和创立者孔子发挥的作用进行了详细的分析，提出了儒学是不是宗教的问题。他认为，儒学不同于其他宗教，与东方的宗教也有很大不同，因为东方宗教与西方宗教总有某些相似之处。[2]瓦西里耶夫不承认中国具有形而上学或者逻辑严密的哲学体系，他认为儒、释、道是中国特有的宗教形式，不同于东方和西方的宗教，还认为宋明理学是一种新的宗教，在使儒家学说变得更加系统化的同时，还受到了佛教和道教的影响。[3]瓦西里耶夫还详细地探讨了佛教对道教的影响，认为佛教对于道教的祭祀方式、《道藏》的构成以及许多古代道教经典的结构和内容都产生了很大影响。[4]以瓦西里耶夫为首的圣彼得堡大学东方语言系为了教学的需要开设了中国文学和满语文学课程，同时也开始了对中国文学的翻译和研究。瓦西里耶夫于1855年发表了关于中国文学的第一篇文章《论喀山大学图书馆所藏的某些佛教史书籍》（1956年被翻译成德文发表），这篇文章论述的是在佛教的基础上开始的对中国文学的研究，这也是瓦西里耶夫《中国文学史纲要》（见图2-3）的雏形。[5]

图2-3 《中国文学史纲要》

1 Петров А. А., философия Китая в русском буржуазном китаеведении, —Библиография Востока, 1935, №7. С. 5–28.
2 Васильев В. П. Религия Востока: конфуцианство, буддизм и даосизм. С. 16.
3 Там же. С. 50.
4 阎国栋. 俄罗斯汉学三百年［M］. 北京：学苑出版社，2007：90.
5 ［俄］斯卡奇科夫. 俄罗斯汉学史［M］. 柳若梅，译. 北京：社会科学文献出版社，2011：321.

二、《中国文学史纲要》——文学和哲学之争

1880年，瓦西里耶夫的《中国文学史纲要》出版，这是一部不论在俄罗斯汉学史上，还是世界文学史上都是划时代的著作，为俄罗斯汉学赢得了极高的荣誉，并引起世界的广泛关注。[1]《中国文学史纲要》是世界上首部关于中国文学通史的著作，由中国人自己编撰的最早的《中国文学史》（林传甲著）直到1904年才出版问世，由英国汉学家翟理斯（Herbert Allen Giles, 1845—1935）编写的英文版《中国文学史》于1901年出版。在《中国文学史纲要》的前言里，瓦西里耶夫自己也认为“用欧洲语言写成的中国文学概论至今没有问世……”。[2]但是，瓦西里耶夫自己也许没有意识到，在他的《中国文学史纲要》出版之前，中国文学概论之类的专著不仅在欧洲没有问世，在中国也没有出现。瓦西里耶夫的《中国文学史纲要》与古埃及和古印度的文学史合并为第一卷，作为由科尔什（В. Ф. Корш, 1828—1883）和里克尔（К. Л. Риккел, 1833—1895）主编的《世界文学史》的一部分。[3]《中国文学史纲要》到底是一部中国文学史著作还是文化（哲学）史著作，一直是值得中俄学术界关注的问题。

从其内容和现代文学的概念上来看，《中国文学史纲要》实质上是一部综合论述儒、释、道等中国哲学典籍的珍贵著作。李明滨在《俄罗斯汉学史》中写道：“作为全面而系统地概括中国文化思想的史书……从现代的概念来看，它更像是一部中国文化典籍史。”[4]阎国栋也认为从《中国文学史纲要》里可以看出瓦西里耶夫独特的文学观，即将中国所有的文化典籍都视为文学作品。[5]阎国栋指出，鉴于中国文学的特质，瓦西里耶夫无法抛开儒学而先言他，因为儒学渗透到了中国人的血液之

1　李明滨. 俄罗斯汉学史［M］. 郑州：大象出版社，2008：29.

2　Васильев В. П. Очерк истории китайской литературы. Санкт-Петербург.: Типография М. М. Стасюлевича, 1880. С. 24–25.

3　阎国栋. 俄罗斯汉学三百年［M］. 北京：学苑出版社，2007：84.

4　李明滨. 俄罗斯汉学史［M］. 郑州：大象出版社，2008：46.

5　阎国栋. 俄罗斯汉学三百年［M］. 北京：学苑出版社，2007：84.

中，并深刻影响了中国的政治、思想和文学。[1]瓦西里耶夫之后的汉学家也提出质疑，认为《中国文学史纲要》这一书名有失偏颇，文章内容不大符合题目中“文学史”的概念。著名汉学家李福清（Б. Л. Рифтин, 1932—2012）也指出，瓦西里耶夫不是一个文学理论家，所以他把文学看作“一切文章典籍的综合”。[2]另一位汉学家费德林则认为，瓦西里耶夫受时代的局限，对中国文学问题的研究主要从儒家世界观和思想立场出发，而不是从文学创作的语言艺术角度出发。[3]

但是在瓦西里耶夫看来，儒学在中国占主导地位，瓦西里耶夫把《论语》《春秋》《道德经》等文化典籍看作文学作品，认为儒学是整个中华民族文化的源头，是所有中国文学的根基，认为中国的宗哲历史和地理文献在中国文学史上占主导地位，而美文学（纯文学）只不过是其中的一部分，始终受到中国宗教和哲学的影响。李明滨认为《中国文学史纲要》内容的安排也是无可厚非的，因为在古代中国，文学书籍（小说、诗歌等）往往与文化典籍相提并论，诸子百家的作品也理所当然地被认为是文学。瓦西里耶夫受中国传统观念的影响，这样理解和安排此书的内容也是情有可原的。何况瓦西里耶夫自己也有独特的见解，他在文章前言里阐明了全部中国文明、整个广博而多样的中国文学的基础是儒学。[4]瓦西里耶夫的《中国文学史纲要》从字面意义上来看是和内容不相符的，文不对题，内容不是当代所谓的文学（即美文学）概念。但是关于“文学”这一概念，李明滨认为“不能依照古希腊、古印度那样把文学史定格为介绍长诗、小说和戏剧……具体地说，摆到首位的应该是儒学，而不是诗歌、小说、戏曲这样的美文学”。[5]最后，李明滨也承认从现代的文学观点重新来审视这部著作，确切地说它更像一部中国文化典籍史论。[6]李明滨深刻分析和解读了瓦西里耶夫创作的时代背景及

---

1 ［俄］王西里. 中国文学史纲要（俄汉对照）［M］. 阎国栋，译. 北京：中央编译局出版社，2016：8.
2 同上。
3 同上。
4 李明滨. 俄罗斯汉学史［M］. 郑州：大象出版社，2008：45.
5 同上。
6 同上。

其学术视角，承认作者本人和作品的时代局限性，但认为不管这部专著的准确性如何，它在俄罗斯首次大规模地介绍和宣传了中国文化典籍和中国文学，瓦西里耶夫因此不容置疑地成了中俄文化交流的第一座友谊桥梁，也为俄国后代汉学家树立了优秀的榜样。[1]《中国文学史纲要》也有助于我们从俄罗斯汉学家的视角，正确审视和肯定儒学对于中华民族和中国传统文化的价值和意义。

《中国文学史纲要》总共163页，约10万字，全书共分三个部分，十五个章节。第一部分“引言”主要论述了“中国的语言和文字”以及“古代汉语和文献”，介绍中国书籍起源的历史背景、条件等。第二部分是全书的重点，分成两大章节，分别论述了儒、释、道的思想及其各自相关的典籍，重点评介儒学以及典籍的形成并考证真伪。在第一章首先论述儒学的产生和发展，以及孔夫子和儒学对中国历史和文化的影响与价值，详细阐释了儒学和儒家典籍《论语》《春秋》《大学》、体现儒家治国理想的《尚书》和《孟子》、作为儒家伦理道德基础的《孝经》；对《论语》《春秋》等典籍发表自己的见解，并提出质疑；认为《论语》不仅记录孔夫子及其弟子的言行，也是记录其思想的著作，提出《论语》是“学派之间的斗争”这一说法；同时也高度肯定《论语》的价值，认为《论语》是一部不可多得的著作，是了解儒学的本质、发展及演变过程最宝贵的典籍；质疑《春秋》成书早于汉代，且是一部记录历史的著作；怀疑《尚书》不是出自孔子之手；认为《论语》《春秋》《尚书》《礼记》《诗经》《孟子》是儒家初级阶段的论著。瓦西里耶夫给予《孟子》高度的评价，认为其文献非常精彩、有魅力，大段摘译和评价《梁惠王》《公孙丑》《告子》等篇章，把以前编写的《孟子研究与译文摘录》手稿收录进《中国文学史纲要》，还阐述了《出自孟子的成语》，为了使俄国读者充分认识《孟子》的价值，在翻译的同时添加大量的注释，力求简单易懂地用俄语阐释这部珍贵的中国儒家典籍。

瓦西里耶夫是一个百科全书式的汉学宗师，不仅在佛教方面的研

1　李明滨. 俄罗斯汉学史［M］. 郑州：大象出版社，2008：47.

究登峰造极，还在《中国文学史纲要》的第二章，对道教首次展开深入的研究。他从儒家思想入手，论述了“佛教学说”“道家学说”和其他学派的学说，并介绍了道家的历史发展过程和道家主要代表人物，评介了诸子百家的主要典籍，如《易经》《道德经》《庄子》《荀子》《墨子》《韩非子》《吕氏春秋》《孝经》《礼记》等，考证了早期的道家文献。在书中，瓦西里耶夫虽然对道家着墨不多，但是他从翻译的《道德经》片段入手，比较深入地论述了老子的思想和《道德经》以及其他道家典籍，介绍了道家的基本教义，探讨了佛教对道教的影响，指出道教在创立时借鉴了佛教的方法。瓦西里耶夫是第一个对道教展开论述和深入思考的俄国汉学家，但是他在道家研究方面的局限性表现在没有对“道”的含义进行较为透彻的阐释，也没有提及道家重要典籍——《淮南子》《抱朴子》。[1]除了儒、释、道等领域，瓦西里耶夫还评介了中国的历史、地理、农学、医学等典籍。《中国文学史纲要》几乎囊括了中国的主要文化典籍，因此可以称得上是“中国文化典籍史书”或者“中国典籍的综合评述”。[2]

在第三部分，瓦西里耶夫评介了中国的小说、诗歌、戏剧等，较大篇幅地论述了《诗经》，认为《诗经》是儒家典籍五经之首。瓦西里耶夫在研究儒家思想发展的过程中考察《诗经》，对它在中国文学史上的地位和价值给予充分的肯定，对《诗经》做了深入的阐释和介绍，认为《诗经》不是由孔子和其弟子创作的，而是成书于汉代。瓦西里耶夫高度评价《诗经》对于全人类的意义，认为它具有很高的社会人类学价值。[3]瓦西里耶夫按照诗歌体裁把《诗经》分为描写女性和男性之歌、嘲讽和赞美之歌、民间和官府之歌、欢乐和愁苦之歌，他用这种划分方法来取代中国的“赋、比、兴”之分。[4]瓦西里耶夫首次向俄国读者展示了《诗经》中古代中国丰富多彩的民间生活、社会现实以及民众的喜

---

1 阎国栋. 俄罗斯汉学三百年［M］. 北京：学苑出版社，2007：90.
2 李明滨. 俄罗斯汉学史［M］. 郑州：大象出版社，2008：48.
3 Васильев В. П. Очерк истории китайской литературы. -СПб., 1880. С. 31–33.
4 阎国栋，张淑娟. 俄罗斯的《诗经》翻译与研究［J］. 社会科学战线，2012（03）：140–146.

怒哀乐。

此外，瓦西里耶夫还提及了中国主要的古典小说，对《红楼梦》《金瓶梅》尤其关注，并为这两部小说写出故事概要。另外还简要论及《三字经》《千字文》以及中国的戏剧。瓦西里耶夫遗留了大量有价值的有关中国哲学的作品，如《佛教术语词典》和《各流派的佛教文献述评》[1]以及译著《玄奘游记》《阅藏知津》《百论》等，这些作品在其生前未能出版，都以手稿的形式保存在苏联科学院档案馆里。瓦西里耶夫热爱中国文化，对中国充满热情和好感，认为没有任何地方像中国一样全民以儒家思想来治国和修身，没有任何民主国家像中国一样可以发出真理的声音，没有任何国家的普通民众像中国民众一样可以参与上层的谈话与决策。[2] 1900年4月，瓦西里耶夫在圣彼得堡去世，一代汉学巨星陨落，俄国汉学的一个时代——瓦西里耶夫时代随之结束。

三、19世纪下半叶俄国其他汉学家对中国哲学的研究

19世纪下半叶，第十二届宗教使团在驻北京期间造就了一批以瓦西里耶夫为首的杰出汉学家，圣彼得堡大学东方语言系汉语中心也人才辈出。在瓦西里耶夫的引导下，俄国汉学获得了更大的发展，涌现出了一批知名的学者，他们在各自的研究领域大放异彩，取得了不凡的成就。此外，在瓦西里耶夫的影响之下，俄国也出现了佛教研究学派，成员不仅包括起主要作用的汉学家，还包括其他藏学家、蒙学家和印度学家。

（一）佛教研究的汉学家代表——巴拉第

第十二届宗教使团成员巴拉第（Палладий Кафаров, 1817—1878）（见图2-4），又名“卡法洛夫”，是驻北京时间最长、成果颇为丰硕的神职汉学家。巴拉第先后来华3次，一共在中国居留长达31年之久。1840年，巴拉第随第十二届使团第一次来到中国，于1847年回国，1848年升任大司祭。其作为第十三届东正教使团的领班于1850年第二次来到

---

1 Тубянский М. И., Предварительное сообщение о буддологическом рукописном наследии В. П. Васильева и В. В. Горского, —Доклады АН СССР, 1927, №3. С. 59–64.

2 Васильев В. П. Очерк истории китайской литературы. -СПб., 1873. С. 74.

图2-4　巴拉第

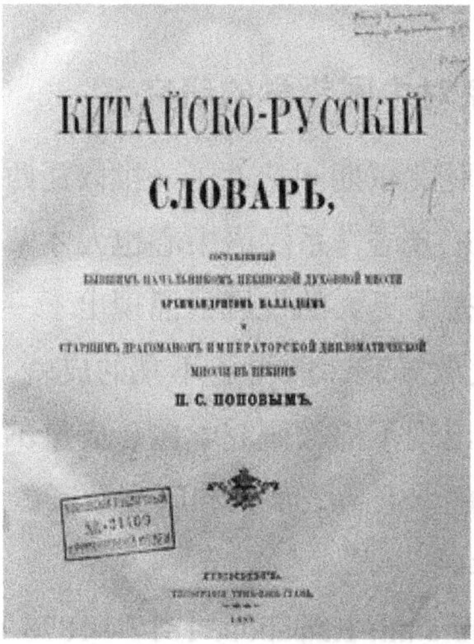

图2-5《汉俄词典》

中国，居留至1858年。其第三次在中国居留的时间最长，于1864年作为第十五届使团成员抵达中国，1878年返回俄国时，不幸猝死于归途中。巴拉第在汉学方面的成就主要是编写了《汉俄合璧韵编》(《汉俄词典》)（见图2-5），该词典是欧洲同类词典中最为完善的大型词典，此部专著使他声名鹊起。此外，他还翻译和撰写了一系列历史和游记著作。

巴拉第是俄国佛教研究的代表人物，继承了比丘林的学术研究方向，虽然其关于佛教研究的著述数量有限，但是在当时的俄国影响较大。巴拉第与阿列克谢耶夫、戈尔斯基并称为“宗教三杰”。[1]巴拉第主要对中国北部和蒙古的佛教进行研究，他深深地沉迷于自己的研究，进展显著，且成就斐然。1847年，巴拉第完成了《佛陀传》(1852年出版，之后不久被译成德文)、《中国古代佛教史纲要》(1853年出版）[2]、《伊斯兰教汉文文选》、《佛教在中国的古老痕迹》等著作。1843年，在第一次驻北京期间，巴拉第完成了一篇图文并茂的论文《中国佛教概论》(《中国佛教诸神及其画像纪要》)，这篇文章列举了佛教诸神及其特点，描述了佛像的制作以及修复，介绍了佛教的礼

1　陈开科. 俄国汉学家巴拉第的佛教研究［J］. 湖南文理学院学报（社会科学版），2006（05）：63–70.

2　Труды членов Российской духовной миссии в Пекине, -СПб., т. 1, 1852. С. 385–489.

仪，还附有精美的插图，插图为巴拉第手绘，这是巴拉第的第一篇关于佛教的论文。时隔一年，他又完成了论文《迦毗罗论》，该论文主要介绍了《丹珠尔》和《金七十论》。分析巴拉第的代表作品《佛陀传》和《中国古代佛教史纲要》，可以发现他的研究有很多引人注目的亮点，从汉学史的角度来看，他是俄国首位运用近代社会学的批判方法研究中国佛教的汉学家。巴拉第摒弃佛教典籍中的神话和传说，把佛陀当作一个历史人物进行研究。[1]

巴拉第和瓦西里耶夫私交很好，后来巴拉第把自己关于佛教研究的手稿和译作送给瓦西里耶夫，从此不再研究佛教。关于巴拉第放弃佛教研究的原因，有学者猜测很可能是在研究佛教的过程中，佛教使他感到失望。也有学者认为是由于沙俄政府的指令等原因，他的学术兴趣才发生变化。[2] 后来巴拉第转向研究中国的伊斯兰教，著有《中国的穆斯林》《伊斯兰教汉文文献》等。此外巴拉第还研究了基督教传入中国的历史，相关研究论文《基督教在中国的古老痕迹》于1872年发表在《东方文集》上。巴拉第先后出版了多卷《驻北京俄国宗教使团成员著作集》，这样一来，巴拉第本人的手稿几乎全部发表或出版，该著作集也为后人研究宗教使团提供了方便。

（二）笃信儒道的格奥尔基耶夫斯基

格奥尔基耶夫斯基（见图2-6）是瓦西里耶夫的得意门生，1851年10月7日出生于卡斯特罗姆市，1873年本科毕业于莫斯科大学历史哲学系，1880年在圣彼得堡大学东方语言系学习汉语。同年格奥尔基耶夫斯基随俄国海军来到中国汉口，后转到北京研究远东文献，于1885年以《中国历史的第一时期——先秦史》通过副博士

图2-6 格奥尔基耶夫斯基

1 陈开科. 俄国汉学家巴拉第的佛教研究［J］. 湖南文理学院学报（社会科学版），2006（05）：63-70.

2 同上。

论文答辩，1886年1月作为副教授进入圣彼得堡大学东方语言系中国语言专业教授学生中国历史、哲学等课程。1889年完成博士论文《对古代中国象形文字的研究》，获博士学位，1890年成为圣彼得堡大学东方语言系教授。1893年赴法国收集道教研究资料，不幸病逝于法国。格奥尔基耶夫斯基笃信孔孟思想，留下了几部颇有影响力的著作，在其短暂的一生中为俄国汉学的发展做出了突出贡献。

格奥尔基耶夫斯基的《中国历史的第一时期——先秦史》是俄国第一部研究秦代以前历史的著作。格奥尔基耶夫斯基不同意传教士的观点，通过翔实的资料研究，得出儒学跟《圣经》并不相通的结论。他认为儒学不是宗教，而是实证哲学，中国只是在近来才了解来自国外的神教，中国本身没有关于天主——创造者的理解，中国人认为自然界不是创造出来的而是自古就存在的，祭祀上天就是祭祀祖先。[1]同时他对瓦西里耶夫关于儒家的起源和“焚书坑儒”的观点给予质疑和驳斥。格奥尔基耶夫斯基对老子学说也进行了分析，认为老子的学说是中国哲学思维的本质，道家学说中的“道”是原始物质也是原始观念。[2]格奥尔基耶夫斯基对杨朱与墨子的学说也进行了强烈的批评，认为墨子宣扬伪劣的利己主义，杨朱宣传的人死亡以后其肉身也消失的观点是不正确的。

图2-7《中国的生活原则》

在1888年出版的《中国的生活原则》（见图2-7）中，格奥尔基耶夫斯基对中国数千年来儒家核心思想在国家政治和社会生活中的积极作用给予了肯定，用大量的篇幅论证中国哲

1 Георгиевский С. М. Первый период китайской истории, до императора Цин-щи хуанди, -СПб., 1885. С. 284, 290.
2 Там же.

学的影响、孔子和儒家学说的发展、儒家思想对于国家治理的作用等。[1] 格奥尔基耶夫斯基对孔子的评价非常高，认为孔子是最有才能的思想家、伟大的道德教育家，在中国的读书人中是智慧的化身。[2] 书中提出的独到见解体现了格奥尔基耶夫斯基超前的学术眼光和视野，即使在当下社会都具有现实指导意义，具体表现在两个方面：一是质疑当时"东方"和"西方"的概念，指出西方文明基于东方文明之上，提示中国发展前进的脚步不会停止，中国早晚会焕发出勃勃生机；二是提出儒家思想不会成为中国进步的绊脚石，告诫中国人不要轻易放弃自己的传统文化。[3]

1890年，《中国的生活原则》一书在圣彼得堡问世，引起了很多争议。苏格尔斯基（И. Н. Сугорский）认为此书中的实证材料很有价值、意义深远，也指出了书中的不足之处。针对苏格尔斯基的批评，格奥尔基耶夫斯基也指出了以托尔斯泰为首的俄国学者片面和过分地偏袒中国的"右倾"现象，认为他们只看到了"中国好的一面"，提出要客观公正地看待中国。苏联时期，彼得罗夫正确评价了书中的哲学观点，彼得罗夫认为，尽管书中有一些不足和错误之处，但对20世纪末期的俄国汉学来说，这是阐述中国思想的最好著作。彼得罗夫认为"作者从历史的角度看待儒家思想，对儒家思想的描述和道家思想的评价都是很值得称道的"。[4]

格奥尔基耶夫斯基在俄罗斯首开研究中国神话的先河，1892年在圣彼得堡出版了俄国历史上第一部论述中国神话的著作《中国人的神话观和神话》。在书中，格奥尔基耶夫斯基探讨了中国古代神话和儒、释、道之间错综复杂的关系[5]，指出古代神话和道家神仙传说之间的相互借鉴和影响，提出佛教的传入为古代神话和道家神仙志产生了影响，并提供了创作的素材，丰富了中国神话和道家传说的内容[6]。

1　Георгиевский С. М. Прицнпы жизни Китая. -СПб., 1888.
2　Там же. С. 352.
3　阎国栋. 俄罗斯汉学三百年［M］. 北京：学苑出版社，2007：103.
4　Петров А. А. Философия Китая в русском буржуазном китаеведении, —Библиография Востока, 1935, вып 7. С. 5–28.
5　Георгиевский С. М. Мифические воззрения и мифы китайцев. -СПб., 1892. С. 116–117.
6　Там же. С. 4.

格奥尔基耶夫斯基在汉学研究领域的巅峰之作是1890年出版的《研究中国的重要性》，该书被俄国汉学界普遍认为是俄国第一部中西文化比较的巨著。该书分为十二个章节，用翔实的资料驳斥了欧洲一直以来对中国历史、社会认知的片面化和主观化观点，论证了中国数千年来悠久的历史和辉煌的文明，并断言中国会有光明的未来，同时呼吁俄国汉学界帮助俄国民众树立对中国正确的看法和认知。[1]这是一部驳斥西方盛行的"中国停滞论"错误观点，并为中国进行辩护的力作。同时该书还体现了格奥尔基耶夫斯基对中国哲学的正确认识，他指出，"孔子不是宗教体系的创造者和改革者，孔子不喜欢谈论先验的真理"。[2]

格奥尔基耶夫斯基高度评价中国社会、政治与文化的发展进步，他认为中国社会的政治与法制体现了平等，在中国，一个人不管出身什么阶层，只要想都可以得到很高的社会地位。他把中国在这方面的成就归功于儒家哲学，格奥尔基耶夫斯基也把儒学称作"中国进步的发动机"，他认为儒学的道德和政治原则鼓舞中国人从事脑力活动，使人高尚起来，消除人与人之间的社会差别。[3]

格奥尔基耶夫斯基在其短暂的一生中，完成了几部有影响力的著作，驳斥了欧洲中心论，捍卫了中国形象和中华文化的尊严，向俄国系统介绍了中国的象形文字、中国古代历史、儒家学说、神话学说等，在19世纪下半叶的俄国产生了广泛的影响，促进了中国文化在俄国的传播。当时的中国正处于"积贫积弱"的时期，格奥尔基耶夫斯基在汉学方面的成就同时也提升了中国在俄国及世界的影响力。布罗夫认为，瓦西里耶夫和格奥尔基耶夫斯基有关中国哲学研究的著作有重大的学术价值，因为他们两个人都有丰富的史料学基础，摘录了很多经典著作，都特别关注道家学说和儒学在中国人民精神生活中的地位，瓦西里耶夫和格奥尔基耶夫斯基不把中国哲学看作道德教化制度，而是看作关于宇

1 Георгиевский С. М. Важность изучения Китая. -СПб., 1890. С. 1–9.
2 Георгиевский С. М. Важность изучения Китая. -СПб., 1890. С. 35.
3 ［俄］布罗夫. 俄罗斯的中国哲学研究：十七世纪末—二十世纪末（上）［J］. 汉学研究通讯，1984（56）：249-253.

宙、自然界、人的地位和行为原则的关系。[1]

（三）以米纳耶夫为首的俄国佛教学派

19世纪下半叶出现了佛教研究的俄国学派，基本成员是以瓦西里耶夫为首的汉学家，另外还有以米纳耶夫为代表的印度学家。在佛教研究方面，与瓦西里耶夫从整体上研究佛教不同的是，米纳耶夫主要针对巴利文经典进行研究。米纳耶夫本人是印度学家，是圣彼得堡大学专攻印欧语系的比较语言学教授。其研究兴趣广泛，曾涉足很多学科，后专注于佛教的研究，但他不局限于书本文献的研究，而是身体力行地三赴印度进行考察。米纳耶夫于1887年所著的《佛教、研究和资料》主要对佛教的来源、本质、语言等进行研究。米纳耶夫的主要贡献在于对佛教史进行了综合研究，同时探讨了佛教对东方各民族的影响，其中包括佛教传入中国的源头以及佛教在中国的传播和影响。

从20世纪初开始，俄罗斯出现了佛教研究的权威学派，主要代表人物是谢尔巴茨科依（Ф. И. Щербатской, 1866—1942）（见图2-8）、奥登堡（С. Ф. Ольденбург, 1863—1934）、罗泽堡（О. О. Розенберг, 1888—1919）。谢尔巴茨科依院士是俄国和苏联时期的东方学者、佛教研究专家和印度学家，是圣彼得堡大学的教授，主要研究佛学和印度学，因其在研究领域的贡献，1918年被评为苏联科学院院士。谢尔巴茨科依是俄罗斯佛教学派奠基人之一，翻译了一系列梵文和藏文文献，并整理和编辑瓦西里耶夫院士遗留下来的手稿。[2]谢尔巴茨科依出版6部专著，其中

图2-8　谢尔巴茨科依

1　［俄］布罗夫. 俄罗斯的中国哲学研究：十七世纪末—二十世纪末（上）［J］. 汉学研究通讯，1984（56）：249-253.

2　Основные направления и проблемы российского китаеведения/ред. Н. Л. Мамаева. -М.: Изд. Памятники исторической мысли, 2014. С. 220-226.

最著名的是《佛教文集》(1898)和两卷本的《晚期佛教学派的逻辑和认知理论》(1892、1895)。在《晚期佛教学派的逻辑和认知理论》中,作者通过面向读者和专家两种形式对佛教理论进行通俗和专业的阐释,介绍了传统印度佛教认知流派的演变,以及佛教流传到中国后新的演变倾向和被赋予的新思想。谢尔巴茨科依促进了俄罗斯佛教学派新的研究阶段的发展,改变了欧洲对佛教哲学的态度和认知。[1]

谢尔巴茨科依和他的学生罗泽堡以及奥贝尔米耶夫(Е. Е. Обелмиев)的研究涵盖了佛教哲学发展的几个阶段,研究方法和特点突破了瓦西里耶夫在经典文献研究方面的局限。他们进一步利用北方佛教文献中的注释材料,同时吸收了汉文、梵文、藏文、日文的新资料。罗泽堡致力于中国和日本佛教的研究,1918年罗泽堡的《佛教哲学问题》一书出版,对中日两国的佛教和佛教研究进行了对比,并对佛教中术语的实质进行了深入的探讨。罗泽堡和谢尔巴茨科依的观点有一致的一面,也有分歧的一面,他们都认为要想理解发达的佛教哲学学说就必须具备从传统走向现代的观点,既要熟悉和理解佛教古文(典籍),还要了解当代的阐释。区别于谢尔巴茨科依,罗泽堡认为研究佛教一定要在佛教实践中(从下而上)确定逻辑和形而上学的位置。在《佛教哲学问题》一书中,作者确定了佛教哲学研究方法学的原则,提出要依据著名佛教思想家的典籍确定佛教哲学的基本范畴。罗泽堡逝世后,他在佛教研究方面的所有成果,被后继汉学家整理成《佛教研究文集》,该文集于1991年在科学院出版社出版问世,《佛教哲学问题》也被收录其中。

另一位俄国佛教研究专家奥登堡在研究中也把实地考察和文献研究结合起来,在他的带领下,俄国学者同时联合其他国家的学者,把北方佛教文献的原本和译本进行汇制、编订,并出版发行,从1897年到1936年,共出版30种《佛教文集》。谢尔巴茨科依和其学生针对佛教发展的"小乘、大乘、密教"三个方向分别著有《佛教的中心概念及"达摩"的字义》(1923)、《佛教涅槃的概念》(1927)、《古印度的逻辑》

1 Щербатской Ф. И. Избранные труды по буддизму. -М. : Наука, 1988. С. 112–198.

（1902）。谢尔巴茨科依和瓦西里耶夫一起推动了俄国佛教研究学派的发展，其贡献为世界所肯定，尤其还受到印度佛教专家的认可和赞许。

（四）《春秋》译者玛纳斯德列夫和《孟子》译者波波夫

瓦西里耶夫在近40年的执教历程中，共培养出了60多位弟子，其中大部分都在不同岗位从事翻译实践工作，只有极少数留在东方语言系从事教学和研究工作，如格奥尔基耶夫斯基、米纳耶夫、伊万诺夫斯基（А. О. Ивановский, 1863—1903）、施密特（П. П. Шмидт, 1869—1938）、鲁达科夫（А. В. Рудаков, 1871—1949）等著名东方学家。其弟子不论在东方学领域还是在其他领域都对俄国汉学做出了贡献。深受瓦西里耶夫器重的伊万诺夫斯基，毕业后留在东方语言系任教，后来在中国待了两年才返回俄国，伊万诺夫斯基在佛教研究方面的贡献是《佛经汉译》（1892）[1]、《藏文的满文转换》（1890）[2]、《佛陀传播图》（1895）[3]等一系列论文的发表。

瓦西里耶夫的另外一个弟子——玛纳斯德列夫（Н. И. Монастырев, 1851—1881）在俄国汉学史上是第一位也是唯一一位将《春秋》译成俄文的人。玛纳斯德列夫翻译的《春秋》译本于1876年在圣彼得堡出版问世。[4]玛纳斯德列夫在大学期间以论文《春秋》通过了毕业答辩，毕业后因为政治事件被流放到克拉斯诺亚尔斯克地区，在当地中学任教。他专注于《春秋》的研究，于1876年翻译并出版了《春秋》。[5]俄译本《春秋》译文和注释相结合，对人物、地名和重要概念术语做了详细注释，方便不熟悉中国的俄罗斯读者阅读，从译文本身来看，玛纳斯德列夫翻译得非常准确。此外，玛纳斯德列夫还著有《春秋注释》[6]和《对儒

1　ЗВОРАО, 1892, т. VII. С. 265–292.

2　Восточное обозрение, 1890, №1. С. 7–8.

3　Сб. Восточные заметки. -СПб., 1895. С. 261–267.

4　Монастырев Н. Конфуциева летопись Чунь-Цю. -СПб., 1876. 108с. Его же Заметки о Конфуциевой летописи Чунь-цю. -СПб., 1876. 52с. Его же Заметки о Конфуциевой летописи Чунь-цю. -СПб., 1876. 256с.

5　Монастырев Н. И. Конфуциева летопись Чуньцю. Пер с кит. -СПб., 1876. 105с.

6　Монастырев Н. И. Примечание к Чуньцю, составленные Н. Монастыревым. -СПб., 1876. 254с.

图2-9 波波夫

家经典〈春秋〉的古文献考证》[1]。另外，他还编写了《我们同中国交往的历史概要》一书，此书对了解中俄两国早期的交往具有指导意义。

在瓦西里耶夫的弟子中，担任北京总领事的波波夫（E. И. Попов, 1864—1938）（见图2-9）非常出色，他也被誉为“俄国儒学奠基人”。他致力于儒学研究，在北京工作期间（1886—1902）编写了颇有分量的《俄汉词典》[2]，校对和出版了巴拉第编撰的《汉俄词典》，这两部词典的出版在俄国汉学学术史上具有重大的意义。此外，波波夫见证了19世纪末20世纪初中国社会的维新变法运动和资产阶级革命的萌芽，在《欧洲通报》上发表了很多关于这一时期社会现实、政治、思想和革命运动的文章。[3] 1902年波波夫任期结束返回俄国，在东方语言系兼任教授，从事教学和学术研究。最值得关注的是，波波夫依据日本出版的《孟子》日文版本，参考了陈栎的《四书发明》和胡炳文的《四书通》将《孟子》翻译成俄语，其《孟子》译本（命名为《中国哲学家孟子》）（见图2-10）于1904年出版问世。这是《孟子》在俄罗斯的第一个全译本，被收录进“圣彼得堡大学东方语言系丛书”第十八辑，波波夫的译本被多次摘录和再版。[4]

波波夫翻译的《论语》（命名为《孔子及其弟子和其他人的格言》）于1910年在北京出版发行，这是俄罗斯第一个《论语》全译本，译本

1 Монастырев Н. И. Заметки о Конфуциевой летописи Чуньцю и ее древних комментаторах, СПб., 1876, 52 с.

2 Попов П. С. Русско-китайский словарь. -СПб., 1879（изд. 2-е).

3 Хохлов А. Н. Китаист П. С. Попов и его первая лекция в Петербургском университете // 30-я научная конференция Общество и государство в Китае. -М., 2000. С. 136-149.

4 张鸿彦.《孟子》在俄罗斯的译介［J］. 俄罗斯文艺，2019（02）：109-116.

后附有波波夫编写的《孔子传》，有关孔子的材料来源于《史记·孔子世家》，由于波波夫在中国学习和工作的时间很长，所以他比较熟悉《史记·孔子世家》等典籍。[1]波波夫的翻译风格也是翻译和注释并重，他采用的是当今学界流行的“归化”翻译方法和策略。之后，波波夫的《论语》俄译本在2001年由圣彼得堡的一家出版社印刷出版，印数为1万册，紧接着于2004年由莫斯科一家出版社印刷1万册。波波夫不仅准确翻译了《论语》，还编写了孔子的生平和传记，生动地为俄国读者塑造了孔子形象。由此，孔子形象在俄罗斯的塑造和传播进入了一个全面、清晰的新阶段。

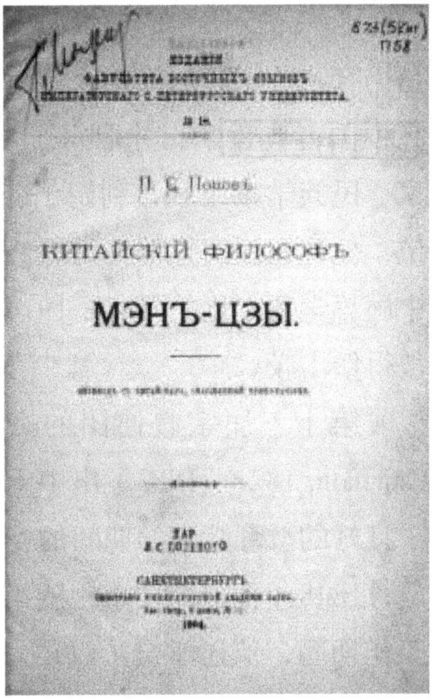

图2-10 《中国哲学家孟子》

波波夫对《论语》的翻译要晚于《孟子》，因为波波夫认为《论语》的语言令人费解，有些句子即使对中国的注疏家来说也是很难理解的，中国的每一个注疏家几乎都有自己独特的注疏版本。如果不深入了解中国古代的语言结构和规律，想要准确又通俗易懂地翻译《论语》不是那么容易的。[2]波波夫在翻译儒家典籍《孟子》和《论语》时，除按照原文力求译文准确、通俗易懂之外，还在注释中阐述自己的见解，同时对中国古代注疏家的注疏和见解进行了翻译，在译著后记中附有孟子和孔子传记。波波夫的译著能从不同的方面向俄罗斯读者展示中国伟大思想家孔子和孟子的形象，从而使俄罗斯人准确、客观地掌握儒家思想文化的本质和内涵。

在20世纪初风云变幻的帝俄末期，由于国际和国内社会的动荡，

1　刘亚丁. 孔子形象在俄罗斯文化中的流变［J］. 东北亚外语研究，2013，1（02）：2-9.
2　Попов П. С. ИзреченияКонфуция, Учениковегоидрегихлиц. -СПБ., 1910. С. 1–2.

以及老一辈汉学家的逝世，俄国汉学界出现了青黄不接的断层局面。但是仍有一些年轻的汉学家继承前一代汉学家的遗志，继续孜孜不倦地研究中国古典哲学，并取得了显著的成就。定居在圣彼得堡的德籍哲学家、民族学家维利盖利姆（Грубе Вильгельм, 1855—1908）就是其中一位，他曾在瓦西里耶夫处进修过，在瓦西里耶夫的影响下，他也致力于中国哲学和文化的研究。1910年，维利盖利姆的《中国哲学》一书在圣彼得堡出版。

第十三届宗教使团的杰出汉学家康斯坦金·斯卡奇科夫（K. A Скачков, 1821—1883）出生于一个破落的家庭，但青少年时期仍然接受了良好的教育，大学期间的专业是天文学。因不甘心做一个平庸的公务员，1848年他自愿要求跟随第十三届使团到中国主持天文工作，在北京工作期间，他还学会了汉语。斯卡奇科夫是一个百科全书式的汉学家，他的研究领域涉猎广泛，主要的汉学成就集中在农业和天文方面，他节译了农业和天文学方面的著作，包括《汉书·天文志》《绿茶经》《尚书·尧典》等。除此之外，斯卡奇科夫还编写了《汉俄词典》和《汉俄成语词典》。斯卡奇科夫的手稿现收藏于莫斯科的国家图书馆手稿部。第十三届宗教使团的成员伊万诺夫（А. И. Иванов, 1878—1937）节译了《列子》，其翻译手稿未能出版，现收藏在俄罗斯对外政策档案馆里。伊万诺夫1878年出生于圣彼得堡皇家剧院演员家庭，他致力于中国汉字和哲学研究，是俄国西夏学研究领域的开山鼻祖。伊万诺夫于1909年以论文《王安石变法》通过硕士学位答辩，1935年由于优异的成绩免于答辩，直接获得博士学位。伊万诺夫于1912年在圣彼得堡出版《中国哲学资料与导论——法家韩非子》，于1916年出版短小精悍共39页的《观弥勒菩萨上生兜率天经》译文，其中，《中国哲学资料与导论——法家韩非子》是俄国汉学史上首部论述“韩非子”的著作。

19世纪末到十月革命之前的这一段时期，远东政治风云变幻，俄国翻译人员紧缺，圣彼得堡大学东方语言系培养的汉语人才远远满足不了实际的需求，迫切需要建立一个专门培养实践翻译人才的学院，1899年，一所东方学院应运而生。与这所东方学院截然不同的是，圣彼得堡大学东方语言系在波波夫、伊万诺夫、波兹涅耶夫（Д. М. Позднеев, 1865—1942）等汉学家的领导下继续秉持传统的教学方法。在教学中除汉语专业课程内容外，还把《论语》《孟子》《圣谕广训》等作为教学内容。1907—1908年，伊万诺夫为高年级学生开设了“儒、释、道思想概论”等课程，为二年级的学生开设“最新历史资料和小说”等课程。

在教学方面，圣彼得堡大学东方语言系多次举办论文大赛，第一届大赛以“请指出《论语》中的各种方言”为题。东方语言系学生的毕业论文多次获得论文大赛奖项，其中汉语专业学生列别杰夫（Л. Н. Лебедев）以《欧洲人研究〈中庸〉的历史》为题获得1916年论文大赛金奖。但是往往“鱼和熊掌不可兼得”，虽然东方语言系传统的教学手段和方法使学生很好地掌握了中国古代典籍和古汉语，但是学生在现代汉语和听说方面的水平普遍很低。尽管如此，圣彼得堡仍是无可替代的培养真正汉学家的汉学基地。一代又一代的著名汉学家从这里诞生，在俄国、苏联和俄罗斯汉学舞台上发挥着巨大的作用，正是他们一直努力促进着中国传统文化在俄罗斯的传播。

19世纪下半叶瓦西里耶夫时期，俄国汉学界人才辈出，圣彼得堡汉学中心在瓦西里耶夫的领导下，培养了很多杰出的汉学人才，在儒、释、道的翻译和研究方面成果卓著。瓦西里耶夫和米纳耶夫为苏联和俄罗斯时期的佛学研究奠定了坚实的基础。瓦西里耶夫深入研究中国佛教，成就非凡，其主要的著作有《东方的宗教：儒、释、道》和《中国文学史纲要》。格奥尔基耶夫斯基、波波夫、巴拉第、斯卡奇科夫等其他汉学家在儒、释、道方面的译作和著述也颇为丰硕。

这一时期以瓦西里耶夫为首的汉学家的非凡成就引起了世界的瞩目，汉学研究的主要特点是：① 形成了教学和研究并重的汉学中心，出现了佛教研究的俄国学派；② 俄国汉学进入全面发展的时期，研究领域从佛教、儒学扩展到道家和其他学派，同时也扩展到文学、戏剧等领域；③ 以瓦西里耶夫为首的汉学家从单纯的翻译越来越多地转向深入的研究。

第二节　托尔斯泰对儒道思想的兴趣和研究

图2-11　托尔斯泰

在瓦西里耶夫等汉学家的努力下，中国古典哲学思想在俄罗斯的传播和影响从学术界扩展到文学界以及社会层面，儒家“为人”“为政”的道德准则也深刻影响了托尔斯泰。托尔斯泰（见图2-11）自身的影响力和其对儒、释、道思想的推崇，极大地助推了中国思想和文化在俄国各界的传播。在俄罗斯，除汉学家之外，托尔斯泰也对中国思想和文化产生了浓厚的兴趣并着手进行翻译和深入研究，并且其不论在作品中还是日常生活中都践行着儒、道思想。

一、托尔斯泰接触儒家思想的缘起

托尔斯泰于19世纪80年代开始接触儒家学说。1882年，俄国文学评论家斯特拉霍夫（Н. Н. Страхов, 1828—1896）给托尔斯泰寄去了有关儒学的书籍——在西方广为流传的由英国汉学家理雅各（James Legge, 1815—1897）翻译的“四书”。1884年2月，托尔斯泰在写给自己的门徒和好友切尔特科夫（В. Г. Чертков, 1854—1936）的信中，谈到自己在重感冒中读儒家典籍，感到非常激动，惊叹孔子的思想是不同寻常的道德高峰，他认为儒家学说达到了基督学说的高度。孔子的思想和儒家学说使他对中国有着非常好的印象，托尔斯泰在日记中多处记载自己研读儒家学说的心得，激动地表示要让这一学说成为俄国的公共财富。托尔斯泰对儒家学说进行了深入的研究和思考，在1884年接连写出《论孔子的著作》《论大学》等文章，在《论孔子的著作》中，他盛赞中国人是世界上最爱好和平的人，不想占有别人的东西，也不好战。

托尔斯泰将英文版本的“四书”转译成俄文版的《大学》和《中庸》，于1904年将其出版，这引起了广泛的关注。托尔斯泰只完成《大学》第一章的译述，几乎完成了《中庸》的全部译述。虽然列昂季耶夫的《大学》《中庸》俄译本早在18世纪80年代就已经出版问世，但是在当时并没有引起托尔斯泰的关注，也没在俄国社会产生太大的影响。对于《大学》和《中庸》思想，托尔斯泰感兴趣的是其中的修身之道。[1]后来布朗热（П. А. Буланже, 1864—1925）根据托尔斯泰日记中的资料，整理出《孔夫子的生平和学说》（以后的版本也叫《列夫·托尔斯泰阐释的孔子学说》）一书，该书于1904年由媒介出版社出版，书中附有托尔斯泰撰写的《列夫·托尔斯泰阐释的孔子学说》一文。在文中，托尔斯泰很好地阐释了《大学》中治国、修身、平天下、诚意、致知、格物等儒家思想。他认为，为了具备这种善，需要全民尽善；为了全民族尽善，就需要整个家庭尽善；要使整个家庭尽善，就需要本身尽善；为了本身尽善，就需要心灵纯洁、返璞归真。而为了心纯、返真，就要有真诚和自觉的思想，要达到这种思想的自觉性，就要有高深的知识；要有高深的知识，就要研究自我。托尔斯泰同时也指出儒家学说的核心在于人要具有崇高的善，这种善能改造人，使人臻于完美。

二、托尔斯泰对儒道思想的研究

1884年是托尔斯泰开始接触中国思想并有“重大发现”的一年，他不仅研究孔孟儒家思想，还研究老子的道家思想。其实托尔斯泰早在1878年1月就已经接触到法国汉学家的《道德经》法译本，当时他很快就读完并圈定了准备翻译的章节，对某些段落还写了“玄学极妙”“非常好”“好”等批语。[2]托尔斯泰对《道德经》的翻译始于1884年3月，在日记里他两次提到了翻译《道德经》的难度。1886年托尔斯泰在翻译《道德经》时因材料不足而感到举步维艰，翻译工作很难进行下

---

1 吴泽霖. 托尔斯泰和中国古典文化思想［M］. 北京：生活·读书·新知三联书店，2017：132.

2 李明滨. 俄罗斯汉学史［M］. 郑州：大象出版社，2008：72.

去，于是他急切地写信询问切尔特科夫有关老子的书籍，以便将其作为翻译时的参考。1888年，他甚至懊恼地给鲁萨诺夫（В. А. Русанов, 1875—1913）写信，表示虽然早就具备翻译《道德经》的条件，但是至今还是没能翻译出来。

日侨学者丹·科尼西（Масутаро Кониси, 1862—1940），日语名字为小西增太郎，在拜访托尔斯泰时带来了自己翻译的《道德经》手稿，托尔斯泰非常高兴，主动要求对译本进行校对。1894年5月，经托尔斯泰校对的俄文版《道德经》在《哲学与心理学问题》杂志第三期上出版问世，署名丹·科尼西，这是俄罗斯公开出版的第一个《道德经》俄译本。1893年9月，应波波夫的请求，托尔斯泰和波波夫一起翻译和校对《道德经》，在托尔斯泰写给妻子的信中，我们可以看出他翻译《道德经》的热忱和翻译工作情况，托尔斯泰和波波夫是参照法国汉学家朱利安的《道德经》法文译本、德国汉学家卫礼贤（Richard Wilhelm, 1873—1930）的德文译本以及英国汉学家理雅各的英译本进行翻译和校对的。[1]他怀着喜悦和紧张的心情，聚精会神地用心理解原文意思并翻译校对《道德经》，每一天都会有巨大的惊喜，完成每一段翻译之后都会反复阅读和修改。1894年5月，他们完成了译作。译作共有64段语录，附有托尔斯泰写的前言《论老子学说的本质》。直到1910年，他们的译作才由媒介出版社出版发行，其中俄国作家和媒介出版社的主编戈尔布诺夫·波萨多夫（И. И. Горбунов-Посадов, 1864—1940）写了一篇论文《关于圣人老子》，附在托尔斯泰的译著中，该译作的书名定为《列·尼·托尔斯泰编选：中国圣人老子语录》。此《道德经》译本经过其他学者的增补和注释，于1913年再次印刷出版，书名为《老子道德经或道德之书》，署名为列·尼·托尔斯泰（主编）。

托尔斯泰对道家哲学进行了深入的研究，集中阐释了道家思想中的“道”和“无为”概念，并先后撰写了专论中国和道家哲学的5篇文章，从这些文章中可以看出托尔斯泰对道家思想的认识和理解由浅入深

1 А. Л. Мышинский, 朱玉富. 列夫·托尔斯泰解读老子的《道德经》：兼谈《道德经》在俄罗斯的传播［J］. 中国俄语教学，2015，34（01）：64-69.

的渐进过程。他在《中国圣人老子所著有关“道”和“真理”的书籍》（1884）一文中将“道”理解为“上帝”和“博爱”；在《无为》（1893）一文中摒弃了“道是上帝”的释义，认为“道”可以通过“无为”理解为“通途、美德、真理”；在《圣人每日思想——列·尼·托尔斯泰汇编》（1903）一文中将“道”阐释为精神本源，认为“道”是世间万物都应遵循的定律，将“无为”阐释为“完全的恭顺”和遵循“道”这一定律唯一的方法[1]；在《致一个中国人的信》（1906）一文中把“道”解释为“自由”和“真正唯一的通途”以及“上帝之规律”；在《中国圣人老子的名言——列·尼·托尔斯泰选编》（1910）一文中认为“道”是精神本源，是这一本源的规律，是通向这一本源的途径[2]。根据这五篇文章我们可以看出托尔斯泰从1884年到1910年对“道”和“无为”的理解和阐释。

托尔斯泰深入研究儒道思想，对于儒道思想中的“天、人、天人之间的关系”表现出了认同。在研读理雅各《中国经典》中的《孟子》俄译本时，托尔斯泰在日记中也表达了对孟子思想的赞叹。不仅如此，托尔斯泰还读过大量其他学派的典籍，对其他学派也颇有好感。托尔斯泰阅读《墨子》后，非常欣赏墨子“兼爱”的思想。他在1890年写给挚友切尔特科夫的信中谈到想写一本关于讨论“人性恶和人性善”的书。[3] 1905年12月，托尔斯泰在给一个中国留学生（张庆桐）的信中谈及对中国人民的尊敬以及想和中国人见面的愿望，表达了自己对中国哲学的理解和对孔子、孟子和老子的认可和尊敬，表示自己尤其敬佩被孟子驳斥的墨翟学说。[4] 1910年，托尔斯泰在布朗热的协助下完成了《中国哲学家墨翟——论“兼爱”学说》的写作。

从1884年开始，孔子和老子思想以其独特的魅力深深吸引着托尔

1　А. Л. Мышинский, 朱玉富. 列夫·托尔斯泰解读老子的《道德经》：兼谈《道德经》在俄罗斯的传播［J］. 中国俄语教学，2015，34（01）：64-69.

2　同上。

3　吴泽霖. 托尔斯泰和中国古典文化思想［M］. 北京：生活·读书·新知三联书店，2017：89.

4　同上书：107.

斯泰，使他满怀激情地钻研下去。在1884年到1910年的20多年间，托尔斯泰一直醉心于中国哲学思想的研究和编辑工作，直到逝世为止，其相关的论述有十多种。此外，他还编写和记录了《每日圣贤名言》和《阅读心得》，大量引用了孔子和老子的经典名言以及中国的谚语和格言。[1] 从1878年接触中国哲学书籍开始，托尔斯泰一直把儒家和道家思想作为中国优秀古典思想的一个整体来看待。[2] 托尔斯泰对儒道思想极为推崇和迷恋，他在日记、书信和文章中多次表达对中国文化的尊敬和热爱，不止一次感叹孔子对自己的影响"很大"，老子对自己的影响"巨大"。

托尔斯泰是伟大的思想家和人道主义者，一生都在对真理和信仰进行探索，广采百家之长和东西方文化之精华，深受东方思想的影响，汲取中国儒道思想的智慧和哲理，形成了东西兼容的独具特色的思想体系。在晚年，他一直提倡"博爱""宽恕""勿抗恶"，呼吁"禁止任何暴力"和"道德上的自我完善"，托尔斯泰思想中的"博爱"取自孔子核心思想中的"仁者爱人""仁爱"，他提倡爱护和关心普通百姓和劳动者。托尔斯泰主张的"勿抗恶""宽恕"来源于老子的"无为""上德无为而无以为""上善若水，水善利万物而不争"等核心思想。托尔斯泰提倡的"道德上的自我完善"和孔子"修己以安人""修己以安百姓"的思想是相通的。

上述思想在托尔斯泰的文学作品和日记中随处可见，例如他在1867年6月28日给费特的信中写道："生活使我越来越明确地相信，头脑中的智慧不能改变生活，只有在生活受到触动时它才能改变生活。"[3]"尊天顺命"和"无为而治"的儒道思想也体现在托尔斯泰所塑造的《战争与和平》中的库图佐夫和普拉东·卡拉塔耶夫身上。这种思想也表现在他晚年的实际生活中，在晚年时，托尔斯泰拒绝贵族生活，坚持平民化的生活，和劳动人民一起吃粗茶淡饭、穿破衣烂衫，并从事艰苦的农业

1 戈宝权. 中外文学因缘［M］. 上海：华东师范大学出版社，2013：108.
2 李明滨. 俄罗斯汉学史［M］. 郑州：大象出版社，2008：72.
3 Толстой Л. Н. Полное собрание сочинений (в 90-ых)., т. 51. С. 96.

劳动。

由于民族、历史和宗教信仰的原因，托尔斯泰对儒道的认识也有其局限性的一面。在托尔斯泰看来，“孔子认为所有的人都是一样的，他们都有上天（宗教）的原理，所以是平等的，都是兄弟，所以他们永远都不是孤独的”。[1] 他认为老子的思想本质上与基督教是一致的，都是以禁欲的方式表现出神圣的精神，“道”既是上帝的标志，同时又是通往上帝的途径。[2] 至于墨子学说，他认为“推行墨子学说，全世界就可以成立天王王国……”。[3]

托尔斯泰不仅对中国文化和中国儒道思想情有独钟，还对中国人民怀有深厚的感情，对中国在鸦片战争期间的遭遇表示深切的同情，对帝国主义侵略中国的罪行表达了极端的愤慨。托尔斯泰在传播中国儒道思想方面功不可没。正是由于托尔斯泰的威望、盛名和影响力，孔子思想、老子思想和《道德经》才在俄罗斯各界得到广泛的关注和传播，托尔斯泰期望中国的儒道学说在俄罗斯成为整个社会的“公共财富”。

三、托尔斯泰的追随者对中国哲学的研究

19世纪末期除托尔斯泰外，还有一位著名的哲学家、思想家——索洛维约夫（В. С. Соловьев, 1853—1900），他对中国思想文化也表现出了强烈的兴趣。索洛维约夫是俄罗斯白银时代的思想文化大师、宗教哲学家，19世纪末期，他创立了一套新的宗教哲学思辨体系，被后继的白银时代俄国宗教哲学家们奉为“祖师爷”。[4]

作为19世纪末期俄国最重要、最理性、最神秘的宗教哲学家，索洛维约夫在思想发展的过程中，有过急剧的思想转向——转向东方哲学思想。索洛维约夫是西方思辨哲学传统的集大成者和继承者，他的思

---

1 Буланже П. А. Жизни и учение Конфуция. -Москва, 1904. С. 7.

2 孙柏林，张瑞臣．当代俄罗斯学者的“老子”思想研究［J］．学术交流，2018（03）：178-184.

3 Буланже П. А. Ми-Ти. Китайский философ. Учение о всеобщей любви. Под. Л. Н. Толстого. -Москва, 1910. С. 5.

4 张冰．索洛维约夫与俄罗斯汉学［J］．国际汉学，2017（01）：72-76+202.

想带有鲜明的崇尚直觉、超验和悟性的特征。索洛维约夫和汉学以及"神秘"的东方哲学结下了一段不解之缘，他对中华古老思想文化有过深入的了解和阐释，也有过误读和曲解。索洛维约夫关于中国思想文化的著作主要有1890年出版的《中国与欧洲》和1894年写的书评《诗坛中的佛教情绪》。

索洛维约夫从戊戌变法时开始关注中国思想文化，早在19世纪末期，他就预言道，在当今世界上，只存在两种文明——西方文明和中国文明，一旦掌握了西方先进技术，强大起来的中国就会重新成为世界文明中心。[1]陀思妥耶夫斯基（Ф. М. Достоевский, 1821—1881）对此也有同样的认识，"或许我们该把更多的希望寄托在亚洲而不是欧洲。在未来我国的命运中，也许亚洲才是我们的出路"。[2]索洛维约夫对中国的认识和见解应该源自他对道家学说的深入解读，他对道家学说中"天下万物生于有、有生于无""道生一，一生二，二生三，三生万物""反者道之动，弱者道之用"的本体论地位有着充分的认识，他认为老子所谓的"道"就是这种辩证的否定性力量，"道"有三个特点和存在的方式，即无声、无色、无形。索洛维约夫也非常崇尚这样一种对自然万物顿悟和直觉的超验认识。

索洛维约夫把老子的思想总结为"无胜有、静胜动"，"道"是绝对的本质，"无为"是实践原则，他进而剖析了道家"小国寡民"的社会理想和政治理念，认为老子思想具有独特内涵和鲜明的特点，是中国思想文化的一个重要符号。在索洛维约夫看来，老子这种"小国寡民"的理念与中国"祖先崇拜"的文化特质有着直接且密切的联系。[3]索洛维约夫对老子的"道""无为""愚民""不争"等哲学思想做出了正确的解读，认为这是一种保守主义文化立场。他通过对道家思想的分析进而诠释了中国传统文化中自古就存在的"传统主义"与"保守主义"的哲

1 张冰. 索洛维约夫与俄罗斯汉学［J］. 国际汉学，2017（01）：72-76+202.

2 Соловьев. В. С. Избранные произведения. -Ростов-на-Дону: Феникс, 1998. С. 333–334.

3 Соловьев. В. С., Соб рание сочинений, Том 6. -Санкт-Петербург: Книгоиздательское Товарищество, 1914. С. 119.

学思想渊源。

索洛维约夫对儒家思想也有自己独特的见解，他指出儒家学说旨在协调人伦关系，使社会各阶层的人们安于现状、安分守己，以便维护社会、人伦秩序的“中庸之道”。因此他认为儒学是让人们在实际生活的需求和“中国理想主义”最高原则之间妥协和顺从的一种学说。虽然索洛维约夫是一个真正意义上的哲学家，其独特见解受到广泛关注，但是他对深奥的中国哲学的解读还处于初级阶段，并带有一定的社会政治局限性。

除托尔斯泰和索洛维约夫之外，俄国另一位思想家塞尔古诺夫（Н. В. Шелгунов, 1824—1891）发表了一篇题为《中国的文明》的文章，他将“孔子思想和原则”视为典范。他认为，把儒学变成国家宗教，这种观点对中国社会来说有害无益，在文中他写道：“孔子思想和原则对于个人修身养性非常好，但是应用于国家与社会生活，则会带来损害。”[1]俄国学者科里基（А. И. Корягин, 1838—1942）1891年在圣彼得堡出版关于孔子的书籍（1897年再版），他认为“孔子本身完全体现中国人的性格，是纯粹的中国人，是中国人精神世界的表现者。中国人起初是现实主义者，其思想感情全部是直观的、现实的，他们对超现实的观念漠不关心。孔子学说与孔子本人具有枯燥与纯理主义的性质，但不属于任何唯心主义”。[2]

上文提到的翻译《道德经》的日籍学者丹·科尼西在19世纪末20世纪初出版了一系列哲学著作。1894年出版经托尔斯泰校对的《道德经》（共72页）译著，1895年在莫斯科出版《孔子》节译文，1896年出版《中庸》译文。此外，还有学者格拉西莫夫（Н. Грасимов）的《佛法之路》于1898年在莫斯科出版，巴尔蒙特（К. Д. Бальмонт, 1867—1942）的《老子》于1908年在圣彼得堡杂志上发表等。

但托尔斯泰与其追随者对儒家学说与孔子的看法在一定程度上有偏颇的一面，因为他们并不像汉学家一样能直接获得有关中国思想和文化

1 Шелкунов Н. В. Сочинение. -СПб., 3-е изд., 1871, и 1. С. 111–168.

2 Корягин К. М. Конфуций. Ео жизни и философская деятельность. -СПб., 1891. С. 69.

的第一手资料，他们也不能直接进行深入的研究，缺乏严格的考证和严密的论证。因此他们的著作大多是通俗性质的，而不是真正意义上的学术作品。[1]

19世纪末托尔斯泰和中国的儒道结下了不解之缘，托尔斯泰及其弟子用通俗易懂的语言来阐释深奥的儒道思想，并把它们运用到现实生活中。正是由于托尔斯泰及其追随者们对中国儒道思想的热衷、推崇、研究和探索，中国儒道思想在当时的社会才得到广泛的传播。

第三节　苏联前期——阿列克谢耶夫时期

1917年随着十月革命的胜利以及苏维埃政权的建立，俄罗斯开启了苏联时代。苏联时期的汉学走过了曲折的路程，从步履维艰、一波三折的20世纪上半叶（苏联前期）走到“满园春色、百家争鸣”的20世纪下半叶（苏联后期）；从“一枝独秀”的阿列克谢耶夫时期走到“百花齐放”、群星闪烁的汉学时代。在研究内容上，苏联前期以阿列克谢耶夫为首的汉学家掀起了对中国文学和诗歌研究的热潮，苏联后期汉学界出现中国哲学和文学研究并重的现象，涌现出了众多卓有成就的汉学家，迎来了中国哲学典籍翻译和研究的高峰。苏联后期的杰出汉学家对中国哲学的研究由儒、释、道扩展到其他学派，推出了众多优秀的译作和论著。[2]

苏联政府成立以后，在打破旧制度的同时，也对俄国社会人文科学研究进行了改造。俄国知识分子经历了十月革命的洗礼，很多汉学家逐渐接受了社会现实，开始和苏维埃政府合作。在接受了十月革命思想之后，杰出的汉学家愿意用自己的学术和知识服务于苏维埃政府，竭力

1　[俄]布罗夫. 俄罗斯的中国哲学研究：十七世纪末—二十世纪末（上）[J]. 汉学研究通讯，1984（56）：249–253.

2　杨春蕾. 王阳明思想学说在俄罗斯的传播与影响[J]. 湖北社会科学，2018（07）：89–95.

丰富和扩展苏联时期的东方学和中国文化研究。以阿列克谢耶夫、奥登堡、伊万诺夫、克拉奇科夫斯基（И. Ю. Крачковский, 1883—1951）等为首的汉学家在俄国东方学经验的基础之上，开启了汉学研究的一个新阶段，即具有马克思主义性质的东方学阶段——苏联汉学阶段。

进入苏联时期以来，尤其在苏联前期，苏联官方意识形态对学术界的影响很深，这明显地表现在汉学研究领域。苏联汉学界普遍以西方思想界流行的唯物主义和唯心主义来对待和区分中国哲学，在苏联汉学家看来，几乎所有进步的政治家，代表人民、商人的思想家都列入唯物主义阵营；反之，一切反动的政治家都是代表地主、朝廷利益的，都被宣布为唯心主义者。[1] 1953年出版的《苏联大百科全书》第21卷对中国哲学的描述是："中国哲学发展史，正如欧洲哲学发展史一样，反映了中国各历史阶段唯物主义和唯心主义意识形态的斗争历史。"[2]在苏联科学院的《世界史》中，孔子被描述成捍卫宗法权利和统治者权益的贵族阶层的思想家。

一、新旧政权更替之下的俄罗斯汉学

1900年俄国汉学一代宗师瓦西里耶夫逝世后，圣彼得堡汉学研究中心也日趋式微。20世纪初期，为了适应中俄贸易和铁路建设的需要，汉语教学面临着转型，国家对汉语人才也提出了新的要求。俄国汉语教学重地和研究中心随之发生了转移，以中国古典文献为研究对象和教学内容的圣彼得堡汉学研究中心，逐渐转移到以现代汉语为教学内容的远东东方学院汉学中心。圣彼得堡汉学研究中心里以瓦西里耶夫为首的汉学家培养出的学生，有的英年早逝，有的转向实践教学，真正从事学术研究的寥寥无几。

直到1909年，在中国和欧洲游学的阿列克谢耶夫回到俄国，到圣

1 ［俄］布罗夫. 俄罗斯的中国哲学研究：十七世纪末—二十世纪末（中）［J］. 汉学研究通讯，1985（57）：21-26.

2 Введенский Б. А. Большая советская энциклопедия. Второе издание. -Москва: БСЭ, 1953. т. 21.

彼得堡大学东方语言系任教，为下一阶段汉学的活跃与繁荣培养了大批汉学人才和后备力量，从而开启了阿列克谢耶夫时期，圣彼得堡汉学研究中心也重新恢复汉学研究重镇的地位。1899年成立的东方学院作为适应时代需求而崛起的汉学中心，从1899年至1916年共培养了精通汉语的300多名学生和200多名军官，他们在政界、军界和贸易行业从事着翻译活动。在苏联时期，东方学院随之被远东大学取代。

1917年十月革命之后，在苏维埃政权建立初期，一部分汉学家主动接受新的苏联政府，进入新政府机构工作，并进行汉学研究，而一些汉学家因为不能接受苏维埃政权而选择逃亡国外。在苏维埃政权刚成立时，马克思主义意识形态没有影响到苏联汉学，汉学研究工作仍然像过去一样继续缓慢地进行着。这一时期汉学家们所遇到的困难主要是物质方面的，由于战后物质匮乏，汉学家们生活窘迫，汉学研究也难以为继。[1]

1917年末到1918年初，伊万诺夫、奥登堡、特罗茨基（Л. Д. Троцкий, 1879—1940）、巴里瓦诺夫（Е. Д. Поливанов, 1891—1938）、沃兹涅谢斯基（А. Н. Вознесенский，1881—1937）等汉学家积极与新政府合作，在外交部、东方事务部等机构任职，但他们同时也坚持进行汉学研究。一些年轻的汉学家如鄂山荫（И. М. Ошанин, 1900—1982）、科洛科洛夫（В. С. Колоколов, 1896—1979）、巴·瓦西里耶夫（Б. А. Васильев, 1899—1937）、沃罗比耶夫（П. И. Воробьев, 1892—1937）等直接加入红军，其中康拉德（Н. И. Конрад, 1891—1970）则积极与俄共当局合作，支持马克思主义学说。康拉德1918年参加了外交人民委员会的宣传活动，并在活动中担任要职。[2] 以阿列克谢耶夫为首的极少部分汉学家无法接受苏维埃政府，阿列克谢耶夫曾请求法国汉学家沙畹（Э. Шаванн, 1865—1918）协助他离开苏联，由于沙畹的去世而未能如愿，

1 ［俄］布罗夫. 俄罗斯的中国哲学研究：十七世纪末—二十世纪末（中）［J］. 汉学研究通讯，1985（57）：21–26.

2 Кобзев А. И. Игриша бесовские в АН СССР//Общество и государство в Китае. Т. XLIII. Часть. -М. : ИВ РАН, 2013. С. 264.

最终阿列克谢耶夫迫于生活和工作的压力不得不接受新的政府。

十月革命后，科学院东方学研究所被保留下来，1917年12月底，皇家科学院更名为苏联科学院。从1918年年初起，以常务秘书奥登堡为首的科学院东方学研究所开始建立与新政府的合作。科学院亚洲博物馆是汉学家们开展工作、收集文献材料和进行东方学研究的唯一机构，奥登堡任博物馆馆长，博物馆共有包括著名汉学家阿列克谢耶夫在内的8名编制人员，其中6名研究人员和2名技术员工都在此工作。

起初奥登堡十分明确地制定了俄罗斯东方学史的研究任务，首先是加工整理中国文化、文学和历史典籍，并对俄国时期汉学家未出版的资料进行整理研究。在奥登堡看来，"那些未出版的资料、学者的通信就能完全把很多不为人知的方面呈现给我们，它们所表现出来的东西，常常比出版的著作更加自由和明确"。[1] 奥登堡对俄罗斯东方学史和俄国汉学史给予特别关注，他在著作中经常对阿列克谢耶夫和伊万诺夫斯基的关系以及瓦西里耶夫和沙畹、伯希和（Paul Pelliot, 1878—1945）的关系进行论述和评价，其中关于瓦西里耶夫的文章就有近10篇。[2]

在苏维埃政府成立初期，由于第一次世界大战、十月革命和国内战争的影响，国民经济受到严重破坏，人民生活穷困潦倒，汉学家也不例外。在这种条件下，首先要恢复国民经济，学术研究则处于冷落状态。在如此艰难的情况下，有两个项目为苏联汉学奠定了继续研究的基础，一是1919年高尔基在圣彼得堡创办了"世界文学出版社"和《东方》杂志，作为该社顾问的阿列克谢耶夫，于1920年提出翻译中国文学名著的宏伟计划，其中之一是翻译杜甫的诗歌；二是1920年圣彼得堡和莫斯科分别建立了两个东方语言学院，莫斯科还建立了东方艺术博物馆，1921年成立全苏东方学家学会，1925年成立中国研究所，1930年成立科学院东方学研究所，研究中国的《中国问题》《新东方》《革命

---

1 Ольденбург С. Ф. Азиатский музей Российской Академии Наук, 1818—1918. Краткая памятка. -СПб., 1920. С. 6.

2 Крачковский И. Ю., Ольденбург С. Ф, Как историк востоковедения, —Записки Института востоковедения АН СССР, IV. -М., 1935. С. 17.

的东方》等杂志也相继问世。在苏联初期，以上研究机构关注的焦点仅仅局限于中国近代革命运动、政治和经济局势。

苏联初期，在俄罗斯汉学界，很多亲历过中国革命的汉学家为了阐释中国国内的政治和经济形势，出版了很多研究性和普及性相结合的、论证共产国际和中国革命路线的书籍和小册子。远东大学东方语言系教授哈尔斯基（К. А. Харнский, 1884—1938）于1927年出版了《自古迄今的中国历史》，在书中，他尝试用马克思主义的观点来阐释中国历史和哲学。

在苏联初期生活异常艰难的条件下，苏联汉学家们主要研究俄国汉学家遗留下来的文献资料、整理编订中国书籍、研究中国近代革命和当代社会现状，没能对中国古典文化、文学和哲学问题给予足够的关注。[1] 1929年鲁迅的俄文版小说集《阿Q正传》和《孔乙己》在圣彼得堡问世，这是最早被译成俄语的鲁迅作品，也是最早被译成俄语的中国近现代文学作品。此外，郁达夫等人的作品也被译成俄语，这标志着以阿列克谢耶夫为首的汉学家开始从古典文学研究转向近现代文学研究。自19世纪初以来，有关当代政治和社会经济方面的论著数量急剧增长，但同时也涌现出了一批研究中国古代历史和古典哲学的青年汉学家，在历史研究方面有杜曼（Л. И. Думан，1907—1979）和西蒙诺夫斯卡娅（Л. В. Симоновская），在哲学研究方面有研究《易经》的休茨基和外交官汉学家彼得罗夫，此外还有研究甲骨文、契丹文、艺术学等的汉学家。

苏联时期汉学研究中心出现分化，分为苏联国内和国外（中国境内）两大阵地，国内分为科学院研究中心和东方汉学研究中心，国外分哈尔滨汉学研究中心和北京汉学研究中心。科学院研究中心主要指圣彼得堡和莫斯科研究中心，以奥登堡、阿列克谢耶夫、休茨基、彼得罗夫等汉学家为主，承袭了俄国的传统汉学研究，研究侧重点是中国古典文学、诗歌、近现代文学、中国古典哲学等。东方汉学研究中心以鲁

1　李明滨. 俄罗斯汉学史［M］. 郑州：大象出版社，2008：81.

达科夫、屈那（Н. В. Кюнер, 1877—1955）、帕什科夫（Б. К. Пашков, 1891—1970）、潘克拉托夫（Б. И. Панкратов, 1892—1979）等汉学家为代表，研究内容主要是中国当代政治、社会状况等现实问题。在中国境内的俄罗斯汉学研究中心分布在哈尔滨和北京，这些汉学家大多是在十月革命前后，因为政治、经济、战争等原因来到中国定居的。他们来中国之前就已经是汉学家，或者来中国定居之后成为汉学家，他们大多在中国高校任教，并坚持从事汉学研究和学术活动，研究重点多为中国法律、政治、经济、贸易、社会制度、风土人情等。

总之，苏联前期的汉学研究趋势是“厚今薄古”。[1]在社会政治背景严酷和物质生活条件极其艰难的情况下，苏联前期的汉学研究举步维艰，但是仍然涌现出了一批杰出的汉学家和卓越的汉学研究成果，其中阿列克谢耶夫院士和英年早逝的休茨基的成果最为突出。在苏联汉学界“异军突起”的中国文学研究浪潮中，休茨基和彼得罗夫仍保持着对中国哲学的研究兴趣，孜孜不倦地执着于中国古典哲学的翻译和研究。后来苏联时期的汉学研究在阿列克谢耶夫院士的带领下，呈现出多元化的态势，从俄国时期的中国哲学、历史研究转向中国古典文学、诗歌研究，更倾向于近现代文学以及政治、经济、法律、革命、战争等中国社会现实问题的研究。

二、阿列克谢耶夫院士对中国哲学的解读

阿列克谢耶夫（见图2-12）又名“阿翰林”，是俄罗斯汉学史上三个划时代的人物之一，被誉为苏联汉学的奠基人，和比丘林、瓦西里耶夫并称为俄罗斯汉学史上的“三驾马车”和汉学研究史上的“三座高峰”。[2]他们分别代表俄罗斯汉学产生和发展的三个时期，比丘林代表19世纪上半叶开创时期的俄国汉学，瓦西里耶夫则代表19世纪下半叶拓展时期的俄国汉学，阿列克谢耶夫则代表了20世纪上半叶发展时期的苏联汉学。比丘林时代的汉学家大多是俄国东正教使团的成员，这一时

1　李明滨. 俄罗斯汉学史［M］. 郑州：大象出版社，2008：85.
2　李明滨. 走进俄罗斯汉学研究之门［J］. 国际汉学，2017：5-11.

图2-12 阿列克谢耶夫

期的汉学研究大多具有随意性、分散性，缺乏一定的系统性、计划性和目标性。瓦西里耶夫时期的研究则进了一步，研究人员大多是“科班出身”，经过了高校系统的学术训练，在瓦西里耶夫“有目标”“有纲领”的带动下，汉学研究呈现出系统性、计划性，产出了数量可观的汉学研究成果。但是瓦西里耶夫提倡独立研究、自我封闭，“不借鉴、不引用”他人的研究文献，这导致俄国汉学和世界汉学脱离和隔绝。而在阿列克谢耶夫时期，汉学研究又往前迈了一大步，他把俄国汉学研究置于世界汉学研究之中，积极“接轨”世界汉学研究，使汉学研究有目标、有计划，提出了一些新的研究方法，全面推进了俄国汉学的发展。

阿列克谢耶夫是首屈一指的苏联汉学家，阿列克谢耶夫1881年出生于圣彼得堡一个普通职员家庭，1902年毕业于圣彼得堡大学东方语言系，掌握了汉语和满语，同年即进入科学院亚洲博物馆工作，1903—1904年在埃尔米塔什（冬宫）博物馆工作。1904—1906年，阿列克谢耶夫被派到英国、法国、德国等国家进修学习，在欧洲各国学习期间，他结识了沙畹、布塞尔（Стефан Бушелл，1844—1908）等著名汉学家，欧洲游学使阿列克谢耶夫受益颇深。阿列克谢耶夫于1907—1909年到中国进修，期间曾游历多个省份，撰写《1907年中国纪行》。阿列克谢耶夫在国外求学期间，得到了俄国东方学领袖人物奥登堡的大力支持和协助，1910年到圣彼得堡大学东方语言系任教，教授汉语、满语、中国文学、诗歌等课程。1912年因公到中国南方出差，写了《中国游记》一书。1916年以论文《中国诗人司空图的长诗：翻译与研究》通过硕士论文答辩。同年其硕士论文在圣彼得堡出版，此论文一经出版便备受推崇，在当时的汉学界引起了很大的反响和轰动，很快奠定了他在苏联汉学史上无可争辩的领袖地位。

阿列克谢耶夫在1918年11月成为圣彼得堡大学东方语言系的教授，1919年免答辩获得语文学副博士学位，1923年被提名为苏联科学院通讯院士，1929年当选为科学院院士，同年获语文学博士学位。1930年起兼任科学院东方学研究所中国研究室主任，1951年在圣彼得堡去世。阿列克谢耶夫勤于耕耘、治学严谨、知识渊博、成就非凡，在汉学方面的建树主要集中在中国古典和近现代文学、诗歌、戏剧、书画等领域，其一生著述颇丰，主要有《司空图〈二十四诗品〉翻译与研究》《〈聊斋志异〉翻译与研究》《中国诗歌散文翻译》《中国文学研究》《翻译理论研究》《中国民间文化研究（神话、书画、年画）》《建构苏联汉学研究方法论》等作品。阿列克谢耶夫的研究除涉及文学领域之外，也涉及中国历史和哲学领域，在历史方面曾翻译过司马迁的《史记》，1929年写过《中国与欧洲的中国史研究》，该文于1975年发表在《远东问题》杂志上。1923年，阿列克谢耶夫发表一篇题为《从中国角度来看孔子学说》的文章，这篇文章体现了他本人对孔子道德政治学说的理解，他认为“仁”是人全部活动最主要的基础和法则，要处处而且永远遵循这个法则。[1]

阿列克谢耶夫曾深入研究儒、释、道，翻译过《论语》，因对波波夫的《论语》译文不满，他决定按自己的方式和风格翻译《论语》。1920年到1921年，依据朱熹的《四书章句集注》的注释，他翻译了《论语》的“学而篇”“里仁篇”“八佾篇”。除了翻译，针对朱熹的集注，阿列克谢耶夫又做了自己的详细注释，比如，阿列克谢耶夫对“八佾篇”中的“子语鲁大师乐，曰：‘乐其可知也：始作，翕如也；从之，纯如也，皦如也，绎如也，以成。’”的注释为“在此孔子开始宣传恢复古代音乐，宣扬学生要通过乐书中的古语和艺术直觉恢复与古代礼制的

1　Алексекв В. М. Учение Конфуция в китайском синтезе, журнал Восток, 1923., кн. 3. С. 126–149.

联系”。[1] 阿列克谢耶夫本打算出版这三篇译文，但他在译本中描述的是为恢复古代礼制而奔走的孔子形象，该形象和官方刊物上公开声明的孔子形象大相径庭，因而译文当时未获出版批准。这三篇译文直到1978年才出版，2002年再版。[2]

阿列克谢耶夫的《论语》译文自成一体，译文中不论是对原文还是中国注疏家的注疏，都给出了自己的注释和较多篇幅的意见和论述，往往《论语》中的几句话经他翻译后，就成了一篇学术论文。[3] 阿列克谢耶夫的《论语》俄译文尽管只有三篇，但是由于他在汉学界的声望和巨大贡献，依然影响很大。贝列罗莫夫评价道："阿列克谢耶夫对《论语》的翻译做出了重要贡献，尽管他的译文只有三篇，但是他的伟大创举是以后的翻译家无法超越的。"[4]

在研究中国文学、诗歌、戏剧的同时，阿列克谢耶夫对儒家学说和孔孟之道一直苦苦追求。在中国哲学领域，阿列克谢耶夫也有相关研究成果。1910年，他在《俄国地理学通报》上连续发表《关于中国的寺院》系列文章，阐述了流行于中国的佛教分布情况；1918年，他撰写《不死的孪生子和道士及财神身上的金蟾（中国神话研究）》；1925年，他撰写文章《中国最新出版的佛教书籍》《神仙老子和庄子的神秘生活》和《中国古代逻辑方法的发展》，这些文章收录在《东方》专辑第五卷上；1927年，他撰写的《中国多神教寺院地区》刊登在《东西方》专辑第一卷上；1934年，他在《苏联科学院院报》第六期上发表《聊斋故事中的儒生悲剧与为官思想》。

1935年，阿列克谢耶夫在《东方》杂志第一辑上发表《谀词与铭文中的孔子》一文，在文中他认为，儒家学说可以被看作通过古籍研究而进行自我完善的学说，这一自我完善体现在古籍中所描述的尧、舜、禹、商汤、周文王等中国最早君主的传说里。而铭文是用来表达庙宇崇

1 Алексеев В. М. Из классического конфуцианства. Его труды по китайской литературе. -М.: Восточнаялитература. 2002.
2 刘亚丁. 孔子形象在俄罗斯文化中的流变［J］. 东北亚外语研究，2013，1（02）：2–9.
3 陈开科. 巴拉第的汉学研究［M］. 北京：学苑出版社，2007：259.
4 Переломов Л. С.: Конфуцианское Четверкнижие. -М., 2004. С. 155.

拜的具有特殊表现力的文字。[1]

1916年，阿列克谢耶夫的成名作《论诗人的长诗——司空图的〈诗品〉》（见图2-13）在圣彼得堡出版问世。这是一部790页的巨著，全书分为两部分，第一部分是评论，第二部分是翻译和注释。全书“评注译”相结合，阿列克谢耶夫结合司空图所处的时代背景与人生经历，广泛参考大量的注释，根据翔实的史料对《诗品》进行研究。阿列克谢耶夫不是孤立地研究司空图的《诗品》，而是把它放在中国各种哲学思想中来考察，探究它与中国儒家思想的联系及其产生的影响。另外阿列克谢耶夫在书中还分析了司空图的《诗品》与道家思想的关系，指出它的哲学思想和内涵以及教育意义。

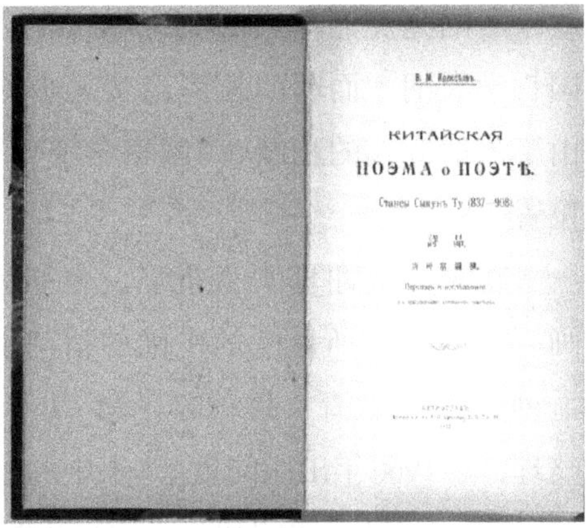

图2-13 《论诗人的长诗——司空图的〈诗品〉》

值得一提的是，阿列克谢耶夫留下了丰富的研究手稿。1978年，阿列克谢耶夫之女巴彦科夫斯卡娅（М. В. Баньковская, 1927—2009）和阿列克谢耶夫的弟子孟列夫（Л. Н. Меньшиков, 1926—2005）、彼得罗夫、艾德林（Л. З. Эйдлин, 1910—1985）以及费德林（Н. Т. Федоренко, 1912—2000）把一部分手稿整理编辑成《中国文学研究选集》，李福清担任主编并对此书做注释。《中国文学研究选集》于2003年出版问世，中国驻俄罗斯大使馆为该书的出版举行了首发仪式。《中国文学研究选集》涉及文学、诗歌、儒学、翻译、哲学、宗教、艺术等内容，分为上下两卷，在上卷中有一部分是“儒家经典翻译”，这部分把儒家经典翻译上升到翻译理论层面，详细阐述了经典翻译的方法和忠实于原文的原则；下卷有一章论述了“中国文学与佛教”，阐述了佛教和中国文学的关系，以及佛教引入中国后对文学的影响。该书还

1　Литература Китая и Японии. Редакция и вступительная статья Н. Н. Кондрада. — академия, 1935. С. 273–274.

收录了阿列克谢耶夫1923年发表在《东方》杂志上的针对胡适的《中国哲学大纲》而写的长篇论文《中国儒学》。阿列克谢耶夫认为，正是由于胡适等人的功绩，“儒家学说才得以在哲学和逻辑学中找到自己的位置”。[1]

在阿列克谢耶夫去世后，他研究年画的主要代表作《中国民间年画——年画中所反映的中国的精神生活》由巴彦科夫斯卡娅、艾德林、孟列夫、李福清、鲁德娃（М. Л. Рудова, 1927—2013）注释、编辑和整理，于1966年出版问世。[2] 书中的章节有“民间年画所反映的中国信仰与宗教”“财神身边的和合二仙与戏蟾道士”“中国民间信仰与年画中的驱邪”等。阿列克谢耶夫通过研究中国年画中各种各样的人物和动植物形象，发掘了其背后所蕴含的丰富的中国历史文化信息。他以中国传统思想儒、释、道作为切入点进行分析，发现中国年画主题基本分为三类：佛教、儒教和道教。在佛教主题的年画中，玉帝、观音菩萨和送子娘娘的形象最为普遍。在儒教主题中，关羽、刘备的形象最受欢迎，这些形象弘扬了忠、孝、信、义等儒家核心思想和中华民族的优秀品质。而在道教主题的年画中，福禄寿三星、和合二仙、八仙、刘海儿的形象最为常见。阿列克谢耶夫通过对年画题材中代表儒、释、道的各种人物形象进行细致的分析，考证了他们的起源与象征意义，论述了中国儒、释、道三教合一的独特宗教现象，以及三教与中国传统文化的密切联系和在民间的流传情况与接受度。阿列克谢耶夫认为，年画是中国文化的有机组成部分，在中国思想文化的框架下研究年画这一民俗文化题材非常有意义，因为从中国民俗文化中可以更好地领略中国传统思想文化的真谛。[3]

1920年阿列克谢耶夫为《世界文学史》撰写《中国文学》（见图2-14），在其中他用较大的篇幅描写孔子，在谈到《论语》时，他认为《论语》没有准确和完全记录孔子的思想，只是记录了这个伟大思想家

1 Алексеев В. М. Труды по китайской литкратуре, 2002.,кн. 2. С. 321.

2 Алексеев В. М. Цай-шэнь —бог денежного изобилия, его изображения, культ и символы благоволения // Алексеев В. М. Китайская народная картина. Духовная жизнь старого Китая в народных изображениях. -М. : ГРВЛ, 1966. С. 160–172.

3 阎国栋. 俄罗斯汉学三百年［M］. 北京：学苑出版社，2007：132–133.

图2-14 《中国文学》

的片面和零碎的思想，阿列克谢耶夫认为孔子本身要比《论语》中所展现出来的孔子形象高大、重要而且富有趣味。[1]阿列克谢耶夫在《中国文学》中引用孔子的“天之将丧斯文也，后死者不得与于斯文也；天之未丧斯文也，匡人其如予何？”时，阐释道：“这是孔子自己的预言，作为中国古代真理的化身，他在自己的学说中总是强调‘文’这一概念，将‘文’看得至高无上。”[2]

在自己的文学作品中，阿列克谢耶夫把孔子刻画为一个“为仁、为斯文、为真理和道义”而奔走呼吁的伟大高尚的形象，阿列克谢耶夫在日记中写道：“我几百次问自己孔子‘仁（爱人）’的含义，发觉‘仁（爱人）’这个词不表示对普通人的爱，而是另有含义。”[3]从这里可以看出，俄罗斯汉学家文章里描述的孔子和他们内心所认知的孔子也许是有差别的，阿列克谢耶夫对孔子的认知显示出复杂和矛盾的一面，正如他认为孔子的学说和思想与孔子本人的内心真实想法是有区别的一样。阿列克谢耶夫在自己的学术著作中给予孔子和老子很高的评价，他把儒学和道家学说称为“无神论的、理性主义的学说”。[4]他指出：“在儒道学说中没有关于神和上帝的理解和教条主义，没有永生的说辞和上帝对人事的安排。”[5]

三、阿列克谢耶夫和阳明学的渊源

在中俄学界鲜为人知的是阿列克谢耶夫和王阳明的渊源以及其对

---

1 Алексеев В. М. Из классического конфуцианства. Его труды по китайской литературе. -М: Восточная литература. 2002. С. 79.

2 Там же. С. 68.

3 Там же, С. 13.

4 刘亚丁. 孔子形象在俄罗斯文化中的流变［J］. 东北亚外语研究，2013，1（02）：2–9.

5 Семененко И. И. 1987. Афоризмы Конфуция. -Москва: Изд. МГУ. С. 14.

王阳明作品的翻译。阿列克谢耶夫和王阳明的渊源久远，他的得意门生——研究《易经》的休茨基对阳明学极为推崇和迷恋。20世纪30年代，在苏联学界对王阳明学说众口一词的排斥声中，阿列克谢耶夫敢于公开批判《苏联大百科全书》中有关王阳明的“极端唯心主义”的观点，挺身而出给予王阳明客观公正的评价，他在《中国的革命和庸俗》一文中指出，在儒家学派后期的革新者中，王阳明是最著名的改革者……他教人们通过直观内省的方法来体悟儒家学说和学习儒家典籍……在俄罗斯，对王阳明的研究才刚刚开始，还仅限于皮毛。[1]休茨基生前立志要完成一部王阳明的研究专著，成为在俄罗斯研究阳明学的先驱者。但令人痛心的是，休茨基的心愿还没来得及实现，在30年代末期就遭到了苏联当局的秘密枪杀。[2]

阿列克谢耶夫首次翻译了《古文观止》里三篇王阳明的短文——《稽山书院尊经阁记》《象祠记》和《瘗旅文》，并对外公布了其翻译手稿。[3]译文手稿封面留有阿列克谢耶夫当时标记的日期符号：15.7～6.8.42[4]（注明的日期是1942年7月15日—1942年8月6日）。2012年阿列克谢耶夫的译文首次出版时，编辑在前言中也特别声明，此译文是阿列克谢耶夫于1941—1944年在哈萨克斯坦的巴拉沃姆地区完成的。[5]此外，在《阿列克谢耶夫院士及其汉学学派》一文中，孟列夫也曾指出，二战期间，阿列克谢耶夫同其他学者流亡到哈萨克斯坦北部城市博罗沃市。尽管当时他携带了很少的资料和工具书，但是返回苏联时，他出人意料地完成了近三十多个完整的翻译。[6]由此可以推断，这三篇译文正是二战时期阿列克谢耶夫在流亡期间完成的，他是俄罗斯学

1 Алексеев В. М. Труды по китайской литературе / Сост. М. В. Баньковская. Кн. 1, 2. -М., 2002, 2003. Кн. 2. С. 280.

2 杨春蕾. 王阳明思想学说在俄罗斯的传播与影响［J］. 湖北社会科学，2018（07）：89–95.

3 Шедевры китайской классической прозы в переводах академика В. М. Алексеева: неизданное. -М., 2012. С. 33–44.

4 Кобзев А. И. Первые русские переводы Ван Ян-мина и В. М. Алексеев // Архив российской китаистики / Сост. А. И. Кобзев. Т. II. М., 2013 (2013a).

5 Шедевры китайской классической прозы в переводах академика В. М. Алексеева: в 2 кн. -М., 2006. Кн. 1. С. 22.

6 孟列夫，黄玫. 阿列克谢耶夫院士及其汉学学派［J］. 国际汉学，2005（1）：41–46.

界翻译王阳明作品的第一人。

阿列克谢耶夫关于王阳明的译文，时隔半个多世纪终于在2012年秋天出版。此译文对于俄语界研究阿列克谢耶夫和哲学界研究王阳明都具有重要的史料意义。

阿列克谢耶夫被郭沫若称为“阿翰林”。1945年夏天，郭沫若在应苏联科学院院长秘书马伊谢（М. А. Мосей, 1908—1994）的邀请，前往苏联科学院参加科学院200周年庆典活动时认识了阿列克谢耶夫，后者渊博的汉语知识和满口的“之乎者也”给郭沫若留下了深刻的印象，郭沫若称赞他是苏联“首屈一指”的汉学家，尊称他为“阿翰林”[1]。阿列克谢耶夫非常高兴地接受了这个中国特色的称呼，后来中国学术界和苏联汉学界也常常借用“阿翰林”来尊称阿列克谢耶夫。

阿列克谢耶夫无论在汉语教学方面还是汉学研究方面都堪称苏联的一面“旗帜”，他在教学方面的另外一个贡献是培养了大批杰出的学生，比如休茨基、鄂山荫、彼得罗夫、孟列夫、齐赫文（С. Л. Тихвинский, 1918—2018）、李福清、费德林、艾德林、弗鲁克（К. К. Флуг, 1893—1942）等著名汉学家，其中多人成为科学院院士。阿列克谢耶夫杰出的弟子们在汉学研究领域做出了突出贡献，造就了20世纪50年代以后苏联汉学的空前繁荣。

苏联前期的汉学研究在阿列克谢耶夫的带领下，形成了“阿列克谢耶夫学派”，主要表现出以下几个特点：一是汉学研究更加细化，出现分科化、多元化的倾向，对中国的语文学、词汇学、文学、史学、哲学、艺术学等各个学科进行研究；二是阿列克谢耶夫提倡汉学研究要依据汉语典籍（原作），这就要求汉学家必须熟练掌握汉语，精通完整的中国文化知识和理论，能直接利用中文的原始资料；三是阿列克谢耶夫主张汉学家要用比较的方法进行研究，要将汉学研究和欧洲学术研究进行对比，把汉学置于世界学术中进行研究，要求汉学家不仅要具有扎实的中国基础知识和开阔的视野，同时还要具备欧洲的相关知识[2]；四是

1　“翰林”是中国古代翰林院的称呼，相当于国外的院士。

2　李明滨. 俄罗斯汉学史［M］. 郑州：大象出版社，2008：91.

汉学研究要注意"古今结合"，研究中国古典文化、文学不应忽视现代文化和文学，要用现代来诠释古典。阿列克谢耶夫倡导的"比较法"和"古今结合法"，开启了比较文学的先河，开创了汉学研究的新思路和新方法，有力推动了俄罗斯汉学的全面发展，使俄罗斯汉学在苏联后期走向"群星灿烂"的繁盛期。

阿列克谢耶夫主要致力于中国文学、戏剧、民间艺术的研究，此外，他对中国儒、释、道思想也深有研究，中国哲学思想深深地影响着这位苏联汉学的奠基人、院士汉学家，这一点从他为自己设计的墓碑上就可以看出。他的墓碑上刻着"诚意格物心宽体胖，孜孜不倦教学相长"，墓碑顶上竖着一本打开的书，上面只刻有两个汉字"不愠"。阿列克谢耶夫也把自己的书斋命名为"不愠斋"。众所周知，"不愠"出自《论语》中的"人不知而不愠，不亦君子乎"，"诚意格物"正是儒学后人朱熹和王阳明的思想写照。

第四节　苏联前期其他汉学家对中国哲学的研究

苏联时期的汉学，与十月革命之前相比，不论在人才培养还是汉学研究方面，都取得了全面的发展，并在二战之后获得极大繁荣。阿列克谢耶夫对此得出结论："只有在苏联的学术政策之下才能够取得明显的进步，无论在人才培养方面，还是汉学研究方面。"[1]苏联时期的汉学家对中国哲学的研究经历了两个时期：步履维艰的苏联前期——20世纪50年代之前，以及繁荣复苏的苏联后期——20世纪50年代至苏联解体之前。在苏联前期，由于苏联官方对中国儒、释、道等中国哲学思想的冷落和排斥，苏联汉学界出现了翻译中国古典文学、现代文学和民间文学的"洪流"，对中国古典哲学的翻译和研究出现了"门前冷落鞍马稀"的局面，但是没有完全停止，仍然有一些汉学家（如阿列克谢耶夫的得

1　Алексеев В. М. Советская синология—Рефераты научно-исследовательских работ за 1945г. Отделение литературы и языка АН СССР. -М., 1947. С. 28–29.

意门生休茨基、彼得罗夫、弗鲁克等）对中国古典哲学的热情不减，坚持研究并取得了丰硕的成果。

一、《易经》俄译第一人——休茨基

图2-15 休茨基

休茨基（见图2-15）是阿列克谢耶夫最杰出的学生，是不可多得的天才汉学家。休茨基1897年出生于叶卡捷琳堡的一个普通林务员家庭，从小就天资极高，在语言、诗歌、绘画和音乐方面有着不同于常人的天赋。1922年他毕业于圣彼得堡大学（列宁格勒大学）东方语言系，师从著名汉学家阿列克谢耶夫。大学毕业后在阿列克谢耶夫的推荐下，休茨基进入圣彼得堡大学里的维谢洛夫斯基东西方比较语言与文学学院和中国语言文学教研室工作，从事教学和学术研究工作。在获得副教授职称后，休茨基同时在圣彼得堡几所高校给不同年级的学生讲授语言理论和实践课程，还首开先河地教授学生粤语和越南语，但是他所主讲的课程主要是汉语和中国哲学。1935年2月11日，休茨基评上教授，同年2月阿列克谢耶夫把休茨基的学术成果集中出版，命名为《汉学家教授休茨基的学术研究成果集》，阿列克谢耶夫对休茨基的学术水平给予极大的肯定。1935年6月15日，休茨基免于答辩直接被授予副博士学位。1937年，休茨基以《中国典籍〈易经〉》通过博士论文答辩。1937年8月3日，休茨基被苏联当局以“参与邪教”的莫须有罪名逮捕，于1938年2月17日夜里被秘密杀害。休茨基被杀害后的平反死亡证明里显示他死于1946年，而《苏联东方学传记词典》里记载的其死亡时间是1941年。[1] 他被枪杀的时间和真相被掩盖，一直是个未解之谜。

---

1 Милибанд С. Д. Биобиблиографический словарь советских востоковедов. -М., 1975. С. 622.

（一）休茨基和道家学说

休茨基有着极高的语言天赋，精通18种语言，还精通粤语（广东话），他对中国文化和诗歌以及哲学表现出了非同寻常的热情，在学生时期就开始进行翻译和研究。休茨基的研究兴趣和方向主要集中在中国古典文学和道教经典方面，其在短暂的学术生涯中，共出版论著30多部。休茨基的本科毕业论文题目是《唐诗研究》。在此基础上，1923年休茨基和阿列克谢耶夫一起编写并出版了《中国抒情诗选（7—9世纪）》。关于这部诗集的出版，1924年康拉德院士评论道："在广为流传的汉学文献中，休茨基的著作无可争议应是独一无二的，至今还没有与之媲美的作品，我们为汉学新的流派和新开拓的这一事业欢欣鼓舞。"[1] 休茨基对汉字也深有研究，在1932年发表了《汉字的演化历程》。康拉德指出："休茨基是20世纪初的天才汉学家，不仅在中国诗歌、汉字方面造诣深厚，在中国哲学方面更是取得了非凡的成就。"[2]

休茨基对儒家和道家思想都进行了深入的研究，尤其对道家情有独钟。1922年，休茨基翻译了广博深奥的《抱朴子》，在西方，这称得上是第一次对葛洪的《抱朴子》所进行的翻译。遗憾的是，休茨基翻译的《抱朴子》译文大部分流失，只有第一章因为被收录在休茨基的《葛洪的道家学说》（1923）的报告手稿中才得以保存下来，同时保存下来的还有休茨基撰写的《葛洪对道的信仰》论文手稿，以及阿列克谢耶夫对《抱朴子》译文所写的长篇评论。1924年，休茨基撰写了《〈列子〉典籍中的一些基本问题》一文，该文于1928年发表在《苏联科学院亚洲博物馆东方学家协会文集》中。

1927年，休茨基发表《佛教中的道士》一文，在文中，休茨基描述了中国宗教发展历史的全貌并详细介绍了慧远大师，指出慧远大师在东方佛教历史上是十分重要的人物，在东方享有盛名，在西方知名度也很高。休茨基认为慧远大师处在道教和佛教的边缘，在道教中接受了佛教的理论体系，在佛教中接受了道教的概念和形象。慧远大师穷尽一生努

1 Конрад Н. И. Избранные труды. Синология. -М., 1977. С. 587.
2 Там же.

力揭示佛、道边缘未来的雏形和发展趋势。[1]

1927年休茨基撰写《“老子”和“庄子”典籍中的道与德》，1934年发表了《关于杜光庭的文章》，1935年为贝利贝尔的著作《李白和道家》写了书评。在1928年和1936年之间，休茨基编写了针对道家经典《道德经》和《云笈七签》的汉字索引和目录，这一创举的意义在于俄语读者借助休茨基高质量的译文能很好地读懂和了解中国典籍。

（二）休茨基和《易经》

在研究儒家和道家哲学时，休茨基对《易经》这部神秘深邃的典籍产生了浓厚的兴趣，认为这是一部涉及历史、政治、哲学、占卜、逻辑和数理的中国百科全书，“《易经》是古代占卜和哲理思考的基础，其古老的原文具有神秘的特性，开拓了哲学的创造性思维”。[2]休茨基深深被这部中国古老深奥的典籍吸引，打算对《易经》进行翻译和研究，在俄罗斯首开研究《易经》的先河。当时圣彼得堡大学东方语言系的所有同事都支持他这一想法，因为不管是研究中国文学的汉学家，还是研究中国历史文献的汉学家，在研究过程中都经常接触到《易经》中的一些术语，但均不能对其进行解读。虽然很多汉学家一直想对《易经》进行翻译，无奈《易经》深奥的哲理以及艰深的内容和语言让人望而却步。因此，休茨基对《易经》的翻译和诠释是众望所归，对俄罗斯汉学研究来说也是非常有理论价值和现实意义的。对此，阿列克谢耶夫回忆道：“我们一致支持休茨基对《易经》的翻译和研究，认为他也做好了充分的准备工作。在我们的建议下，休茨基开始了对《易经》矢志不移的翻译和研究工作。”[3]

1937年，休茨基完成了《易经》的翻译与研究，并于同年6月3日以《中国典籍〈易经〉》通过博士论文答辩。[4]阿列克谢耶夫和康拉德作为休茨基论文的主要评论人对其论文给予了高度的评价，深刻和细致

1 Щуцкий Ю. Даос в буддизме//Восточные записки. Издание ИЖВЯ, 1927. С. 241.
2 Щуцкий Ю. К. Китайская классическая Книга перемен. -М., 1960. С. 47.
3 Алексеев В. М. Наука о Востоке. -М., 1982. С. 371–372.
4 Щуцкий Ю. К. Китайская классическая Книга перемен. -М., 1960, 424 с.

阐述了其论文的学术价值，对作者的翻译水平和深邃的见解给予高度肯定。阿列克谢耶夫强调，休茨基为我们打通了一堵墙，消除了我们对《易经》的迷茫和疑惑不解，尽管他的学术和人生之路充满了荆棘，但是在和杰出的人们交往的过程中他变得越来越优秀，他的天才创作也影响了这些人。[1] 休茨基对《易经》的翻译在俄罗斯汉学史上具有里程碑的意义，给俄罗斯汉学家打开了通向中国文学、历史和其他学科的大门，使俄罗斯对中国哲学的研究迈上了一个新的台阶。阿列克谢耶夫多次肯定休茨基在《易经》研究方面做出的贡献，他在《一个汉学家的学术生平》(2013年整理出版)中指出："我们期待已久的《易经》专著终于面世，在所有的中国典籍中，《易经》的翻译难度位居首列。休茨基的译本是所有中国典籍译本中最重要的，以往的任何一个译本都无法与之媲美，它的重大意义在于弥补了我们研究中翻译材料的不足和空白。"[2]

布罗夫认为，休茨基关于《易经》研究的专著具有重大价值，是20世纪汉学研究的重大成就。书中首先分析所有国外研究《易经》的著作，还对《易经》做了全面的研究，最后休茨基完成两个《易经》的译本，一个是语义性质的，一个是解释原文的。[3] 从布罗夫的评论中可以看出，休茨基是按照阿列克谢耶夫开创的古文典籍翻译原则翻译《易经》的，《易经》的两个译本，即当代翻译理论中的"直译和意译"两种译文版本。休茨基的《易经》俄译本在苏联和俄罗斯非常流行，成为汉学家们研究与《易经》相关领域的必备参考书目。

在对《易经》进行翻译的同时，休茨基还对《易经》这部神秘深奥的中国著名典籍进行了全面详尽的诠释，他认为这一古老而深邃的中国典籍既是占卜学说又是哲学典籍，既是一部政治百科全书也集中国宇宙观和朴素的自然主义之大成，还可以理解为宇宙和物质世界的详解词

1 Алексеев В. М. Наука о Востоке, -М. : Наука. 1982. С. 114–160, 402–408.

2 Алексеев В. М., Рабочая библиография китаиста. Книга руководства для изучающих язык и культуру Китая// Архив российской китаистики. Сост. А. И. Кобзев, -М. : Наука-восточная литература, 2013. С. 263.

3 ［俄］布罗夫. 俄罗斯的中国哲学研究：十七世纪末—二十世纪末（中）［J］. 汉学研究通讯，1985（57）：21–26.

典、星源学和逻辑学教材，又可以看作玄妙之学和数理学说，休茨基同时认为阴阳和二进制的理论体系是整个宇宙的根基。总之，这是独一无二的、充满神秘主义和辩证自然主义的古老中国智慧的结晶。[1]

1937年，休茨基通过博士答辩后，《中国典籍〈易经〉》手稿被送到苏联科学院列宁格勒出版部准备出版，当时的主编也就是后来成为院士的里哈乔夫（Д. С. Лихачев, 1906—1999），他对这一杰出著作非常赞赏，着手准备印刷出版。但是1937年8月3日，休茨基被逮捕，罪名是在他的文章中发现了鼓动和宣传反革命的言论，休茨基被发配到遥远的集中营进行无限期的监禁，并被禁止与人通信联系。《中国典籍〈易经〉》一书的出版事宜也因此被搁浅。1937年11月28日，在学术秘书的要求下，休茨基的手稿被退回到科学院东方学研究所。20世纪50年代末期以前，这部杰出的《易经》研究手稿就这样一直被保存在研究院的档案室里。

时隔近30年，当时汉学家高度评价并普遍认为是社会精神财富的、天才汉学家休茨基的杰出成就《易经》手稿，在1960年休茨基得到平反之后，由于康拉德院士的努力，终于出版问世，书名为《中国典籍〈易经〉》（见图2-16），全书共403页，首次出版共印刷1 400本。该书出版后马上得到苏联社会科学界的高度评价，被认为是俄罗斯汉学界的巅峰之作。在该书前言中，康拉德深为遗憾和痛惜地写道："这部休茨基顺利通过博士论文答辩的作品，是作者于1928—1935年完成的，休茨基对其加工后投递到科学院出版社准备出版，遗憾的是

图2-16 《中国典籍〈易经〉》

1　Щуцкий Ю. К. Китайская классическая Книга перемен. -М., 1960, С. 112.

作者生前没有看到自己这部作品问世。”[1]《中国典籍〈易经〉》在苏联出版半年之后，苏联权威评论家鲁宾（В. А. Рубин, 1923—1981）写道：“毫不夸张地说，休茨基的这一著作可以称得上是广义文化方面的伟大功勋和成就。”[2]1963年，贝科夫（Ф. С. Быков, 1885—1966）在评论中指出：“在休茨基之前，任何一个西方人都没能对《易经》这部极其深奥和复杂的典籍进行翻译，甚至不敢去尝试，休茨基的这部专著为学术界建立了真正的功勋。”[3]

几十年之后，布罗夫肯定地对外宣布：“在整个欧洲汉学界，休茨基的这部著作都是无人能及的，具有重大研究价值和意义。”[4]科布杰夫认为，休茨基的哲学观点不同于常人，最显著的价值表现在他对包含各种最高文化成就的《易经》的追求和独特的研究方法上，在这种方法的基础上，休茨基对《易经》的研究不仅确立了历史文化的任务，还完成了文化建设和精神层面的任务。[5]

其他同行汉学家评论道：“在研究中国哲学思想时，休茨基非常注重古代文献，他翻译和研究了老子、列子以及庄子的大部分典籍。同时与欧洲道教研究者不同的是，他敢于突破传统，转向研究中世纪的道教，比如他对葛洪《抱朴子》的翻译和研究。遗憾的是，休茨基的《抱朴子》译作不知所踪……此后休茨基又研究道教的《太玄经》，还想转向新儒学和佛教的研究，他还关注了清代章学诚（1738—1801）和皮锡瑞（1850—1908）的古典与文学批评方向的注疏和研究著作，让欧洲汉学家首次了解了这些作品的价值。”[6]从古典到现代文献、从传统到现代、

1 Щуцкий Ю. К. Китайская классическая Книга перемен. -М. : Издательство Восточной литературы, 1960. С. 5.

2 Рубин В. А. [Рец. на:] Щуцкий Ю. К. Китайская классическая Книга перемен. —Вестник древней истории. 1961, №3. С. 136.

3 Быков Ф. С. [Рец. на:] Щуцкий Ю. К. Китайская классическая Книга перемен. — Народы Азии и Африки. 1963, №1. С. 214, 216.

4 Буров В. Г. Изучение китайской философии в СССР. —Великий Октябрь и развитие советского китаеведения. -М., 1968. С. 99.

5 Щуцкий Ю. К. Китайская классическая Книга перемена. 2-е изд. /Сост. А. И. Кобзев. -М., 2003. С. 517.

6 Щуцкий Ю. К. Китайская классическая Книга перемен. -М. : издательство Восточной литературы, 1960. С. 6, 10.

从文学到哲学、从语言到艺术，休茨基是欧洲首位，也是唯一一位能够跨越不同学科、跨越不同时代，在每一个研究领域都能取得杰出成就和做出突出贡献的学者。康拉德特别指出："休茨基是我们汉学家中第一个既拥有中国专业文学知识，也拥有欧洲汉学家素养，同时还掌握多门外语，又深入研究中国思想的人……他为俄罗斯汉学开辟了文艺学、哲学、文学、语言学、诗学等多条学科道路和研究方向。"[1]

1979年，休茨基的《中国典籍〈易经〉》被西方著名专家翻译成英语，首先在美国出版发行，然后在英国出版，引起了西方学界的高度关注、肯定和赞扬，西方一个非常畅销的主流杂志对《易经》的翻译高度赞扬，休茨基的《中国典籍〈易经〉》在西方被誉为"欧洲汉学中无与伦比的有重大价值的学术著作"，休茨基也被称作"卓越的数理解析天才"。[2] 休茨基的著作对西方汉学家来说也具有重要的参考价值和借鉴意义，成为欧洲汉学家们研究《易经》时的必不可少的参考工具书。休茨基的《易经》俄译本，进入20世纪90年代以后已成为稀世珍本，后来经过科布杰夫的整理、修订、增补，增加了很多注释，篇幅从403页扩展到604页，于1993年以新译本的形式再次出版，发行10 000册，满足了俄罗斯读者对《易经》的迫切需要。

（三）休茨基对阳明学的研究

休茨基在中国诗歌和哲学方面的研究造诣早已为西方学界所熟知，并得到普遍的认可和高度的褒扬。但是关于休茨基和阳明学的渊源却鲜为人知。阳明学最早是在20世纪初流传到西方的，并从西方传入俄罗斯，在传入俄罗斯的初期，正是苏维埃政府刚成立之时。苏联学界对阳明学的定义是"代表资产阶级的唯心主义学说"。尽管当时的苏联百科辞典给王阳明贴上了负面的标签，但是在20世纪30年代，学界对王阳明的研究兴趣已经是"随风潜入夜，润物细无声"。对阳明学的兴趣也

1　Там же. С. 11.

2　Hoodock J. [Рец. на:] Shchutskii J. Researches of the I Ching. —Philosophy East and West. Vol. 31, №4. Honolulu, 1981. C. 551.

在阿列克谢耶夫和他的学生休茨基中“萌芽”了。[1]

1935年，休茨基应阿列克谢耶夫的要求，在自传体《履历》中指出：“在中国的哲学中，引起我极大兴趣的不是周朝那一辈的杰出哲学家，而是中世纪从葛洪到王守仁这一类的哲学家。”[2]在“政治高压”之下的苏联时期，休茨基被王阳明的思想和学说深深吸引，立志要成为王阳明学说在俄罗斯研究的开拓者和奠基人。早在20世纪30年代，休茨基就做出了和杜维明一样的论断，认为王阳明的学说具有独特的“唯意志论和责任感”，是“哲学的导论，在当今时代不仅应该在东方和西方，还应该在全人类中普及和推广”。[3]阿列克谢耶夫在为休茨基的论文《中国典籍〈易经〉》写评论时确认道：“休茨基曾立志写一部有关王阳明的专著。”[4]在20世纪初，阳明学流传到西方不久，俄罗斯刚开始接触和认识王阳明时，休茨基就以卓有远见的洞察力早于杜维明几十年得出了这个伟大的结论：王阳明不仅仅属于中国和东方国家，更属于全世界。这不得不让我们赞叹我们的邻邦——俄罗斯对中国文化和哲学的热爱和深入研究。但令人扼腕叹息的是，这位年轻的优秀汉学家还没来得及将撰写王阳明研究专著的心愿付诸实践，就遭到苏联当局的逮捕并被秘密枪杀。这是俄罗斯汉学界的重大损失，也是阳明学研究海外学术界的极大缺憾。

（四）阿列克谢耶夫对休茨基的追忆

休茨基是阿列克谢耶夫最优秀的学生，深得阿列克谢耶夫的青睐和喜爱。阿列克谢耶夫总是在学术上给予他最大的支持，对他的学术成就给予最高的评价和最大的肯定。据阿列克谢耶夫的女儿巴彦科夫斯卡娅的回忆，阿列克谢耶夫对休茨基各种亲切的称呼（爱称）随处可见，在科学院当时流行的一种智力游戏晚会中，他称休茨基为“弗拉·休

---

1 杨春蕾，科布杰夫．阳明学在俄罗斯不同社会意识形态下的传播轨迹：从主观唯心主义到主观自然主义的认知流变［J］．浙江学刊，2021（02）：24–30.

2 Щуцкий Ю. К. Китайская классическая Книга перемен. 2-е изд. / Сост. А. И. Кобзев. -М., 2003. С. 55.

3 Елесин Д. В. К биографии Ю. К. Щуцкого (1897—1938) // 25-я НК ОГК. -М., 1994. С. 75.

4 Щуцкий Ю. К. Китайская классическая Книга перемен. 2-е изд. / Сост. А. И. Кобзев. -М., 2003. С. 516.

（фра Щуц）、尤利（Юлиан - отступник）、学生楚（楚是休茨基在发表《关于杜光庭的文章》时自己起的中国姓氏）”。休茨基的形象还经常出现在阿列克谢耶夫的作品中，如“刮了胡子的他，双颊像丝绸一样光滑，眼睛很小，但目光锐利……弗拉·休在我们之间很另类……葛洪已被他击垮”（Он брит, щек шелк — мат. Глаз мал — взгляд так остр... Фра Щуц средь нас монстр：Гэ Хун был им смят）。[1]

在回忆录中阿列克谢耶夫写过一篇散文体的诙谐小说，借用了他翻译的蒲松龄小说的风格，其中他创造了一个角色，用我们现在的眼光来看，那个角色就是休茨基的光辉形象。在这篇微型怪诞诙谐小说《学生楚》[2]中，主人公的性格特点以及在音乐、艺术、语言等方面的天赋和休茨基很是吻合。因此可以推断他是在变相地写关于休茨基的传记。小说中的“蓝色袜子教派”确切地说是影射了自己学生对哲学的酷爱和追求，其中还描写了“蓝色袜子教派”和“蓝色上帝”的冲突，最终“蓝色上帝”战胜了“蓝色袜子教派”。

在当时，阿列克谢耶夫影射苏联当局的小说顺利地通过审核并发表，但是这部小说就像预言一样，也预示了灾难的发生。20世纪30年代，很多著名学者和作者被冠以“莫须有”的罪名并惨遭杀害。其实在30年代初期，休茨基就已经预感到这场“暴风雨”的来临，在大祸临头时，他仍临危不惧，执着于自己的研究，被中国传统思想文化的魅力所深深吸引。休茨基的被害，标志着苏联一代英才夭折，学术新星陨落，休茨基的去世不仅是俄罗斯汉学界的重大损失，也是欧洲学术界和整个人文学界的损失。

二、专注于中国哲学研究的彼得罗夫

彼得罗夫（见图2-17）是苏联著名的汉学家、中国古典哲学专家、外交官，是阿列克谢耶夫最杰出的学生之一，1907年出生于维尔诺州一

1　Баньковская М. В. Малак—литературные вечера востоковедов. 20-е годы. —Традиционная культура Китая. -М., 1983. С. 123.

2　Там же. С. 123–124.

图2-17　彼得罗夫

个职员家庭，1930年毕业于列宁格勒大学（圣彼得堡大学）东方语言系，1935年获得副博士学位。同年担任科学院东方学研究所副所长。1941年起进入苏联外交部工作，1942年5月携全家来中国重庆工作，当时重庆处于蒋介石的势力范围之下，彼得罗夫在重庆领事馆担任一秘。1945—1947年出任苏联驻华大使。1949年在苏联惨遭迫害。

彼得罗夫在担任外交官的同时，还专注于中国古典哲学研究，成就斐然。彼得罗夫于1935年在《东方书目》杂志上发表《俄罗斯资产阶级汉学中的中国哲学（书目批评概论）》一文，梳理了帝俄时期汉学家对中国哲学的研究，用马克思主义唯物论观点考察了帝俄时期的汉学家们在中国哲学研究方面的成就，并指出存在的不足之处。彼得罗夫把道家学说阐释成革命的和进步的学说，这尽管带有明显的时代特征和政治色彩，但是标志着俄罗斯“新道家”的产生。[1] 同年出版《王弼和他的哲学观的基本问题》一书。1936年，彼得罗夫以《王弼（226—249）中国哲学史札记》通过副博士论文答辩，同年该论文经过阿列克谢耶夫的校正，以专著的形式在苏联科学院出版社出版问世（见图2-18）。在书中，彼得罗夫介绍了三国时期魏国玄学家王弼的生平和其

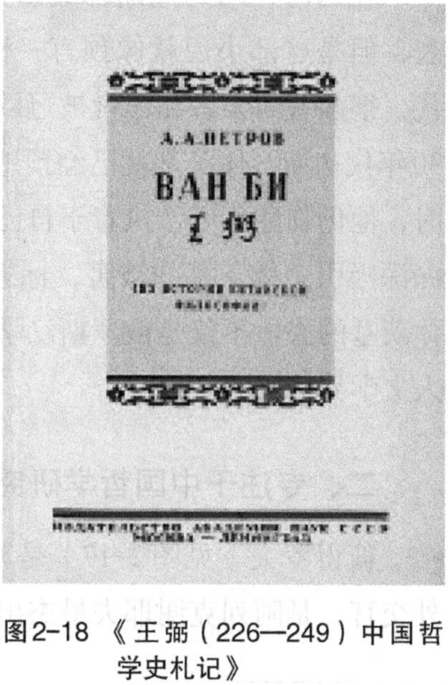

图2-18 《王弼（226—249）中国哲学史札记》

1　孙柏林，张瑞臣．当代俄罗斯学者的“老子”思想研究［J］．学术交流，2018（03）：178-184.

思想，彼得罗夫从儒家学说和道家学说之间的争论这一角度探讨了王弼的学说。彼得罗夫论证了王弼从“好老氏，通辩能言”的道学拥护者发展到将唯心主义一元论和朴素辩证法相结合的哲学家的思想历程，肯定了王弼对《老子》和《周易》思想的研究和接纳。彼得罗夫认为王弼作为中国玄学派的代表人物和创始人继承了老子的思想，但是又结合了普遍流行的儒家思想，他在对道家和儒家典籍的注解中阐述了自己的观点，认为儒家思想是主观唯心主义，道家的哲学是客观唯心主义。彼得罗夫还指出玄学派带有的理想主义和唯心主义特质。[1]彼得罗夫在书中列出了许多其他中国古代哲学家的观点，还在书后附录了《周易略例》。

彼得罗夫1936年出版《中国哲学史纲》一书，1939年在《古代历史报》上发表《古代中国唯物主义思想史》一文，1940年发表论文《杨朱——古代中国的自由思想家》并出版著作《中国哲学概论》。在文章《杨朱——古代中国的自由思想家》中彼得罗夫给予杨朱很高的评价，把杨朱称作“卓越的自由主义者、勇敢的思想家”。他写道：“在杨朱身上看到的中国进步思想永远都是为了个人自由而反对道德压迫的光明例子。杨朱把世界观看作感性直觉的现实世界，他的学说基础是唯心主义。”[2]

在整个西方汉学界，彼得罗夫是第一个也是唯一一个研究王弼的汉学家和学者。彼得罗夫生前编写的《王充——中国古代的唯物主义者和启蒙主义者》是其博士论文，在彼得罗夫去世后于1954年以著作的形式出版问世（见图2-19）。全书分为三章，第一章“王充——古代中国唯物主义者和启蒙主义者”主要介绍了王充的生平；第二章为典籍《论衡》的摘录，并阐述了王充的主要代表作《论衡》的主要内容和思想；第三章“王充哲学学说的主要问题”为本书的重点，分为八个小

1　Петров А. А. Ван Би (226—249). Из истории китайской философии. —Труды Ин-та востоковедения. XIII. -М.-Л., 1936. С. 113–114.

2　Петров А. А. Ян Чжу—вольнодумец древнего Китая Советское востоковедение.т. 1, -М.-Л., 1940. С. 174–211.

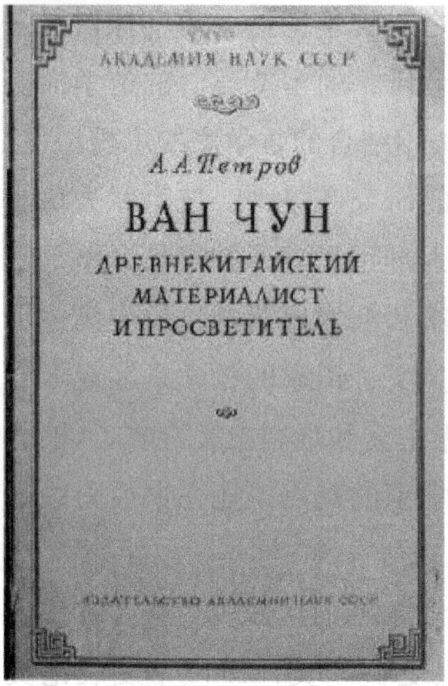

图2-19《王充——中国古代的唯物主义者和启蒙主义者》

节，分别论述了“世界、天、地”“物质世界的基础”“自然的法则”“人论”“生死问题论”“物质论”“王充的政治和历史观”“王充和中国传统”。[1]本书阐述了东汉时期的唯物主义哲学家王充的唯物主义世界观，彼得罗夫以翔实的内容和深入的研究充分论证了王充的自然哲学观点，以及其观点在自然科学和天文学领域的价值。《王充——中国古代的唯物主义者和启蒙主义者》于1956年被翻译成汉语在中国出版。1940年彼得罗夫出版的《中国哲学概论》指出老子的思想具有唯物主义的内容。

以上论著充分论证了中国哲学史上唯物主义的存在，为苏联时期的中国哲学研究提供了依据，并具有一定的指导意义。布罗夫曾指出，彼得罗夫的著作很有价值，有渊博的史料学作为基础，许多观点都是正确的，同时，彼得罗夫迫于苏联官方意识形态的压力，不得不讨论中国哲学史中唯物主义与唯心主义之争，这在论述王充的书中明显地表现出来。[2]也就是说，彼得罗夫的著作中有关唯物主义和唯心主义的论断，是迫于当时苏联意识形态的压力而产生的。除此之外还有一种说法是，因为《王充——中国古代的唯物主义者和启蒙主义者》是在彼得罗夫去世后出版的，他遗留的手稿经过了别人的校对和修改，这部分观点也可能是后者增加的。[3]彼得罗夫开辟了俄罗斯汉学哲学专业化的研究路径，有力推动了20世纪60年代以后俄罗斯汉学在哲学研究领域的发展和

1　Петров А. А. Ван Чун—древнекитайский материалист и просветитель. -М., 1954. 104 с.
2　［俄］布罗夫. 俄罗斯的中国哲学研究：十七世纪末—二十世纪末（中）［J］. 汉学研究通讯，1985（57）：21-26.
3　同上。

繁盛。

三、研究中国哲学的其他汉学家

苏联汉学家弗鲁克是道家研究者，也是阿列克谢耶夫的弟子，1893年出生于圣彼得堡，从1925年到1942年一直在亚洲博物馆工作，1927年毕业于圣彼得堡大学语言文学系，1935年6月免答辩获得语文学副博士学位。1940年苏联科学院主席团授予弗鲁克高级研究员称号，1942年，弗鲁克牺牲在列宁格勒保卫战中。弗鲁克对道家学说表现出了极大的兴趣，专注于道家学说的研究，1930年翻译并撰写道家历史综合性文集《道藏》，本书分为三章，第一章论述了道家在中国秦朝以后的历史和道家学派及传人。第二章论述了道家内部的组织结构：三洞（“洞真部”“洞玄部”“洞神部”）；十二类（“本文类”“神符类”“玉诀类”“云圆类”“普缘类”“戒律类”“威义类”“方法类”“象术类”“记传类”“读讼类”“表奏类”）；四部（“太玄部”“太平部”“太清部”“太乙部”）。第三章详细地罗列了后期所有道家的文献，诸如《墨子》《管子》《鬼谷子》等典籍。

需要特别提及的是苏联国民教育委员扎科夫（М. П. Жаков, 1893—1936）曾在1927年撰写并出版《孟子和其封建思想的体现》一书，该书共36页，用较少的篇幅给读者全面展示了孟子所代表的封建关系图景、封建体制下寻求改革的途径以及战国时期的封建社会现状。为此，研究历史的汉学家尼基福罗夫称扎科夫是研究封建社会的理论家和俄国创作者。[1]

汉学家什库尔金（П. В. Шкуркин, 1868—1943）是居住在哈尔滨的著名俄罗斯侨民汉学家，在哈尔滨出版了几十部中国历史文学方面的著作。此外他还是一名宗教研究者，1926年出版了颇有影响力的著作《道教概略》，作者用生动的笔触描述了普通中国人如何看待道家“天、地、人”之间的相互关系，以及道教中的神话传说“八仙过海”

---

1 Отражение феодализма в Мен-Цзы / Подписано: М. Жаков. - Москва.: Ун-т труд. Китая им. Сун-Ят-Сена, 1927. 36 с.

的故事。书的最后一部分立足于丰富的史料，论述了道教的起源和历史以及相关的故事。该书虽说是概略，但更像是一部历史叙事著作，作者用翔实的史料并通过许多中国历史故事，展示了普通中国人的信仰和“天、地、人”之间的关系。什库尔金在前言中写道：“据我所知，不论是在俄语的文学作品中还是其他语言的文学作品中，这些史料都是首次出现。”[1]

另一位对中国宗教哲学做出巨大贡献的是旅居哈尔滨长达26年之久的著名汉学家巴拉诺夫（И. Г. Баранов, 1886—1972），他在哈尔滨师范学院任教的同时，积极从事中国哲学思想（主要是宗教思想）的研究，成果斐然，多次发表关于中国庙宇的文章，如《阿什汗的庙宇研究》（1926）、《太和殿（道宫）》（1928）、《中国人概念中的阴间法庭（参照“玉皇大帝的制度”）》（1928）等。在巴拉诺夫去世多年后，他的著作《中国人的信仰和风俗》于1999年出版。在《中国人概念中的阴间法庭（参照“玉皇大帝的制度”）》一文中，巴拉诺夫指出：“所有古老民族的大部分宗教观念都是关于阴间的，中国人也创造了自己的关于阴间的宗教观念，中国民族宗教创造了非常严谨的关于人死后的报应和来生的理论体系，关于这一体系的论述可以在一些饶有趣味的中国经典佛教古籍中找到。”[2]在哈尔滨工作的另外一位汉学家谢列布列尼科夫（И. И. Серебренников, 1882—1953）于1929年也发表了一篇关于民间信仰和中国宗教的文章——《中国的民间信仰》，其中作者指出：“在此我们只关注中国人对鬼神和因果报应的敬畏，还有那些人们日常生活中和鬼神以及因果报应息息相关的事务。”[3]

马拉库耶夫（А. В. Маракуев, 1891—1955）是一位充满传奇色彩的汉学家，他同时还是苏联经济学家、历史学家和地理学家。马拉库耶夫在夜校自学汉语成才，曾旅居哈尔滨，在托木斯克国立大学任过教。

1 Шкуркин П. В. Очерк даосизма: Даосизм. Ба Сянь // Вестник Азии. 1925. С. 121–125.
2 Баранов И. Г. Загробный суд в представлениях китайского народа (По книге Яшмовых Правил)//Вестник Маньчжурии. -Харбин, 1928. №1. С. 53.
3 Серебренников И. И. Китайские народные поверья// Вестник Маньчжурии. 1929, №3. С. 98–102.

在20世纪40年代初期苏联卫国战争期间，马拉库耶夫完成了20多部作品，主要有学术著作《中国地理》和译著《黄帝阴符经》。在卫国战争第一年即1941年，马拉库耶夫在托木斯克完成《黄帝阴符经》的翻译，《黄帝阴符经》是中国文化中一部非常重要的道家典籍。马拉库耶夫是《黄帝阴符经》俄译第一人。作者在这部作品的结论中写道："无论在十月革命前的俄国时期，还是苏联时期，这部作品都不被关注，无人提及，更没有人翻译。这是首次出现的俄译本，完成于伟大的卫国战争初期——1941年。"[1]最后落款是"写于托木斯克，1946年12月31日"，《黄帝阴符经》的译著于1946年出版。

马拉库耶夫的译著《黄帝阴符经》是一部研究性译著，作者高度肯定中国文化和哲学，他指出："中国人拥有高等的文化，这种文化主要表现在中国的古典哲学中，中国的哲学思想是在历史长河中积淀凝聚而成的，是世界文化的典范，当代的资产阶级学者普遍把中国的哲学划分为唯心主义和唯物主义，这纯粹是无稽之谈。"[2]彼得罗夫也对《黄帝阴符经》深感兴趣，分析和鉴定过《黄帝阴符经》汉语原作的文献年份。马拉库耶夫同样通过相关文献考证过它的文献出处，反对朱熹把《黄帝阴符经》归为8世纪的著作，认为《黄帝阴符经》汉语原作在唐代就被翻刻过，可能是汉代的作品，也可能在汉代之前就存在了。马拉库耶夫对《黄帝阴符经》原作的语法和作品风格进行了分析，还把它和《道德经》的注释进行对比，认为《黄帝阴符经》是理解中国古代道教最可靠的原始资料。

鲜为人知的是，鲁达科夫在1942年完成了《左传》的翻译和研究，其手稿曾保存在东方学家档案馆中。鲁达科夫是汉学家，致力于汉语教学和研究。此外，鲁达科夫还翻译了《孟子》以及其他哲学典籍，他的译文手稿至今未能出版，保存在俄罗斯科学院东方文献研究所。俄罗斯民族学家切普尔科夫斯基（E. M. Чепурковский, 1871—1950）于1928

---

1 Маракуев А. В. Инь Фу-цзин. Страничка из истории китайской философии. -Томск, 1946. С. 132.

2 Там же. С. 125.

年发表了《孔子的对手——墨子》。

在儒家学说研究方面不得不提研究中国和日本哲学的拉杜利-扎杜拉夫斯基（Я. Б. Радуль-Затуловский, 1903—1987）。拉杜利-扎杜拉夫斯基是研究日本和中国哲学史的专家，曾在圣彼得堡大学东方语言系日语教研室任教。1947年出版《儒学在日本的传播》[1]，1954年发表论文《戴震——中国伟大的思想家》[2]，1957年出版专著《中国伟大的无神论者——范缜》[3]。在《儒学在日本的传播》里，拉杜利-扎杜拉夫斯基完全否定了孔子，认为孔子学说没有任何进步的成分，他认为孔子"信仰天命，利用天的意志宣传天命，只为了维护封建制度，让封建统治不可动摇。孔子学说没有意识到形而上学的问题，从哲学的观点来看，孔子的天命具有宗教性质"。[4]

从1917年苏维埃政府成立到1953年斯大林去世的苏联前期阶段，苏联汉学拥有多舛的命运和举步维艰的学术历程。一波未平一波又起的高压运动使得许多杰出汉学家在生命的黄金期和创作的巅峰阶段遭到暗杀，苏联前期的汉学家数量锐减，幸存下来的汉学家也是如履薄冰、忐忑不安。阿列克谢耶夫在回忆录中证明了当时的事实："原定于1938年参与《东方学》杂志发行的9位专家，就只剩下3位了……"[5]俄罗斯汉学家还未从政治镇压中恢复过来，又受到第二次世界大战的重创。战后，汉学精英几乎损失殆尽。[6] 在这样的条件下，以阿列克谢耶夫为首的汉学家仍矢志不移、艰苦卓绝地进行着汉学研究，在汉学研究各领域取得了令世界瞩目的成就。

1 Конфуцианство и его распространение в Японии. -М.-Л. : Изд-во АН СССР, 1947. 451с.
2 Радуль-Затуловский Я. Б. Дай Чжэнь—выдающийся китайский просветитель // Вопросы философии. 1954, № 4. С. 119–128.
3 Великий китайский атеист Фань Чжэнь // Ежегодник Музея истории религии и атеизма. I. -М.-Л., 1957.
4 Конфуцианство и его распространение в Японии. -М.-Л. : Изд-во АН СССР, 1947. С. 124–126.
5 Баньковская М. В. Мой двойник, только сильнее и вообще лучше, 2002. С. 507.
6 李明滨. 俄罗斯汉学史［M］. 郑州：大象出版社，2008：84.

第五节　小　结

19世纪下半叶俄国汉学在取得重大成就和长足发展的同时，也存在一些历史局限性。瓦西里耶夫认为，一切都靠自己研究，不援用别人的成果，不与外界交流，这不免有失偏颇，客观上导致了俄国汉学与世界汉学的隔绝，这一偏颇现象在阿列克谢耶夫时期得到了纠正。[1]布罗夫指出这一时期关于中国哲学的研究还有另外一种特点，即俄罗斯学者只研究中国古代哲学，他们认为中国哲学仅限于孔子、老子、孟子，没有其他哲学内容和人物。[2]瓦西里耶夫也认为宋代以后的哲学是从儒道哲学发展而来的系统化的哲学[3]，以瓦西里耶夫为代表的这一时期的很多俄国学者不认可宋代以后的哲学，认为宋明理学不是正宗的中国哲学，掺杂了很多其他学说。

19世纪下半叶，在诸多汉学家和托尔斯泰的努力下，孔子形象和老子形象在俄国逐渐变得丰富、形象、生动起来。托尔斯泰把孔子和老子看作某种精神的象征，赋予他们理想化的含义，此外，他还把儒道思想和东正教的思想相提并论。而在汉学家的笔下，由于有翔实的材料作为支撑，孔子和老子的形象更有血有肉、客观、真实。这一时期中国的儒、释、道思想文化在俄国得到了普遍的推广，究其原因，除了汉学家的杰出贡献之外，最重要的是托尔斯泰对儒、释、道的情有独钟，他不仅发表数十篇专业性的论作，还亲自翻译和校对《道德经》，在实际生活中也身体力行地践行儒、道等哲学思想，这一切都极大地推动了中国儒、释、道思想在俄国的传播，同时也在一定程度上提高了中国文化在世界上的影响力。

苏联前期完成了对帝俄阶段旧汉学的马克思列宁主义改造，研究方

1　李明滨. 俄罗斯汉学史［M］. 郑州：大象出版社，2008：57–58.

2　［俄］布罗夫. 俄罗斯的中国哲学研究：十七世纪末—二十世纪末（上）［J］. 汉学研究通讯，1984（56）：249–253.

3　Васильев В. П. Религия Востока: конфуцианство. буддизм и дасизм. -СПб., 1873. С 165.

法和研究视角受到苏联意识形态和以斯大林为首的领导人的思想和言论的深刻影响。[1]布罗夫指出，在苏联前期，汉学研究置于苏联意识形态和马克思主义的影响之下，马克思主义教条的影响也表现在对儒学的态度上，20世纪40年代至70年代，大多数苏联学者认为儒学代表统治阶级的利益而没有进步的意义。“仁”的概念具有阶级内容，是为地主阶级统治服务的，所以没有真正仁道主义的意义。[2]

这一时期的中国哲学研究处于俄罗斯汉学史的低谷阶段，儒、释、道等中国哲学思想遭到苏联官方意识形态领域的排斥和冷落，以阿列克谢耶夫为首的大多数汉学家热衷于对中国文学诗歌以及当代中国革命和社会现实的研究，对中国哲学和传统文化的关注较少，翻译和研究也退居次要地位。李明滨曾分析，儒家学说是由于被苏联当局视为维护统治阶级利益的反动思想才受到冷落的。[3] 苏联前期，中国哲学研究明显受到苏联意识形态的影响，出现了以哲学家阶层属性来确定学说属性的倾向，所有的中国古代哲学和哲学家被简单地划分为唯物主义和唯心主义两大阵营。[4]

由于种种原因，苏联前期的中国哲学研究处于整个俄罗斯汉学史的冰冻期。随着1949年中华人民共和国的成立，两国开始了密切的政治、经济、文化交流。1953年斯大林去世，苏联的意识形态领域开始冰消雪融，“春风”也吹进了萧瑟冷寂的苏联汉学界。自20世纪50年代起，中国哲学典籍的翻译和研究进入了加速发展的轨道，出现了蓬勃向上的发展趋势。

---

1 阎国栋. 俄罗斯汉学三百年［M］. 北京：学苑出版社，2007：146.
2 ［俄］布罗夫. 俄罗斯的中国哲学研究：十七世纪末—二十世纪末（中）［J］. 汉学研究通讯，1985（57）：21-26.
3 李明滨. 中国与俄苏文化交流志［M］. 上海：上海人民出版社，1998：189.
4 阎国栋. 俄罗斯汉学三百年［M］. 北京：学苑出版社，2007：178.

第三章

繁盛阶段：中国哲学典籍在20世纪60年代以后的翻译与研究

1949年中华人民共和国成立后，中苏两国关系进入蜜月期，随着各领域对汉语实用和研究人才需求的激增，苏联新建了大批汉语教学中心和汉学研究机构，很快培养出一定数量的汉学家。在苏联和中国，多种相关研究刊物问世，苏联汉学迅速出现了复苏和繁荣的局面。

20世纪五六十年代苏联经济和社会制度得到重建，经济处于高速增长的阶段，苏联汉学也走上复苏的道路。在研究机构方面，1956年苏联科学院中国学研究所在莫斯科成立，这标志着汉学研究中心从圣彼得堡转向莫斯科。汉学研究迅速发展为五个主要基地，莫斯科有三个（科学院远东研究院、科学院东方学研究所、莫斯科大学亚非学院），圣彼得堡有两个（圣彼得堡大学东方语言系和科学院东方学研究所圣彼得堡分所），喀山等地也出现了一些汉语教学和汉学研究中心。[1]从此，汉学研究面貌焕然一新，中国哲学研究搭上汉学的“顺风车”，开始蓬勃发展起来。在汉学研究方面，在苏联后期，汉学家队伍也发生了变化，由以前的领袖级汉学家院士“一枝独秀”转向汉学家“群雄崛起”“各领风骚”的局面。这一时期涌现出了8位不同研究领域的汉学院士，科学院院士有4位，分别是康拉德、齐赫文、米亚斯尼科夫、季塔连科，通讯院士也有4位，分别是费德林、斯拉科夫斯基（М. И. Сладковский, 1906—1985）、宋采夫（В. М. Солнцев, 1928—1999）、李福清。年轻的汉学家队伍也不断成长壮大起来。到20世纪末期，副博士级别以上的各研究领域的汉学家数量已经近1 800人。

1 李明滨. 俄罗斯汉学史［M］. 郑州：大象出版社，2008：108-109.

第一节 苏联后期的中国哲学研究

在20世纪50年代以后的苏联时期，中国古典哲学备受关注，苏联汉学家对儒、释、道的研究和典籍翻译尤为重视，掀起了中国哲学研究新的热潮。在20世纪30—40年代遭到重创的汉学家队伍，在50年代以后开始恢复和壮大起来，大批杰出的年轻汉学家涌现出来，他们在中国古典哲学研究领域宛若星辰熠熠生辉，闪耀着各自的光芒。

这一时期的汉学研究经历了三个阶段，第一阶段为20世纪50年代中苏两国的"蜜月期"，在这一阶段，汉学研究一路高歌猛进，在短短十年的时间内就建立起了一支近千人的汉学研究队伍，出版了千余种译著和关于中国的论著，这时期汉学成果多是介绍叙事式的通俗性读物或者述评式的学术性较弱的著作，内容大多是文学类和社会现实类。这些成果由于品种繁多、数量巨大，难免良莠不齐。第二个阶段是20世纪60—70年代中苏两国"交恶"期，这一时期的著作多是关于两国之间的政治关系的，言辞尖锐，充满对华的不利思想和言论。但是这一阶段涌现出了一部分年轻汉学家，他们所著的关于中国哲学、文化和历史的学术著作，不受两国政治关系的影响，有较高的学术价值和独立性。第三阶段是20世纪80年代到苏联解体之前，中苏关系的解冻和复苏激发了苏联汉学家的研究热忱，汉学研究重新焕发生机，这一阶段的汉学研究在各个领域出现齐头并进的态势，二战以后培养出来的汉学家成为各个学科的中流砥柱。在中国哲学研究方面，诸子百家和佛教哲学都有人进行专门的研究，呈现出异彩纷呈的繁荣局面，涌现出了众多优秀的年轻汉学家。[1]年轻一代的汉学家不仅重新整理、校正、编辑和出版以前汉学家遗留下来的典籍手稿，也在不同哲学领域创造了为数众多的开拓性翻译和研究成果。

---

1 阎国栋. 俄罗斯汉学三百年［M］. 北京：学苑出版社，2007：178.

一、苏联后期三院士

季塔连科院士于1934年4月27日生在布良茨克州的拉克马亚布达村，1939年搬到阿尔泰边疆区。1940年父亲去世后和母亲相依为命。后来据季塔连科自己的回忆，在上中学的时候，有一位老师讲解关于中国知识的课程，这培养了他对中国哲学和文化的兴趣。[1] 季塔连科于1953年进入莫斯科大学哲学系学习中国古典哲学，在大学期间曾写论文《〈道德经〉中的辩证法思想》。季塔连科后来在和郭沫若的通信中受到后者的鼓励和影响，开始学习汉语。1957年大学毕业后他被派到中国学习，在北京师范大学进修期间师从冯友兰、任继愈、冯定等名师，1958年跟随哲学系的中国师生到农村锻炼，经历过和导师冯友兰及中国师生同吃同住同劳动的社会实践，这一段经历让季塔连科对中国社会现实和农村生活有了深刻的认识，也让他永生难忘、受益颇深，从而更加深刻地理解了冯友兰的哲学思想。

1959—1961年季塔连科在复旦大学哲学系进修，师从胡曲园、严北溟、潘富恩等著名哲学教授，在潘教授的指导下研读《墨子间诂》，并以《墨子思想研究》为题通过论文答辩，从此与墨子结下了不解之缘。1962年获得复旦大学历史哲学专家（相当于硕士）毕业证和汉语翻译证书。同年，季塔连科进入莫斯科大学哲学系学习，对在复旦大学进修期间所写的硕士论文继续深入研究、加以完善，完成副博士论文《中国古代墨家学派及其学说》并顺利通过答辩，获得副博士学位。针对墨子学说，季塔连科于1965年发表论文《墨子的社会政治思想与墨家早期流派》，于1973年发表译作《墨子摘译》，于1988年发表《墨翟及其学派对中国哲学和社会政治思想发展的影响》等一系列文章。

在工作方面，季塔连科于1963—1965年在苏联驻华使馆工作，1965年在苏共中央委员会工作，担任苏联领导层关于中国和远东问题的主要专家顾问。从1985年开始在科学院远东研究所担任所长，研究领

1　米·季塔连科，安·维诺格拉多夫，张冰，等. 一生为中国而战：俄罗斯著名汉学家米·季塔连科访谈录［J］. 国外社会科学，2016（03）：134-141.

域为中国哲学、中国当代思想、国际关系与政治。

1997年季塔连科被选为俄罗斯科学院通讯院士，2003年成为科学院院士。季塔连科的博士论文于1985年在莫斯科出版，书名为《古代哲学家墨翟和其学派与学说》[1]，该书后来被译成日文在日本东京出版发行。全书共6章，书中分析了墨家的认识论、逻辑思想、道德与政治论，论述了墨家学派产生、发展和衰落的过程以及和别的学派的关系，探讨了墨子的哲学观、伦理观和对社会的影响及其作用。在谈到墨家学说的宗教性时，季塔连科在书中的最后部分指出墨子学说不是真正意义上的宗教，因为没有成套礼仪和崇拜体系，所以他认为墨家不具备宗教色彩。在书中，季塔连科批判了郭沫若对墨子的看法。季塔连科对墨子的研究填补了俄罗斯汉学史上墨家研究的空白。

康拉德院士精通汉语和日语，主要研究中国和日本历史。1912年毕业于圣彼得堡大学东方语言系，1914—1917年曾在日本东京进修，1934年获得语文学博士学位，1958年当选为院士。1931年起在科学院东方学研究所工作，一生著述颇丰。康拉德在哲学方面的成就是，1959年他翻译的《论语选》被收录进《中国文学选》，康拉德对《论语》的翻译是节译，把《论语》作为文学作品看待。1966年，康拉德出版专著《东方与西方》[2]，探讨了唐宋时期哲学家的人道主义思想，康拉德指出人道主义思想在中国早就存在，这种思想的开拓者和代表人物是韩愈，后来程颐和程颢发展和推广了这种思想，他们提倡人性的自我价值，把人性作为人们彼此之间需要遵守的规范。康拉德认为，人道主义思想最早是在中国唐宋时期出现的，而不是意大利文艺复兴期间，这种思想在当时是一种突破，但是没有引起其他学者的关注。[3] 康拉德还对孙子和吴起进行研究，1958年出版《军事艺术经典“孙子”》《军事艺术经典“吴子”》。

---

1 Титаренко М. Л. Древнекитайский философ Мо Ди, его школа и учение. -М., 1985. С. 248.

2 Конрад Н. И. Запад и Восток. -М., 1966. 519с.

3 ［俄］布罗夫. 俄罗斯的中国哲学研究：十七世纪末—二十世纪末（中）［J］. 汉学研究通讯，1985（57）：21-26.

见证中华人民共和国成立的齐赫文院士不仅是著名的汉学家，还是一位优秀的外交官，曾担任苏联科学院主席团顾问、俄中友好协会荣誉主席。齐赫文1918年出生于圣彼得堡的一个医生家庭。1935年进入圣彼得堡大学（列宁格勒大学）东方学院汉语专业学习，师从阿列克谢耶夫、休茨基等著名汉学家。齐赫文1953年获得博士学位，1968年当选为院士。从1966年起，齐赫文在苏联驻中国各地领事馆任领事、总领事。此外还在日本、英国等国家担任使馆要职。1964年起任科学院东方学研究所所长，主要研究中国近现代史、中俄关系等。1959年齐赫文出版《19世纪末维新运动康有为》[1],该书于1980年再版。该书分析了康有为的世界观与政治纲领，阐述了康有为的《大同书》中的乌托邦学说，认为这个学说在当时的社会环境中有着积极的作用，还探究了《孔子改制考》和《新学伪经考》中康有为对儒家学说的理解和接受。

二、中国哲学领域各领风骚的汉学家

（一）苏联时期《道德经》研究的权威学者杨兴顺

杨兴顺（Ян Хин-шун, 1904—1989）（见图3-1）是俄罗斯中国哲学研究领域唯一的华侨学者，是苏联籍华人。杨兴顺1904年出生于中国浙江省，1933年毕业于苏联社会科学共产主义大学，1948年以《中国古代哲学家老子及其学说》通过副博士学位论文答辩，获副博士学位。同年成为苏联科学院哲学研究所成员，1968年杨兴顺以《中国古代唯物主义》通过博士论文答辩。

图3-1　杨兴顺

1950年杨兴顺出版副博士论文《中国古代哲学家老子及其学说》（见图3-2）[2]，该书以后多次再版。1957年该书的中文版本出版，这是

1　Тихвинский С. Л. Движение за реформы в Китае конце XIXв. И Кан Ювэй. -М., 1959. 419с. 2-ое изд. 1980. 360с.

2　Ян Хин-щун. Древнекитайский философ Лао-цзы и его учение. -М-Л., 1950. 160с.

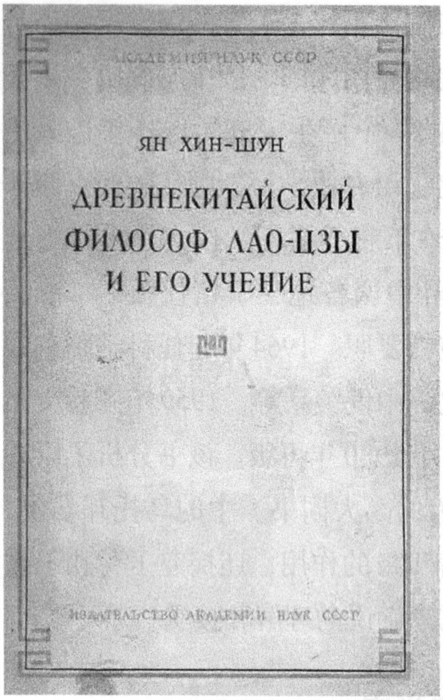

图3-2 《中国古代哲学家老子及其学说》

一部在俄罗斯中国哲学研究史上有着重要影响意义的著作，也是俄罗斯的第一部老子学说研究专著，作者从斯大林“唯物主义”的视角出发，论证了“老子学说的唯物主义”性质。全书包括导论、六章正文内容以及附录，在书中，杨兴顺以马克思主义理论为出发点，对老子和《道德经》进行全面的解析，杨兴顺以斯大林“自然唯物论”的观点来阐释“道”的思想，他指出老子的道是自然之道，是与物质世界分不开的、无所不在的、无形的道路，它引领着世间万物，反映了人类社会与思维的规律。[1]

1957年杨兴顺出版《道德经》俄文译著，用马克思主义原理对《道德经》进行翻译，杨兴顺译本在苏联时期非常流行。此译本被公认为当时最全面、最准确的译本，在苏联学界引起很大轰动，杨兴顺的《道德经》译著在俄罗斯的中国哲学研究史上具有里程碑的意义。[2] 1956年杨兴顺出版《中国哲学史略》，1957年其在北京出版汉语版本的《关于中国哲学史中的唯物主义传统》。

1984年杨兴顺在博士论文的基础上出版《中国古代唯物主义思想》[3]，他在这本书中总结了古代唯物主义哲学研究，重点剖析了中国古代朴素唯物主义对儒家、道家和墨家所产生的影响。杨兴顺把老子和庄子都称为唯物主义者，而把孔子视为最主要的唯心主义者。布罗夫指出，这样的态度影响对中国哲学概念和范畴的翻译和理解，在翻译时，

1 Там же. С. 47.
2 阎国栋. 俄罗斯汉学三百年［M］. 北京：学苑出版社，2007：185-186.
3 Ян Хин-шун. Материалистическая мысль в древнем Китае. -М., 1984. 181с.

如果认为哲学家是唯心主义者，就会把“天”译成神或者超自然的力量；如果认为哲学家是唯物主义者，就会把“天”翻译成自然或者自然界。[1]杨兴顺从历史性、物质性和辩证法的角度，用斯大林的“自然唯物论”考察老子思想的性质和地位，认为老子是“朴素唯物主义者和自发辩证法家”，认为“道”是客观性的自然法则。[2]苏联时期的学界受杨兴顺的影响，普遍接受了这种观点。

（二）《荀子》研究第一人——费奥克蒂斯托夫

费奥克蒂斯托夫1930年出生于白俄罗斯的玛基廖夫地区，1954年毕业于莫斯科东方学院哲学系，1968年在苏联科学院远东研究所工作，1972年获哲学副博士学位，同年任远东研究所东亚文化研究中心副主任一职，同时担任《中国哲学百科辞典》副主编。费奥克蒂斯托夫是俄罗斯研究荀子的第一人，其主要研究方向为荀子和中国哲学方法论认知。研究成果主要有《中国哲学的发展》《荀子的哲学和社会政治观点与特征》《论荀子哲学中的唯物主义倾向》《荀子的伦理学说》《中国古典哲学典籍的翻译问题（概念原则及其评价标准）》等文章。1976年出版专著《荀子的哲学和社会政治观》[3]，在该书中，费奥克蒂斯托夫认为荀子思想是儒家和法家的综合，荀子是中国哲学史上第一个思考“人的社会本质”的哲学家。他认为“天”和“人”是在自然界独立存在的，认为荀子的世界观是朴素的唯物主义观点。

费奥克蒂斯托夫于1997年出版《中国哲学和现代化（研究方法论问题）》一书，认为用欧洲的术语把中国哲学分为唯心主义和唯物主义是不能令人信服的。他认为，在中国的哲学术语中根本不存在这些概念，中国哲学是人在自然和社会中的位置，是彼此之间的相互作用，是对物质世界认识的界限，而不是西方哲学中人的理性和现实的问题，他

1　［俄］布罗夫. 俄罗斯的中国哲学研究：十七世纪末—二十世纪末（中）［J］. 汉学研究通讯，1985（57）：21-26.

2　孙柏林，张瑞臣. 当代俄罗斯学者的“老子”思想研究［J］. 学术交流，2018（03）：178-184.

3　Феоктистов В. Ф. Философские и общественно-политические взгляды Сюнь-цзы. -М., 1976. 293с.

还指出尝试用西方哲学的“现代化”来武装中国哲学会损害中国思想，只有在本国传统的基础上才能发展中国哲学。书中还谈到了中国哲学典籍的俄译问题，费奥克蒂斯托夫认为，中国哲学具有专门的语言表达和概念术语，将西方哲学范畴和概念机械地强加给中国哲学是不可取的，他呼吁为了保持中国哲学的本身特性，将音译法广泛运用于中国哲学概念和术语的翻译中以及历史哲学学术实践中。[1]

（三）莫斯科的“孔夫子”——贝列罗莫夫

贝列罗莫夫（中文名字：嵇辽拉）1928年出生于俄罗斯远东地区的一个革命者家庭，其父为早期中国革命者嵇直，嵇辽拉是随父亲的姓，贝列罗莫夫则取自母亲的姓。贝列罗莫夫1951年毕业于莫斯科大学东方学院，1954年以论文《公元前209年第一次农民起义》获得副博士学位。1957年贝列罗莫夫来中国进修，曾在陕西省博物馆工作，期间收集了大量关于秦始皇的一手资料，为顺利完成博士论文打下了坚实的基础。

后来贝列罗莫夫来中国留学，留学期间得到著名哲学家顾颉刚的指导。1962年出版《中国的第一个中央集权国家——秦朝（公元前221年—公元前207年）》一书。1968年，贝列罗莫夫出版专著《商君书》[2]，其中收录了《商君书》部分译文。在前言中，贝列罗莫夫指出孔子是世界上最卓越的思想家和哲学家，认为《论语》堪称政治伦理之典范，反对法家以及秦始皇在文化上的暴政和对文化的摧残。1970年贝列罗莫夫以论文《法家与中国第一个集权国家的形成（公元前5世纪—公元前3世纪）》获得历史学博士学位。

1971年起，贝列罗莫夫在科学院东方学研究所工作，1973年调入科学院远东研究所工作，担任东北亚研究中心主任。贝列罗莫夫前期研究的主要是法家和中国政治思想史，通过研究表达了对中国哲学的

1 Феоктистов В. Ф. Китайская классическая философия и современность (к методологической постановке вопроса) // Китайская философия и современная цивилизация: сб. ст. -М., 1997. С. 34–37.

2 Переломов Л. С. Книга правителя области Шан Цзюнь шу. -М., 1968. 352 с.

思考。后来贝列罗莫夫转向对儒家学说进行专门和深入的研究，因成就突出被誉为莫斯科的“孔夫子”。贝列罗莫夫是苏联和俄罗斯时期研究儒学和孔子的专家，他的论著阐述了对孔子和儒家文化的新观点。贝列罗莫夫在儒学研究方面的成就主要有《孔子的生平、学说、命运》（1993）、《儒教与中国现代化进程》（1968）、《中华人民共和国政治文化中的儒教》（1981）等。

贝列罗莫夫把儒家和法家学说进行比较研究，1981年出版《中国政治历史上的儒家与法家》，贝列罗莫夫不仅论述了商鞅的学说，还细致地分析了法家学说，探讨了法家与儒家之间的关系。1992年贝列罗莫夫出版《孔子金言》，1993年出版《孔子的生平、学说、命运》，1998年出版《论语》译著。贝列罗莫夫极其重视以儒家为代表的传统文化和现代社会政治文化的关系，他认为儒学不是哲学，而是调节人与政权以及社会间关系的一种伦理，他指出儒学分为国家儒学和民间儒学，国家儒学为了国家的统治，融合了法家思想里的贵族儒学，而来自儒家经典的民间儒学是维持人伦礼制的行为规范和准则。[1]

（四）王夫之思想研究第一人——布罗夫

图3-3　布罗夫

布罗夫（见图3-3）1931年出生于哈尔滨，1954年毕业于莫斯科大学东方学院，1961年在中国社会科学院哲学研究所攻读研究生，师从任继愈和侯外庐。1959年起在苏联科学院哲学研究所工作，研究方向主要是中国哲学和思想史，主要著作有《17世纪中国思想家王船山的世界观》（图3-4）、《汉朝的哲学》、《现代中国哲学》（1980）、与季塔连科合著的《中国古代哲学》、与卡日劳夫斯基（Ю. Б. Козловский, 1927—）合著的《东方哲学史》等。

布罗夫在20世纪50年代读大学期间就已经开始研究中国哲学，硕

1　阎国栋，俄罗斯汉学三百年［M］. 北京：学苑出版社，2007：186.

图3-4 《17世纪中国思想家王船山的世界观》

士论文题目为《王船山（王夫之）的哲学》，布罗夫认为研究王夫之是很困难的，他的哲学观是建立在他之前的整个中国哲学内涵之上的，他的许多著作是对古典哲学做的注释，要了解王夫之的学说内容，应该首先了解儒学、道家、佛家的思想。[1] 1971年布罗夫发表《当代中国哲学研究中的某些趋势》，1972年与季塔连科合著《中国古代哲学》，1973年与克立朝合著《中国近现代社会政治思想研究》。

1976年布罗夫出版副博士论文《17世纪中国思想家王船山的世界观》[2]，本书共有五章，分别为“明代社会现状”“王夫之生平”“宋明时期的哲学概论”“王夫之哲学”“王夫之社会哲学”。在第三章“宋明时期的哲学概论”中，布罗夫详细分析了宋明时期的周敦颐、张载、二程、陆九渊、朱熹、王阳明、李贽等哲学家在中国哲学史上的地位以及他们各自的观点，并对王夫之自然哲学体系的形成与本质进行了简要的分析。在第四章“王夫之哲学”中专门论述了王夫之自然哲学体系的形成与本质，还论述了“器与道”“气与理”等概念的相互关系以及王夫之自创的辩证思想。在第五章“王夫之社会哲学”中探讨了王夫之的社会政治观点、道德学说及其对中国历史发展进程的理解，还探讨了“天道”与“人欲”的相互关系、学术方法论以及对待传统学说的态度等。[3] 布罗夫认为王夫之代表了中国哲学发展的最

---

1 ［俄］布罗夫. 俄罗斯的中国哲学研究：十七世纪末—二十世纪末（中）［J］. 汉学研究通讯，1985（57）：21-26.

2 Буров В. Г. Мировоззрение китайского мыслителя XVIII в. Ван Чунь-шань. -М., 1976. 221c.

3 ［俄］布罗夫. 俄罗斯的中国哲学研究：十七世纪末—二十世纪末（中）［J］. 汉学研究通讯，1985（57）：21-26.

高阶段，是带有创新的中国哲学研究的集大成者，他反对俄罗斯学者把王夫之视为中国启蒙思想家的观点。

布罗夫认为王夫之是一位原始的唯物主义自然哲学家，“没有边界的空间太虚”是其宇宙论的主要范畴，在“太虚空间”里，许许多多的气在不断运动，进而生发出万物，万物的产生和消失有其内在的因素和规律。布罗夫指出，从王夫之的《张子正蒙注》中可以看出他的太虚学说是受到了张载的影响。[1] 布罗夫认为王夫之对中国社会历史现象与本质有着深刻的理解，他否定“复古论”，反对尧舜禹时代是中国历史黄金期的说法，反对以汉族为主的观点，主张不同民族之间应和平共存和相互尊重。王夫之提出各民族平等相处的观点，反对轻视少数民族的思想，这种思想在当时的社会无疑是进步和超前的，也对当时的社会政治治理产生了积极的影响。

1980年，布罗夫出版《中国现代哲学》[2]一书，该书介绍了20世纪初期中国哲学家的思想和观点，剖析了他们在中国哲学发展史上所起的作用。布罗夫不仅研究“马克思主义哲学家”，也对“非马克思主义哲学家”进行研究，他还第一次客观地研究所谓的“资产阶级思想家”，如胡适等，证明他们在中国现代哲学发展史上所起的作用，客观地评价蒋介石和毛泽东的哲学思想。布罗夫善于总结俄罗斯汉学家和哲学家对中国哲学的研究，1968年发表《苏联的中国哲学研究》，1984—1985年在中国台湾地区的《汉学研究通讯》上发表系列论文《俄罗斯的中国哲学研究——十七世纪末—二十世纪末（上、中、下）》。1983年布罗夫著有《20世纪上半期的哲学遗产及思想斗争》。1986年以《中国现代哲学的基本阶段和发展趋势（50—70年代）》为题目通过博士论文答辩。

在苏联时期，布罗夫是第一个从科学角度评论马克思主义和资产阶级哲学观的汉学家，并且也是第一个对胡适等思想家给予肯定的学者。这表明，在苏联后期，学术界和汉学研究领域逐渐摆脱了苏联意识形态

---

1 ［俄］布罗夫．俄罗斯的中国哲学研究：十七世纪末—二十世纪末（中）［J］．汉学研究通讯，1985（57）：21-26.

2 Буров В. Г. Современная китайская философия. -М., 1980. 311c.

的影响，学术研究越来越呈自由开放的态势。

（五）中国传统思想研究者列·瓦西里耶夫

列·瓦西里耶夫（С. Л. Васильев, 1930—2016）1930年出生于莫斯科，1953年毕业于莫斯科大学历史系，1958年以《中国古代的土地关系和村社》获历史学副博士学位，1976年以论文《中国古代历史中的若干问题（黄河地区的文明起源）——民族和物质文化基础的形成》获博士学位。1956年起一直在科学院东方学研究所工作，并兼任莫斯科大学亚非学院的教授，主要致力于中国思想史和文明史的研究，一生著述颇多。

1961年列·瓦西里耶夫出版副博士论文《中国古代的土地关系和村社》[1]，1970年出版《祭祀、宗教、传统在中国》（见图3–5）[2]，1983年出版《中国文明的起源问题》[3]和《东方宗教史》（见图3–6）[4]，同年还出版其主编

图3–5 《祭祀、宗教、传统在中国》

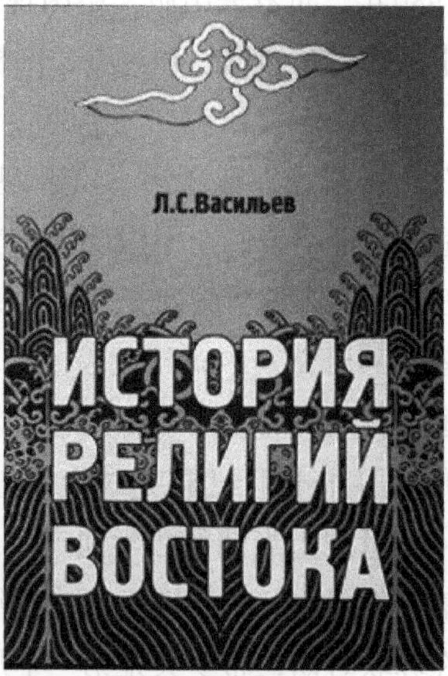

图3–6 《东方宗教史》

1 Васильев Л. С. Аграрные отношения и община в древнем Китае (11–7 вв. до н. э.). -М. : Наука., 1961.

2 Васильев Л. С. Культы, религии, традиции в Китае. -М. : Наука, 1970. 480 с.

3 Васильев Л. С. Проблемы генезиса китайского государства. -М. : Высшая школа, 1983.

4 Васильев Л. С. История религий Востока. -М. : Высшая школа, 1988.

的论文集《伦理和礼仪在中国》。

列·瓦西里耶夫的《祭祀、宗教、传统在中国》于1970年第一次出版，1989年出版第二版，全书分为六章，分别论述了中国古代的儒、释、道和混合宗教。第一章阐述了“中国古代宗教的观念、祭祀和礼仪”，描述了自殷周以来宗教信仰的变化和各种形式的崇拜，以及祭祀的器皿和相关礼仪，还探讨了宗教与家庭以及国家社会生活之间的关系。第二章“早期儒教：理论、崇拜、礼仪”探讨了孔子时代的社会关系、理想和秩序，儒教学说和孔子思想中的“天地君亲”“仁义礼”的表现形式以及家族祖先的各种祭拜和仪式。第三章“儒学——官方国家意识”论述了作为国家意识形态的儒学与国家制度之间的关系以及人们对孔子和儒家的各种崇拜。第四章“道教”论述了道家的起源变化、代表人物、道家“无为”的思想、道家各种道术、道教与佛教的关系等内容。第五章“中国佛教”阐述了佛教的产生、传入中国的情况、佛教教理、寺院、民间对佛教的崇拜和信仰等内容。最后一章“宗教混合主义和中国文化传统”探讨了三教之间的关系和儒学的发展，以及融合佛教和道教的宋明理学的产生、发展，描述了从帝王崇拜到民间崇拜的传统、中国思想传统和现代的关系等。本书把历史和现实联系起来，从历史和现实的角度阐述儒、释、道之间的关系以及对国家、社会和普通民众的影响。

1983年，《东方宗教史》作为教科书出版，于1990年再次修订出版。全书共二十一章，分析和阐述了东方宗教的产生、发展和对东方国家社会文化的影响，其中最后七章简要论述了中国的儒、释、道和藏传佛教。[1] 在《东方宗教史》中，作者探讨了“儒学是不是宗教”这一前瞻性的问题，因为俄国和苏联的汉学家普遍把儒学视为宗教，针对这一问题，列·瓦西里耶夫指出在中国古代和近代时期，儒学起到了履行国家意识形态的作用，把个人道德意识和社会伦理放在首要地位，它虽不是真正意义上的宗教，但起到了宗教的作用，它比宗教更重要。同时他

1　郑天星. 俄罗斯的汉学：道教研究［J］. 国际汉学，2003（02）：193-208.

还认为儒学是中国古代政治、经济和社会的最高调节器，是整个中国社会生活方式的基础和原则，是中华文明的精髓。几千年来，儒学影响了中国人的心理、信念、行为、思想、风俗习惯等，从这个意义上来讲，儒学不逊色于世界上任何一种宗教，甚至还超过它们。[1] 列·瓦西里耶夫还谈到了道教和古代民间神话传说、民间崇拜之间的关系。在谈到佛教时，他论述了佛教和中国文化的关系及其对中国哲学思想所起的作用。最后，列·瓦西里耶夫论述了儒、释、道之间长期共存、彼此依赖的密切关系。

1989年，列·瓦西里耶夫出版专著《中国思想的形成过程》[2]，他在书中全面系统地论述了中国各哲学流派的形成和发展过程。本书共分六章，第一章为“早期思想的形成——神话、神话学和非神话”；第二章为“儒学、墨翟的乌托邦社会”；第三章为“法家（申不害和商鞅变法）与反社会利益论杨朱学说以及孟子学说”；第四章为“自然哲学和神秘的形而上学（《易经》《道德经》《庄子》等）”；第五章为“综合思想（《仪礼》《周礼》《礼记》、荀子、韩非子、董仲舒等）”；第六章为“思想与思维方法的特点”。列·瓦西里耶夫认为从中国思想的发展史来看，中国早在古代就以追求社会公平为目标，所以中国在20世纪的时候能接受社会主义的思想。[3]

在自己的著作中，列·瓦西里耶夫以独到的视角对中国儒、释、道以及民间的宗教进行综合性的研究，把它们置于中国整个历史框架中进行研究，把历史和现实结合起来，对儒、释、道之间的相互关系进行探究，以便从整体上了解中国古典哲学的思想内涵，确定它们在古代和当代中国的地位和作用。此外，列·瓦西里耶夫编写的几部教材——《东方宗教史》《东方历史》和《古代中国》，分别在1983年、1993年和1995年出版。

---

1 郑天星. 俄罗斯的汉学：道教研究［J］. 国际汉学，2003（02）：193–208.

2 Васильев Л. С. Проблемы генезиса китайской мысли. -М., 1989. 312 с.

3 Там же. С. 280–281.

三、苏联后期中国哲学领域的百花齐放

在苏联后期，诸多苏联汉学家重新转向对中国古典哲学的研究，儒学和道教研究成为苏联后期和俄罗斯时期汉学界的新宠。汉学家把中国哲学置于整个中国传统文化历史的框架之下进行观照，进一步拓宽研究领域和范围，从儒、释、道扩展到其他哲学流派，极为重视儒、释、道等哲学思想的现代意义。

（一）苏联后期对儒、释、道的重新认知与解读

克里夫佐夫（В. Н. Кривцов, 1914—1979）是苏联作家、批评家、翻译家、东方学家、汉学家。1914年出生于圣彼得堡一个有名的商人家庭，1937年毕业于圣彼得堡大学中国哲学系，1937—1939年在科学院东方学研究所工作，后来从事文学创作与翻译工作。克里夫佐夫翻译了大量现当代作家（如赵树理等）的文学作品并发表很多评论文章，文章刊登在苏联著名杂志上，并以中文、蒙古文和德文的形式刊登在国外的刊物上。克里夫佐夫最杰出的贡献是著有传记小说《神甫比丘林》[1]《通向长城之路》[2]《比丘林与普希金》，他在小说中描述了比丘林对中国哲学典籍的翻译和对中国文化的研究与热爱，以及比丘林对普希金的影响和普希金在有生之年对中国的向往等。克里夫佐夫的小说在苏联非常畅销，曾多次再版，克里夫佐夫对中国文化在俄罗斯的传播做出了杰出的贡献。

除此之外，克里夫佐夫对中国哲学特别是美学和道家深有研究，1958年翻译了周敦颐所著的《太极图说》[3]并发表。1961年，克里夫佐夫发表关于中国美学思想的文章《王充的美学观：古代和中世纪的美学思想历史》[4]，阐述了儒家、道家、墨家的美学思想和概念。

此外，克里夫佐夫生前曾著有《道家的美学》[5]一书，其去世后，在

1　Отец Иакинф (роман). -Л., 1978. 653 с. ; -Л., 1984; -М., 1988.

2　Путь к Великой стене (роман). -Л., 1972. 291 с.

3　Кривцов В. А. Китайский космогонический трактат XI века (Трактат о плане Великого предела Чжоу-цзы)- Вопросы философии. 1958, №12. С. 106–109.

4　Кривцов В. А. Эстетические взгляды Ван Чуна. Из истории эстетической мысли древности и средневсковья. -М., 1961. С. 214–230.

5　Кривцов В. А. Эстетика даосизма. -М., 1993.

俄罗斯科学院远东研究所学者的整理和努力下，该著作最终于1993年出版问世。克里夫佐夫剖析了道家的“阴阳、自然、道、气、善、美、真”等哲学范畴，指出道家的美学思想集自然、朴素、真善美为一体，探讨了道家世界观里的美学概念、道家对中国文化的影响等，尝试阐明道家与美学的自然哲学和认识论的关联，指出道家的思想和表现形式从根本上来说是属于美学范畴的，这体现在中国建筑、书法、绘画和诗歌中。[1]

鲁宾在1970年出版的《古代中国的意识形态与文化》[2]一书中，探讨了中国古代思想家孔子、庄子、墨子、商鞅的思想观点，指出儒学在发展国家教育和文化上所起的作用，认为儒学促进了民族文化的统一。鲁宾对法家展开了尖锐的批评，认为法家宣传军国主义，反对文化，是极权主义国家维护者的理论基础。

波兹涅耶娃（Л. Д. Позднеева, 1908—1974）节译的《论语选》于1963年被收入《东方古代文选》中。1967年，波兹涅耶娃出版《中国古代的无神论者、唯物主义者和辩证主义者——杨朱》一书，对杨朱、庄子和列子的学说进行论述。波兹涅耶娃于1967年出版了《庄子》《列子》和《杨朱》。

李谢维奇（И. С. Лисевич, 1932—2000）1955年毕业于莫斯科国际关系学院，1961年在莫斯科大学东方语言系毕业后，在科学院东方学研究所工作，主要致力于宗教和文学比较研究。从1961年起，李谢维奇发表了一系列关于中国文学和思想的文章，如《世界模式和“五行”学说》(1961)、《中国文学思想》(1979)等。1981年以论文《中国古代和中世纪之交的文学思想》[3]通过博士论文答辩，同年，该论文以著作的形式在莫斯科出版。在书中，李谢维奇重点关注和研究了《诗经》中的“风雅颂赋比兴”六义，翻译了《诗经·大序》。此外李谢维奇还翻译和

---

1 季塔连科，罗曼诺夫，张冰．1990年代后俄罗斯中国传统哲学研究综述［J］．社会科学战线，2017（01）：229-236.

2 Рубин В. А. Идеология и культура древнего Китая (четыре силуэта). -М., 1970. 161с.

3 Лисевич И. С. Литературная мысль Китая на рубеже древности и средних веков, -М. : наука, 1981.

研究老子思想，1987年出版《道德经》[1]，指出老子学说中的思想元素和宇宙之间存在着某种神秘的联系。

给恰诺夫（Е. И. Кычанов, 1932—2013）出生于1932年，1955年毕业于列宁格勒大学东方语言系，1958年起在科学院东方学研究所圣彼得堡分所工作，后担任所长一职。1960年以论文《西夏国》[2]获副博士学位，同年该论文以专著的形式出版，1970年获博士学位。1964年，给恰诺夫曾在北京大学进修。给恰诺夫主要致力于西夏学的研究，是国际著名的西夏学家。从1959年开始整理和研究早期传教士从中国带到俄国的黑水城西夏文献，发表大量研究成果。1964年给恰诺夫和沙夫罗诺夫（М. В. Софронов, 1929—）一起合著《西夏文语音学研究》[3]。1968年著有《西夏国历史概论》[4]，此外，给恰诺夫还于2005年发表《孔子的祭坛文字》[5]等译文。

谢缅年科（И. И. Семененко, 1947—）在莫斯科大学任教期间出版《孔子的格言》[6]一书，共印刷20 000册，书后附有《论语》俄译文。不同于其他学者观点的是，谢缅年科认为儒学是一种纯理性主义形式的特殊宗教，它把自然和超自然结合起来，处于宗教和非宗教的边缘，儒学普遍的精神又使儒学形成非宗教的世界观，谢缅年科指出儒学是中国古代的国家宗教，是上流社会“卓越人”的宗教。但是儒学又是开放性的，它的思想是面向整个社会的，它对于国家、家庭和个人都有一种普遍的教化作用。[7]

针对苏联学术界一致认为儒学是宗教这一观点，1976年苏联宗教学家托卡列夫（С. А. Токарев, 1899—1985）出版《世界各民族历史上的宗教》，其中第十四章是“中国的宗教”，他驳斥了中国现代知识界认为

---

1 Лисевич И. С. Лао-Цзы. Книга Пути и Благодати. -М. : наука, 1987.

2 Кычанов Е. И. Государство Си Ся (982—1227). Автореф. дисс. к. и. н. -Л. : ЛГУ, 1960.

3 Кычанов Е. И Софронов М. В., Кычанов Е. И. Исследования по фонетике тангутского языка. (Предварительные результаты). -М. : ИВЛ, 1963. 115 с. 600 экз.

4 Кычанов Е. И Очерк истории тангутского государства. -М. : Наука, 1968. 355 с.

5 Кычанов Е. И Запись у алтаря о примирении Конфуция. (Серия Памятники письменности Востока). -М. : Восточная литература, 2000. 152 с.

6 Семененко И. И. Афоризмы Конфуция. -М., 1987. 304 с.

7 Семененко И. И. Афоризмы Конфуция. -М., 1987. С. 253–254.

儒学不是儒教而是哲学体系这一观点，认为孔子死后即被奉为神圣并被顶礼膜拜，中国有1 500多座孔庙，具备各种祭祀礼仪，种种特征都表明儒学就是宗教，儒教虽然没有被列为中国的正式宗教，但实际上是中国的宗教信仰。

20世纪70—80年代，对中国佛教哲学的相关研究主要集中在乌兰乌德市布里亚特社会科学研究所，这里逐渐形成了中国佛教的研究中心，布里亚特族的学者和俄罗斯族学者一起从事佛教研究工作。

1984年，布里亚特社会科学研究所编辑出版论文集《佛教的哲学问题》，共收入论文12篇，论文集共124页，反映了莫斯科、圣彼得堡等佛学和汉学研究中心不同的研究方法和风格，其作者大多是目前俄罗斯佛学界最活跃的学者和汉学家。其中7篇论文是关于佛教的，主要有扬古诺夫（Л. Е. Янгутов, 1950—）的《中国佛教的范畴》、托尔奇诺夫（Е. А. Торчинов, 1956—2003）的《试析〈金刚经〉的俄译本》、科布杰夫的《王阳明与佛教禅宗》等。论文集主要论述了哲学和宗教以及宗教实践的相互关系，探讨了佛教哲学在东方各国的变化、佛教哲学对当地文化的影响等问题。

阿巴耶夫（Н. В. Абаев, 1949—2020）是苏联科学院西伯利亚布里亚特社会科学研究所东方学研究室主任，1983年出版《佛教禅宗与中世纪中国的文化心理传统》一书。本书分为四章，论述了儒教、道教和文化心理的关系以及佛教、道教和禅宗心理文化，探讨了中国文化在心理上的作用和地位以及中国的心理文化传统与各种各样的中国学说，特别是禅宗的历史。书中附有《六祖坛经》《临济录》等译文。[1] 1991年，他主编了《佛教与东方民族的文化心理传统》一书。1992年以《禅宗理论与实践的关系——以〈临济录〉为例》通过博士论文答辩。此外，阿巴耶夫还发表了一系列有关佛学禅宗的理论、实践和影响的论文以及有关武术的论文。

布里亚特社会科学研究所的扬古诺夫于1982年出版专著《华严宗

---

1 Абаев Н. В. Чань-буддизм и культурно-психологические традиции в средневековом Китае. Новосибоирск, 1-ое изд., 1983. 123 С.; 2-ое изд. 1989. 283 с.

哲学学说》[1]，扬古诺夫论述了华严宗派的形成、因果性理论、存在和辩证法因素论、认识论以及华严宗派在中国思想中的地位和作用。书后附有《华严法界观》和《华严金师子章》的部分中文经文和俄译文。苏联解体后，扬古诺夫于1995年出版《中国佛教哲学中的统一性、同一性以及和谐性》一书。

（二）苏联后期对诸子百家和《诗经》的研究

苏联后期，汉学家对中国哲学的研究兴趣开始越来越多地转向对诸子百家的研究，苏联汉学家和经济学家施泰因（В. М. Штейн, 1890—1964）于1959年著有《管子研究和翻译》[2]一书，书中收录了十八篇《管子》、五篇《孟子》以及一篇《荀子》的译文。施泰因在《管子》译文的基础之上结合中国古代百家争鸣的背景，对老子、墨子、荀子和管子进行了解读，叙述了哲学经典《管子》的内容，肯定管子在“凡人之生也，天出其精，地出其形，合此以为人。和乃生，不和不生”中论述的人和自然之间的关系这一朴素的自然主义观点。[3] 值得一提的是，莫斯科大学亚非学院菲阿克基斯托夫（В. Ф. Феоктистов, 1930—2005）对道家淮南子进行了研究，1979年出版《晚期道家自然论——淮南子的社会和艺术观》一书，书中收录了淮南子的四篇译文，论述了淮南子的世界观、社会论、知识论、国家论和淮南子的美学理论以及“有”“无”和“道”的哲学范畴。菲阿克基斯托夫指出淮南子的“道”是理性的、仁德的、有目的的和生机勃勃的，国家存在合法性、个性和必然性三个原则，认为淮南子的知识论和本体论、道德论、社会论密切相关。[4]

汉学家克罗尔（Ю. Л. Кроль, 1931—2021）是研究中国秦汉历史、文化、政治及法律的专家，发表了许多关于《史记》和《盐铁论》的论著。1997年，克罗尔翻译并出版《盐铁论》[5]的俄译本第一卷，于2001年

---

1 Янгутов Л. Е. Философское учение школы Хуаянь, Новосибирск, 1982. 142 с.

2 Штейн В. М. Гуань-цзы. Исследование и пер. -М., 1959. 380 с.

3 Штейн В. М. Гуань-цзы. Исследование и пер. -М., 1959. С. 146.

4 Феоктистов В. Ф. Поздние даосы о природе, обществое и исскустве (Хуайнаньцзы) II в. До н. э. -М., 1979. 244с.

5 Хуань Куань. Спор о соли и железе (Янь те лунь). Т. 1 / Пер. с кит., введ. и коммент. Ю. Л. Кроля. -СПб. : Центр Петербургское Востоковедение, 1997. 416 с. (Orientala).

出版第二卷译文。克罗尔翻译的《盐铁论》是首部欧洲语言译本，同时也是世界上继日文之后的第二个全译本。在翻译的同时，克罗尔对译文进行了详细的解读和注释。围绕《盐铁论》，克罗尔发表了一系列研究论文，主要有《中国文化和〈盐铁论〉中的时间问题》《构建国家帝王学说的辩论经典〈盐铁论〉》《中国传统度量衡的系统化经验》等。

对《吕氏春秋》情有独钟的特卡琴科（Г. А. Ткаченко, 1947—2000）是俄罗斯哲学家、语言学家和汉学家，一直致力于对《吕氏春秋》的研究。特卡琴科1947年出生于莫斯科，1965年毕业于莫斯科大学东方学院中国哲学系，大学时代在波兹涅耶娃的建议下，开始研究和翻译成书于中国公元前3世纪的重要文献《吕氏春秋》，1970年毕业时的论文为《吕氏春秋》。随后，他曾在科学院东方学研究所和人文大学教授汉语和中国文化。特卡琴科是《吕氏春秋》俄译第一人，《吕氏春秋》译著在其去世后由哲学遗产出版社于2001年出版，2016年再版。《吕氏春秋》译著结构严谨，论述了世界的多样性和一体性，反映了万物一体和“天地人和”的观点。特卡琴科还在书中强调“象数论”和整顿世界秩序这一课题的重要性。[1] 特卡琴科翻译的《道德经》在其去世后于2010年出版问世。

1990年特卡琴科出版《宇宙、音乐、礼仪：〈吕氏春秋〉中的神话和美学》，书中概括描述了中国古代各个思想流派的概念，重点关注《吕氏春秋》中的美学观和宇宙观之间的关系，探讨其中的“文、礼、善、美”等范畴，特卡琴科指出世界的和谐统一是由宇宙的“道”和“人”共同行动来完成的，人、自然、社会应处于和谐的平衡中。[2]

特卡琴科参与编撰的著作《东方文化中的神、人、社会》于1993年出版，在世界文化史上，这是首部由俄罗斯学者和西方学者联合完成并对东西方精神文化进行对比分析的学术著作，书中考察了在东方广泛流传的佛教、印度教、儒教、道教和伊斯兰教传统文化中的人的概念。

1 Люйши чуньцю (Весны и осени господина Люя) / Сост. И. В. Ушаков, пер. Г. А. Ткаченко. -М., 2010. С. 61.

2 Ткаченко Г. А. Космос, музыка, ритуал: миф и эстетика в Люйши чуньцю. -М., 1990.

特卡琴科参与编写的另一部著作是《中国传统学说中的“人”的问题》，该著作于1983年出版，书中基于中国传统学说，从不同的角度考察了作为整体的“人和世界”的问题，阐述了佛教、道教和儒教的世界观基础，深入地研究了现代全球化问题，着重探讨东方民族的艺术和哲学经验。

费德林、施图金（А. А. Штукин, 1904—1963）等汉学家对《诗经》的研究也引人注目。费德林1937年毕业于莫斯科东方学院中国学专业，1943年获得博士学位，1958年被评为苏联科学院通讯院士。费德林1939—1968年在苏联外交部工作，曾担任外交部副部长，先后担任苏联驻华使馆参赞、驻日本大使，还在联合国安理会工作过。费德林主要致力于中国文学和诗歌研究，成果丰硕。

1958年费德林编写的《〈诗经〉在中国文学史上的地位》[1]一书出版，是俄罗斯汉学界首部研究《诗经》的学术专著。在书中费德林把《诗经》置于时代和社会现实背景中进行考察，探讨《诗经》反映社会现实的广度和深度，同时还系统论述了《诗经》的创作背景、历史、风格、特色以及其对中国文学的影响与在中国文学史上的地位和作用。费德林广泛考察和引证中国古代和现代学者对《诗经》的阐释和解读，认为朱熹对《诗经》的阐释最值得借鉴。费德林给予《诗经》高度的评价，认为《诗经》的文学价值和意义完全可以和一些著名的世界文学杰作，如《奥德赛》《伊利亚特》《伊戈尔远征记》等媲美。[2] 费德林指出《诗经》揭露了尖锐的社会矛盾，表现了深刻的社会现实，充满着正义的力量和人道主义思想。[3]费德林从历史、文学、哲学的角度研究《诗经》，指出从哲学角度看，《诗经》是一部儒家典籍，历代注疏家对《诗经》的注疏可以反映出儒家思想的演变以及儒家内部各种派别之争。[4] 费德林的《〈诗经〉在中国文学史上的地位》代表着俄罗斯汉学家在《诗经》研究方面的最高成就。

---

1 Федоренко Н. Т. Шицзин и его место в китайской литературе. -М.: ИВЛ, 1958. 167 с. 1300 экз.

2 Федоренко Н. Т. Шицзин и его место в китайской литературе. -М. : Вост. Лит., 1958. С. 39.

3 Там же. 144 с.

4 Федоренко Н. Т. Шицзин и его место в китайской литературе. -М. : Вост. Лит., 1958. С. 142–144.

1981年费德林出版《中国文学遗产与现代性》[1]，在书中作者对中国诗歌做了深入的研究和分析，并探讨了《诗经》《尚书》《易经》在中国文学、哲学和历史学上的地位和影响。[2]《诗经》作为儒家经典最早于1952年出现在俄罗斯，有一些文学家将其从英文和法文转译成俄语。1957年施图金出版《诗经》的俄文译著，这是俄罗斯首部《诗经》全译本，也是欧洲首部韵体全译本，该书于1987年再版。施图金的《诗经》全译本里除译文外还有大量的注释，以及中国历代学者（如朱熹等）和西方汉学家的注疏和解说。施图金是阿列克谢耶夫最得意的门生之一，1925年毕业于列宁格勒大学东方语言系汉语专业，他从20世纪30年代初开始翻译《诗经》，期间历经政治劫难和病痛的折磨，终于在1957年完成《诗经》的全译本，同年该全译本由俄罗斯科学出版社出版，全书共610多页。[3]《诗经》俄译本是中国儒家典籍在俄罗斯传播的重要成果。

1987年费德林为施图金再版的《诗经》俄文译著做了长篇序言，费德林给予施图金的《诗经》译本高度评价，认为译文准确，语言优美，韵律接近原文，在文学史上具有重要的地位。在施图金的《诗经》译本出版之前，阿列克谢耶夫对它做了全面的评价，指出了其中的优点和不足之处，认为施图金的翻译避免了逐字逐句的翻译，保留了原作的异域风情，既注重音韵也注重节奏，译文富有诗意。[4] 阿列克谢耶夫也指出译文在节奏、音韵、注释、音译、标点等方面仍然存在一些不足之处。他要求译者“淡化和隐去译者本身”，使译文为“汉语披上一层朦胧的面纱”。[5]

对《诗经》进行研究的还有李谢维奇，他从中国文论的角度，详细

1　Федоренко Н. Т. Китайское литературное наследие и современность. -М., ХЛ. 1981. 398 с. 10000 экз.

2　阎国栋. 俄罗斯汉学三百年［M］. 北京：学苑出版社，2007：155.

3　Шицзин / Изд. подгот. А. А. Штукин и Н. Т. Федоренко; Отв. ред. Н. Т. Федоренко; Поэт. ред. А. Е. Адалис; Ред. изд-ва О. К. Логинова. -М. : Изд-во АН СССР, 1957. 611 с.

4　Алексеев В. М. Предпосылки к русскому переводу китайской древней канонической книги Шицзин (Поэзия) //Известия Академии наук СССР. Отделение литературы и языка. 1948, т. Ⅶ, вып. 3, май-июнь.

5　Алексеев В. М. Труды по китайской литературе: В 2 кн. Кн2. -М. : Вост. Лит., 2003. С. 142.

介绍了“六义”的发展演变过程以及在不同时期的内涵，分析了中国历代学者对“赋、比、兴”的观点。莫斯科大学教授波兹涅耶娃不仅自己研究《诗经》，还指导保加利亚籍的学生特鲁米娃（Б. Д. Друмева）于1975年完成了题为《中国古代民歌〈诗经〉》的副博士论文并发表相关研究论文。

擅长翻译乐府诗的汉学家瓦赫金（Б. Б. Вахтин, 1930—1981）于1971年发表论文《论〈诗经〉中的重复句》[1]，并出版专著《乐府：中国古代诗歌》（1959）[2]、《乐府：中世纪中国抒情诗》（1964）[3]等。瓦赫金指出在《诗经》的不同篇章中存在着同一诗句的不断重复，而同一句子有着多种表现方式，这是熟练运用语言的反映，也是中国古典诗歌的一种文学表现形式，这种复杂程度远超谚语和俗语。[4]

（三）苏联后期对近当代哲学的研究以及汉学家的集体成就

在宋明清时期的哲学研究方面，20世纪50—60年代，苏联掀起研究启蒙思想的热潮，部分学者否认启蒙思想只存在于欧洲的文学和哲学中这一观点，认为在以王夫之、黄宗羲、顾炎武等为代表的明末清初的哲学家中也存在启蒙思想。[5]布罗夫反对以上观点，也驳斥了侯外庐在《中国近代启蒙思想史》中阐述的相同论证，认为中国的启蒙思想只是在19世纪产生的，明末清初王夫之等哲学家的思想性质，可以看作“前启蒙思想”。[6]

在苏联时期对中国哲学进行研究的另外一位苏籍华人是克雷莫夫（А. Г. Крымов, 1905—1988）。克雷莫夫的中文名是郭少堂，他是早期的中国共产党员，后进入苏联科学院东方学研究所任研究员。克雷莫夫主要致力于中国20世纪初思想状况的研究，在不同的论文集中发表

---

1 Вахтин Б. Б. Заметки о повторяющихся строках в Шицзине // Страны и народы Востока Вып. 9. -М., 1971. 148 с.

2 Юэфу: Из древних китайских песен. -М. -Л. : Гослитиздат ЛО, 1959 (перевод, комментарии).

3 Юэфу: Из средневековой китайской лирики. -М. : Наука, 1964 (перевод, комментарии).

4 Вахтин Б. Б. Заметки о повторяющихся строках в Шицзине // Страны и народы Востока. Вып. 9. -М., 1971. С. 148.

5 Фишман О. Л. Китайский сатирический роман (Эроха просвещения).1967. С. 196.

6 ［俄］布罗夫. 俄罗斯的中国哲学研究：十七世纪末—二十世纪末（中）［J］. 汉学研究通讯，1985（57）：21-26.

有关20世纪初思想和哲学争论的文章，在向苏联介绍中国现代哲学方面起了一定作用。[1] 1972年，克雷莫夫出版专著《中国社会思想和意识形态斗争（1900—1907）》[2]，他的作品深受马克思主义思想的影响，对胡适等人的思想有着否定和偏激的评价。

谢宁（Н. Г. Сенин, 1918—2001）在1956年发表了关于孙中山的文章《社会政治与哲学观点》，认为孙中山是"不彻底的唯物主义者，由于孙中山是进步的思想家，所以他是唯物主义者。但他不是马克思主义者，因此是不彻底的唯物主义者"。[3] 1963年，谢宁通过博士论文答辩，论文题目是《中国新时期社会政治和哲学思想（1840—1919）》[4]，谢宁从唯物主义和唯心主义的视角对这一时期的哲学思想进行分析，这带有一定的片面性，而且论文中对哲学家的世界观分析力度不够，所以此论文未能以专著的形式出版。

这一时期巴塔洛夫（Э. Я. Баталов, 1935—2018）也对中国近当代哲学进行了研究，1964年以《新时期中国哲学基本趋势评论》[5]通过副博士论文答辩，论文于同年以专著的形式出版。在书中，巴塔洛夫论述了20世纪初期中国学术界的思想争鸣，分析了胡适、冯友兰、梁漱溟等思想家的观点，把胡适等哲学家的思想称为资产阶级的思想。巴塔洛夫也受当时苏联意识形态的影响，认为非马克思主义的哲学家都是资产阶级的代表。

苏联后期对中国哲学的集体研究成果也同样引人注目。在苏联后期，汉学研究不论在中国文学、艺术、经济、政治等领域还是在哲学和历史领域均开始走上专门化研究的道路。[6]政治与哲学问题兼顾，中国

---

1 ［俄］布罗夫．俄罗斯的中国哲学研究：十七世纪末—二十世纪末（中）［J］．汉学研究通讯，1985（57）：21-26.

2 Крымов А. Г. Общественная мысль и идеологическая борьба в Китае. 1900—1917 г. -М., 1972. 367с.

3 Сенин Н. Г. Общество-политические и философские взгляды Сунь-Ят-Сенв. -М., 1956. 216 с.

4 Сенин Н. Г. Прогрессивная общественно-политическая и философская мысль Китая в новое время (1840—1919). -М., 1963. 453с.

5 Баталов Э. Я. Критика основных направлений китайской реакционной буржуазной философии новейшего времени. -М., 1964. 268с.

6 朱达秋．中国哲学在俄罗斯：20世纪90年代俄罗斯的中国哲学研究［J］．哲学动态，2005（03）：62-67+73.

哲学研究备受关注，研究领域全面拓宽。在这一时期，汉学研究的另外一个趋势就是集体研究成果的不断涌现。

1972—1973年，季塔连科、瓦特今（Р. В. Вяткин, 1910—1995）和布罗夫三位汉学家联合其他学者共同编撰两卷本的《古代中国哲学资料选集》[1]，其中囊括了所有的中国哲学典籍，摘录了这些哲学典籍的部分内容。

1982年，科学院东方学研究所出版《中国的儒学：理论与实践问题》论文集。[2]不同作者在中国哲学领域分别探讨了儒学范畴的基本意义和《论语》的使命、《盐铁论》中儒家和法家对人性的概论、朱熹的人性论和朱熹的官方意识形态、王阳明对《大学》的理解和阐释、中世纪思潮中的理想问题、太平天国对儒教的认识和态度、新文化运动时对儒学的排斥和反对等。同年，东方学研究所出版了另外一部论文集《中国的道和道教》[3]，此论文集分为三个部分，由十四篇论文组成。第一部分探讨了中国早期的道教、道教的哲学原则、道教的发展和道教在中国哲学史上的地位；第二部分对道教和印度佛教进行对比，探究道教在日本的传播以及对日本社会所起的作用；第三部分论述了道教对中国政治生活和文化的影响以及在神话故事、美术、戏剧以及宗教运动中的体现。在结论中作者解释了研究道教的方法论，分析儒学和道教中两种“道”的差异。

1983年科学院东方学研究所出版论文集《中国传统学说中人的问题》[4]，共收录二十位学者的论文，探讨了中国哲学家、诗人、文人对于“人”“人与社会的关系”“人与自然界的关系”的理解。1988年东方学研究所出版《传统中国的伦理与礼仪》[5]，该书共收录十二篇文章，作者围绕中国各种伦理和礼仪在历史上的作用展开论述，探寻在中国古代和当下社会，传统礼仪活动对社会的影响和人们对这些活动的接受度。

这一时期，汉学家们不仅出版了一些论文集，也开始出版译著集。

1 Древнекитайская философия. Собрание текстов. Т. I. -М., 1972. 368с. Т. II. 1973. 384с.
2 Конфуцианство в Китае, Проблемы теории и практики. -М., 1982. 264 с.
3 Дао и даосизм в Китае. -М., 1982. 264 с.
4 Проблема человека в традиционных китайских учениях. -М., 1983.
5 Этика и ритуал в традиционном Китае. -М., 1988.

1987年，苏联文学出版社出版《圣人书》[1]的译著集，该译著集中收录了俄罗斯汉学家对中国哲学典籍翻译的译文，如《论语》《孟子》《道德经》《庄子》等。还有一些是最新的译文，如《关尹子》《抱朴子》《战国策》等。1988年，《中国格言》[2]译著集出版，其中包括禅宗的格言。

1990年出版的《两汉哲学资料集》[3]是一本译著集，序言部分由布罗夫完成，主编也是布罗夫，这部译著集是汉朝时期哲学典籍俄译文的合集，由每一部典籍的核心译文编辑而成，包括以下典籍的摘译：《黄帝内经》《淮南子》《世说新语》《法言》《太玄经》《史记》《春秋繁露》《汉书》《盐铁论》《白虎通》《论衡》《浑天仪》《太平经》《潜夫论》《昌言》《政论》《申鉴》等。[4]

20世纪下半叶，随着中苏两国的密切交往，中国哲学研究重新焕发了生机。但这一时期的中国哲学研究深受苏联意识形态的影响，中国哲学被简单地划分为唯物主义和唯心主义，中国哲学的唯物主义和唯心主义论争一直贯穿整个苏联时期，由众口一词到各持己见。到20世纪70—80年代，在中国哲学和整个汉学研究领域，苏联意识形态的影响和烙印才逐渐减弱和消逝。苏联后期以来，俄罗斯汉学家对中国古代哲学的研究从翻译原作和添加注释开始，研究内容和方法越来越丰富全面、系统专业。

第二节　跨越苏联和俄罗斯时期的汉学家

1991年苏联解体以来，俄罗斯的东方学者和汉学家们已经冲破苏联政治意识形态的阻碍，开始更客观、深入地了解东方哲学，也越来越关注中国的思想文化和精神文明。

1　Из книги мудрецов. -М., 1987. 351 с.

2　Афоризмы старого Китая. -М., 1988. 190 с.

3　Древнекитайская философия. Эпоха Хань. -М., 1990. 322 с.

4　［俄］布罗夫. 俄罗斯的中国哲学研究：十七世纪末—二十世纪末（中）［J］. 汉学研究通讯，1985（57）：21-26.

俄罗斯时期，中俄两国在政治、经济、文化领域的密切合作更加促进了汉学家对中国思想文化的研究，很多在苏联后期培养起来的汉学家正处在创作的顶峰时期，新一代汉学家也已成长起来，这一时期俄罗斯对中国哲学的研究呈现“燎原”之势，研究视野和领域也得到了极大的拓展。

一、中国哲学研究领域三杰

（一）酷爱中国哲学的马良文

图3-7　马良文

马良文（В. В. Малявин，1950—）（见图3-7）是研究中国古典哲学的百科全书式的汉学家，研究方向为中国文化史和中国哲学，被俄罗斯媒体誉为“俄罗斯最大的汉学家”。马良文对中国哲学涉猎很广，对“九流十家”都有深入的研究，很多研究成果和译著在俄罗斯都是首开先例，在中国古典哲学方面取得了杰出的成就，为中国哲学在俄罗斯的传播做出了巨大的贡献。马良文1972年毕业于莫斯科大学东方学院，之后在中国、日本和新加坡进修。1977年以论文《3世纪的中国贵族与思想斗争》获得副博士学位，1988年以《中国封建社会早期思想的形成》一文获历史学博士学位。1986—1990年在苏联科学院民族学研究所工作，后来一直在莫斯科大学从事汉语教学和中国文化研究，现任台湾淡江大学俄罗斯学院院长。马良文在当代俄罗斯汉学家中声名显赫，一生著述颇多，其著作大多采用叙、译、论相结合的方式，用通俗易懂的语言向俄罗斯读者介绍深奥的中国文化。马良文的作品不仅仅面向学术界，还面向大众读者，很受俄罗斯读者的欢迎。

马良文是高产汉学家，笔耕不辍，译著达1 000多部（篇），主要著作有《一个古代朝代的灭亡》(1983)、《中国黄历风俗与礼仪》(1985、1988)、《远东国家的传统美学》(1987)、《古代中国的格言》(1988)、《道家的衰落——17世纪中国的精神和习俗》(1988)、《武术内功传统》(1993)、《三十六计》(1997)、《精神的闪电——中国传统中精神的觉醒》(1997)、《道的黄昏——新世纪的中国文化》(2000)、《中华文明》(2001)、《中国美学思想》(2006)[1]、《太极拳：经典文本和动作要领》(2014)、《中国神秘典籍：鬼谷子、三十六计、百部兵法典籍》(2016)、《道家黄昏：新时代的中国文化》(2019)等，其中,《道家的衰落——17世纪中国的精神和习俗》被翻译成多种文字出版。

图3-8　马良文的《庄子》俄译本

马良文在1978年出版的关于玄学代表人物阮籍的一本译著《阮籍》[2]中，指出不能称阮籍为道士，他的世界观只是受了道教的影响而已。马良文认为阮籍的哲学观，也就是他的真理性，是在他自己亲身体验的基础上形成的。

马良文翻译了《庄子》(1995)(见图3-8)、《阮籍》[3](1978)、《列子》(1995)等，其中《庄子》译著于1988年获得“人文研究和翻译奖”。2013年,《庄子》新译著出版。1995年，马良文在出版的《庄子》[4]译著中，对译文进行了详细的注释，在后记中表达了自己的观点和看法。马良文认为庄子的思想(道)就像一

1　Малявин В. В. Китайская эстетическая мысль // Духовная культура Китая: энциклопедия: в 5 т. / Гл. ред. М. Л. Титаренко; Ин-т Дальнего Востока. -М. : Вост. лит., 2006. Т. 1. Философия / ред. М. Л. Титаренко, А. И. Кобзев, А. Е. Лукьянов. 2006. С. 140–148.

2　Малявин В. В. Жуань Цзи. -М., 1978. 168 с.

3　Малявин В. В. Жуань Цзи. -М., 1978; Дин Гуань. Жуань Цзи // Чжунго гудай чжумин чжэсюэцзя пин чжуань (Критические биографии знаменитых философов древнего Китая). Т. 2. Цзинань, 1982.

4　Малявин В. В. Чжуан-цзы. -М., 1985. 312 с.

望无际、浩瀚无垠的汪洋大海，提出庄子“自我闭合的内省”（齐物论）是人对万能的生存环境整体的认知和把握。庄子的“自由”就是人对自由世界的看法、思维的自由驰骋。在谈到庄子言论的内容和实质时，马良文写道：“庄子所谈论的既不是概念，也不是本质，更不是认知的对象，庄子只是借万物谈志和理、谈人的本性、谈人和自然的原理与真理。”[1]马良文指出孔子对“人的本性和存在”的认知是说理性的，而庄子对“人的本性和存在”的认知是超感性的。[2]在《庄子》译著中，马良文附录了一篇专门论述《庄子》翻译的文章，探讨了《庄子》翻译的诸多问题。马良文的《庄子》译本被认为是最有影响力的译本，以后多次再版。

马良文不仅关注中国古典哲学，还对新儒学也进行了深入研究，探讨新儒学和佛教以及道教之间的关系和相互作用。在《精神的闪电——中国传统中精神的觉醒》一书中，马良文对道教、佛教和新儒学传统文化中关于人的精神问题进行了探究，揭示了中国传统精神的实质，他认为中国的精神传统符合东方智慧的主要特征。[3]《道家黄昏：新时代的中国文化》则体现了中国传统文化的象征主义、佛教和新儒学在文学艺术背景下的相互影响。[4]

（二）阳明学研究第一人——科布杰夫

科布杰夫（见图3-9）是俄罗斯著名汉学家、阳明学家。科布杰夫1953年出生于莫斯科的一个诗人家庭，1975年毕业于莫斯科大学哲学系，1979年以论文《王阳明哲学（1472—1529）》获

图3-9　科布杰夫

1　Там же. С. 275–278.

2　Там же.

3　Малявин В. В. Молния в сердце. Духовное пробуждение в китайской традиции. -М., 1997. С. 20.

4　Малявин В. В. Сумерки Дао：Культура Китая на пороге Нового времени. -М., 2000.

副博士学位，1989年获博士学位，博士论文为《中国古典哲学方法论（象数学）》。科布杰夫从1978年起在科学院东方学研究所工作，1999年被评为教授，从2011年起担任中国研究部主任，兼任莫斯科国立人文大学东方哲学系主任、莫斯科物理工程学院人文系主任。1990—1991年科布杰夫曾在北京大学哲学系进修，2004年成为中国易经协会会员。2010年因为主编《中国精神文化大典》荣获“俄罗斯国家奖”，由时任总统梅德韦杰夫亲自颁奖。科布杰夫是苏联汉学界的后起之秀，在20世纪70年代以后崭露头角，在苏联和俄罗斯汉学界影响很大，他主要的研究方向为中国哲学和中外文化比较，他是阳明学在俄罗斯研究第一人，也是继休茨基之后的《易经》主要研究者。

在俄罗斯汉学界，科布杰夫也是高产汉学家，其著述多达1 000部（篇）。科布杰夫从20世纪70年代起发表一系列关于阳明学和中国哲学的文章，主要有1976年发表的《早期儒家的认识论》，1977年发表的《王阳明“致良知”的认识论与美学》《中国哲学家研究方法论》，1978年发表的《阳明学与术语“无”》《语言学分析法对历史哲学研究的作用》，1979年发表的《关于中国传统哲学的认识与应用》，1981年发表的《王阳明哲学中的认识论与行为学思想》《〈易经〉的五行和“占卜术”》[1]，1982年发表的《“五行”分类示意图》[2]《论中国传统哲学范畴》[3]等。此外，《王阳明与道家哲学》被翻译成汉语，于1988年发表在《哲学译丛》上。

1982年，科布杰夫出版《儒学在中国：理论和实践问题》论文集，该论文集共收录十二篇论文，考察了儒学发展的不同历史阶段，探讨了儒家和其他各家的相互关系，分析了儒家思想的理论在不同时期的社会政治实践中的表现和作用，指出儒学对于中国的意义。1983年，科布杰

1 Кобзев А. И. Пять элементов и магические фигуры И цзина // 12-я научная конференция Общество и государство в Китае Ч. I. -М., 1981.

2 Кобзев А. И. Классификационная схема пять элементов -у син // 13-я научная конференция Общество и государство в Китае. Ч. I. -М., 1982.

3 Кобзев А. И. О категориях традиционной китайской философии // Народы Азии и Африки. 1982. № 1.

夫出版《传统中国学说中“人”的问题》，分析了在儒、释、道中“人与世界的关系”问题，认为“中也者，天下之大本也；和也者，天下之达道也”中的“中庸”（中和）之道在儒、释、道思想中都有充分的体现。

1983年，科布杰夫在副博士论文的基础上整理出版专著《王阳明学说与中国古典哲学》，在俄罗斯首次叙述了王阳明的生平并分析了他的思想学说和世界观，探讨了阳明学在中国文化史中的地位以及对东亚国家的影响。本书共有十个章节，分别为“阳明学在东亚国家的地位和演变”“研究方法论”“王阳明传记”“阳明学演变和文化遗产”“王阳明的主观本体论”“儒学的人性观”“阳明学中的人类论和逻辑观”“王阳明的心学”“王阳明与道教”“王阳明与佛教”。科布杰夫首次向俄罗斯介绍了王阳明，总结东亚（主要是日本、韩国）和欧洲国家对王阳明的研究成果，叙述了王阳明的生平以及思想形成和发展的过程，细致入微地分析了阳明学的实质和理论，阐释了王阳明的“致良知”“知行合一”等理论，论述了道教和禅宗对王阳明思想的影响，揭示了儒、释、道相互影响和相互作用的机制，探讨了作为新儒学的王阳明学说思想对中国和东亚国家社会思想的影响，并且把阳明学置于整个中国哲学史中来考察其形成的原因和历史背景。科布杰夫在分析中国传统哲学文化的基础上，首开先河地提出阳明学是“主观唯物主义”（主观自然主义）这一独树一帜的结论。同时科布杰夫还反驳了当时俄罗斯等国家对于阳明学不公正的认知和评价，肯定了休茨基提出的王阳明对于21世纪整个世界的影响和价值。科布杰夫认为“王阳明的哲学不只是人类学的，同时也是人格论的……在阳明学中存在着人性和社会本质上的和谐统一，个性是带有全人类精神的具体的个体，这样看来，阳明学是一种独特的人格单子论”。[1]科布杰夫指出王阳明的“致良知”是万能的道德法则，是阳明学中伦理和认识论的基础。[2]

1　Там же, С. 252–253.

2　Кобзев А. И. Учение Ван Янмина и классическая китайская философия. -М., 1983. 356 с.

图3-10 《中国理学哲学》

2002年，科布杰夫发表《惠施的怪论》[1]，同年出版《中国理学哲学》[2]（见图3-10）专著。该专著共分十一个章节，第一章介绍了理学的概念、理学的产生与发展、理学的理论基础和对现代哲学的意义等；第二章分析了王阳明及其学说的历史作用，介绍了阳明学在中国、日本以及俄罗斯的研究等；第三章论述了阳明学的起源和发展以及其与道教和佛教的关系，探究了王阳明思想和朱熹以及陆九渊思想的异同；第四章阐释了主观本体论和认识论以及人和宇宙的和谐统一，对王阳明哲学的主观概念和自然属性进行分析；第五章论述了"仁"和"道"的学说、"德"和"善"的范畴、"气""太极""天人合一"等概念及彼此之间的关系；第六章是关于人类本性自古以来的辩论，阐释了从孔夫子到韩愈对人类本性的定义、从荀子到朱熹以及阳明学对人类本性的定义等；第七章为社会人类学，以中国和欧洲文化为出发点论述了人的个性和对个性的理解；第八章是价值认识论，阐述了儒家学说和阳明学中的认识论，分析了阳明学说中的"良知""致良知"等；第九章专门论述明朝末期的"阳明主义"，探讨了王阳明后人王畿、王艮等的辩论以及以何心隐和李贽为代表的"泰州学派"等；第十章介绍17—18世纪清朝时期的理学，探究黄宗羲、方以智、严复、顾炎武等近代思想家的学说；第十一章介绍19世纪末和20世纪初的儒家思想遗产，分别剖析了严复、洪秀全、梁启超、谭嗣同等人倡导的起义和革命运动，探究了其理论依据和思想根源。最后附录了朱熹和王阳明对

1 Странное учение Хуэй Ши //VIII Всероссийская конференция Философия Восточно-Азиатского региона и современная цивилизация. -М., 2002. С. 16–20.

2 Кобзев А. И Философия китайского неоконфуцианства. (Серия История восточной философии) -М., 2002. 608 с.

《大学》的注释、哲学术语目录等。科布杰夫的《中国理学哲学》在俄罗斯汉学史上具有开拓性的重大意义，首次向俄罗斯读者全面、系统地介绍了中国10—20世纪的理学，探讨了五千年中国传统文化中理学的产生和发展，审视了理学最核心的学说——阳明学的历史逻辑性，突出了中国文化最重要的精神现象之一——新儒学（10世纪—20世纪初）的起源和发展的历史脉络，这种哲学在意识形态上影响了中国一千年。阳明学作为儒家思想的中心模型，提出了儒家传统意义上的新学说——王阳明学说。阳明学在逻辑和历史上分析了新儒学所有不同的定义和概念，专门分析了其思想理论和新儒学的关系。[1]

此外，科布杰夫在《易经》研究方面也做出了杰出贡献。科布杰夫整理和修订休茨基的《易经》俄译本时，增添了很多内容和注释（科布杰夫版本的《易经》见图3-11）。在研究《易经》的基础上，科布杰夫于1988年发表论文《传统中国中的哲学学术方法特点》[2]。1994年，科布杰夫出版《中国古典哲学中的象数论（东方哲学史系列）》，科布杰夫在此书中对中国古典哲学中的理论、概念、实质、内容进行分析，探究象数之学的存在基础，进一步发掘象数之学、辩证法和古代逻辑学的形成机制、本质和相互关系，以及在中国哲学史上的地位和作用。[3]

图3-11 科布杰夫版本的《易经》

1 Кобзев А. И. Философия китайского неоконфуцианства. (Серия История восточной философии) -М., 2002. 608 с.

2 Кобзев А. И. Особенности философской и научной методологии в традиционном Китае // Этика и ритуал в традиционном Китае. -М., 1988.

3 Кобзев А. И. Учение о символах и числах в китайской классической философии. (Серия История восточной философии). -М. : Наука, 1994. 432 с.

除科布杰夫外，在《易经》象数学研究和中国哲学结构学派方面做出突出贡献的还有汉学家叶列梅耶夫（В. Е. Еремеев, 1953—2011），他于1993年出版周敦颐的《太极图说》[1]，2005年出版《〈易经〉的象与数》，2013年出版《〈易经〉和其意义推论》。叶列梅耶夫在数字符号学方面的研究引人注目。汉学家阿尔洛娃（Н. А. Орлова, 1974— ）肯定叶列梅耶夫在中国哲学研究方面的成就，指出叶列梅耶夫卓有远见的思想体现在他认识到人是天地间相互转换的媒介，人的行为不仅会对自身命运造成影响，还会影响整个世界的命运。[2]

（三）钟情于道家思想的卢基扬诺夫

图3-12　卢基扬诺夫

卢基扬诺夫（见图3-12）生于1948年，是俄罗斯著名汉学家、哲学家，1975年毕业于莫斯科大学哲学系，1978年以论文《中国古典哲学的形成》获副博士学位，1991年以《道和德：早期道家哲学》获博士学位。卢基扬诺夫曾是俄罗斯人民友谊大学哲学系教授，现任俄罗斯科学院远东研究所东北亚文明比较研究中心主任，是《中国精神文化大典》副主编。卢基扬诺夫主要致力于东方哲学史研究，更多地关注道家、儒家以及中国神话研究，研究成果达200多种。此外，卢基扬诺夫还是俄罗斯孔子协会的副会长、中国俄罗斯友好协会的副会长、国际周易协会会员。

1980年，卢基扬诺夫在俄罗斯人民友谊大学出版社出版《东方哲学的形成——古代中国和印度》[3]，卢基扬诺夫在书中探讨了中国哲学的前

1　Еремеев В. В. Чертеж антропокосмоса. Комментарий к трактату Чжоу Дунь-и и Обяснение чертежа Великого предела. 2-ое изд. -М., 1993. 381 с.

2　Орлова Н. А. Арифмосемиотика в реконструкции В. Е. Еремеева // Еремеев В. Е. Книга перемен и исчисление смыслов: статьи，очерки，доклады. -М., 2013. С. 41.

3　Лукьянов А. Е. Становление философии на Востоке. Древний Китай и Индия. -М., 1980. 188 с.

身——神话学、哲学的起源和哲学的主要概念“道”。该书以现代历史哲学的视角，通过对中国和印度古典哲学的分析，论述了东方哲学两大体系——中国哲学和印度哲学的形成、发展的规律以及两者之间的异同之处，探讨了它们对东亚文化和国家社会经济层面的影响。[1]由卢基扬诺夫的哲学教学讲稿整理而成的《老子（早期道家哲学）》一书阐释了道家的起源、道教最初的术语和原型、庄子等道家各派的传承、道家中“人”的特点和属性、道家的和谐观以及中国哲学历史中的“大同乐土”的原则。

1992年卢基扬诺夫出版《道之本源：古代中国神话》（见图3-13），在书中卢基扬诺夫对比分析了中国的“道”、古印度佛教中的“梵”和古希腊哲学中的“罗格斯”，通过对以上三个国家哲学概念的分析，卢基扬诺夫探究和发掘了道家的文化根源，认为“道”是自然、上帝（神灵）与人在身、心、神上的三位统一，并指出“道”是鲜活的生命机体。作者在1993年出版的《道的起源——古代中国神话》[2]中认为中国哲学的奠基人不是老子和孔子，而是中国神话中的无名圣人，无名圣人为了制约社会因过度自由而引起的混乱，用“道”来恢复社会和人世间的和谐。作者论述了道教文化的结构与方法、哲学观点和道教的演化历史，指出道教文化决定了哲学方法，它们是和谐的统一体，为了恢复现实中“道”的和谐并认识“道”，必须从“非道”领域进入“道”的领域。

图3-13 《道之本源：古代中国神话》

1 Лукьянов, Анатолий Евгеньевич. Становление философии на Востоке : (Древ. Китай и Индия) / А. Е. Лукьянов. -М. : Изд-во Ун-та дружбы народов, 1989. 186 с.

2 Лукьянов А. Е. Истоки Дао. Древнекитайский мысли. -М., 1992. С. 142–143.

1993年，卢基扬诺夫出版《〈易经〉和道》，为了发掘“道”的原始形态，他翻译了《系辞传》《说卦传》《杂卦传》《序卦传》，并把译文附录在书后。卢基扬诺夫在译文资料的基础上分析了《易经》中的卦象和结构以及内容和实质。关于“道文化”，卢基扬诺夫在《〈易经〉和道》中解释道：“道文化在不同的发展过程中，与易经学、道教和儒学产生了本质上的关系，它们都是同源的，中国哲学的所有流派都源于道文化。”[1]

2000年，卢基扬诺夫出版《老子和孔子——道学》，书中附有《老子》和《论语》译文，卢基扬诺夫比较分析了老子和孔子思想中“道”的异同，同时将老子和孔子的学说与古希腊哲学家赫拉克利特（Herakleitus，公元前544年—公元前483年）和恩培多克勒（Empedocles，公元前495年—公元前435年）的哲学观点进行比较，这部专著是卢基扬诺夫对几年来儒道思想研究的一次总结。季塔连科指出，卢基扬诺夫在阐明道家哲学概念的形成体系和道家哲学风格特点的基础上，尝试将《易经》和儒家文明以及道家文化原型进行比较研究，同时将道家文化和印度以及希腊文化进行对比研究。[2]

除此之外，卢基扬诺夫发表大量儒学和道家研究的论文，如《中国古代哲学的形成》（1978）、《中国古代哲学中的人和人性化的世界》（1986）、《〈易经〉中的“智者”和“仁者”》（1991）等。

卢基扬诺夫最典型的研究方法是借助大量图标模型对中国哲学、文化学概念进行研究，并提出了星海原型说，其中包括民族文化判定的原则和各民族不同文化之间互相交流和理解的方式。[3]卢基扬诺夫对《道德经》《论语》《庄子》《列子》《易经》《中庸》《淮南子》《山海经》等哲学典籍进行了翻译，其中《道德经》和《论语》是全译本，其他典籍是节译本。此外，卢基扬诺夫出版的《中庸》一书除包含自己的译文

1 Лукьянов А. Е Дао. Книга перемен. -М., 1993. С. 232.

2 季塔连科，罗曼诺夫，张冰. 1990年代后俄罗斯中国传统哲学研究综述［J］. 社会科学战线，2017（01）：229–236.

3 同上。

外，还收录了小西增太郎、布罗夫、尤盖（Г. А. Югай, 1931—2013）等人的译文和注释。[1]

在教学方面，卢基扬诺夫响应阿列克谢耶夫的汉语教学和其他学科教学相结合的方针，于1993年在俄罗斯国立人文大学的汉语教学中开设了中国哲学课程，邀请费奥克蒂斯托夫前来担任哲学教师，两个人共同制定了中国哲学史课程教学大纲，卢基扬诺夫编撰了一部教材，名为《中国哲学史》。[2]整个教材分为六讲：第一讲为“神话和神话学”，第二讲为“古代中国宇宙观”，第三讲为“道家文化原始意象”，第四讲为“古代中国人的哲学观”，第五讲为“诗经和哲学的起源”，第六讲为“易经”。[3]

由于在中俄文化交流与中国典籍翻译和研究中的贡献，酷爱中国文化的汉学家卢基扬诺夫多次获得中国政府和大使馆的奖章。2010年，卢基扬诺夫因在《中国精神文化大典》中的杰出成就获得“俄罗斯国家奖”。

二、研究中国哲学的其他主要汉学家

克鲁申斯基（А. А. Крушинский, 1953—）是俄罗斯著名汉学家，研究方向为中国哲学史和逻辑学，开启了俄罗斯研究中国哲学的新方向。克鲁申斯基于1975年从莫斯科大学东方哲学系毕业，从1983年起在科学院东方学研究所工作。其主要著作有《严复的社会哲学观在新中国的阐释》（1983）、《公孙龙的本体论》（1986）、《严复的“自由”观》

---

1 阎国栋. 俄罗斯汉学三百年［M］. 北京：学苑出版社，2007：179.

2 Лукьянов А. Е., Феоктистов В. Ф. Программа курса лекций История китайской философии для студентов философских факультетов высших учебных заведений России. -М., 1998.

3 Лукьянов А. Е. Древнекитайская философия: курс лекций. Ч. I. Становление китайской философии: Лекция 1. Миф и мифология. -М., 2011; Лекция 2. Древнекитайский космос. -М., 2012; Лекция 3. Архетипы культуры Дао. -М., 2012; Лекция 4. Понятие философии у древних китайцев. М., 2012; Лекция 5. Ши цзин (Канон песен) в истоках философии. М., 2012; Лекция 6. И цзин (Канон перемен) — от архетипической графической системы к философскому слову. -М., 2012; Лукьянов А. Е. Абраменко В. П. Хуан Лилян. Лунь юй (Суждения и беседы) : учебное пособие для старшеклассников, учащихся колледжей, студентов. -М., 2012.

(1988)[1]、《古代中国逻辑学：重建一种特色方法路线》(1991)、《关于严复的创作与翻译》和《严复晚期对西方的看法》。在关于严复的作品中，克鲁申斯基探讨了严复的哲学观、世界观、发展论、文化论，中国与西欧文明的区别，严复与张之洞的论争等。克鲁申斯基特别关注严复对欧洲哲学的翻译及其翻译方法与技巧。

1999年，克鲁申斯基出版《〈易经〉的逻辑：古代中国的逻辑演绎》一书。在书中克鲁申斯基指出，在研究古代中国逻辑学的理论和实践时，要注重其中论证严密的数理结构。他还特别强调，中国古代哲学典籍中存在大量的形式逻辑推论例证，《易经》是形式逻辑理论的典型代表，其他相关典籍，基本上都可以作为早期的逻辑教科书。[2] 2003年，克鲁申斯基出版《中国古代逻辑学》这一学术专著，论述了中国哲学思想的概念和其逻辑概念的独特性，提出探寻中国内在逻辑与数论间的相互关系。[3]

斯皮林（В. Спирин, 1929—2002）于1952年从列宁格勒（圣彼得堡）大学东方语言系毕业，随后在科学院东方学研究所圣彼得堡分所工作。斯皮林的研究方向为中国哲学方法论研究，斯皮林的著述不多，但他在苏联汉学界具有很大的影响力，因为他提出中国哲学研究的一个新方法——文本分析方法论。斯皮林于1957年参加孟列夫的敦煌文献整理和研究项目，20世纪60年代初被派到中国进修，从1977年起在列宁格勒大学哲学系教授中国古代哲学。

1970年，斯皮林以论文《中国古典哲学中的若干问题——基于文献文本的分析》[4]获得副博士学位。同年该论文以专著的形式出版，把《道德经》《庄子》《韩非子》《邓析子》《尹文子》等中国哲学典籍作为研究对象，对这些典籍进行文本结构分析和解读，指出其中存在的问题，比如斯皮林发觉《邓析子》中有两个晦涩难懂的章节是对《庄子》章节的

1 Крущинский А. А. Творчество Янь Фу и проблема перевода. -М., 1990. 322 с.
2 Крушинский А. А. Логика “И цзина”: дедукция в древнем Китае. -М., 1999. С. 5.
3 Крушинский А. А. Логика Древнего Китая. -М., 2013.
4 Некоторые проблемы изучения древнекитайской философии (в связи с анализом структуры текста). -М., 1970. 583 с.

阐释等。

斯皮林最早的作品是出版于1961年的《古代中国逻辑中“三”和“五”的概念》[1]，该专著以逻辑方法论为出发点论述了中国文化中数字“三”和“五”的概念和意义。此后发表了数十篇有关中国古典哲学符号学和结构论的论文：《〈墨子〉中的“爱”和数学》（1974）、《中国古典哲学中的“五行”论》（1975）、《四经传中的形式结构》（1975）、《老子眼中弯和直的和谐》（1981）、《〈道德经〉第14节中的结构、符号学和语境意义》（1986）、《〈墨子〉学说中的四种恒等能量和〈易经〉中卦的类型》（1991）等。在这些论文中，斯皮林通过文本分析方法，对道家、墨家、法家学说和《易经》中的结构主义和符号学理论进行了阐释。斯皮林晚年还致力于《易经》的结构主义理论研究，留下了70多页的研究手稿。

值得一提的是，斯皮林于1976年在俄罗斯科学出版社出版《中国古代文本的结构》，在书中斯皮林分析了中国古代哲学的文本结构，首次将符号学理论和方法引入哲学文本研究中。

斯皮林利用结构方法论对哲学文本进行分析，发掘中国古代哲学中各种类型的文本结构以及其中蕴含的逻辑脉络，斯皮林的研究方法和结论经常引起苏联学界的争论，但是这不妨碍他在中国哲学和传统文化研究中的符号学和结构主义奠基人的地位。斯皮林开创了中国哲学研究的一个全新的视角和方法，对俄罗斯的中国哲学和文化研究具有重大的影响，因此在俄罗斯汉学史上具有重要的地位。

玛尔德诺夫（А. С. Мартынов, 1933—2013）1933年出生于圣彼得堡公务员家庭，1957年毕业于圣彼得堡大学东方语言系中国语言专业。在大学期间就对中国古典文学和传统思想文化深感兴趣。玛尔德诺夫在中国哲学方面颇有建树，发表一系列论著，主要是《东亚国家中的佛教和儒家》（1982），该书收录了一些关于佛教和儒学的论文，论述了东亚国家外来佛教和当地传统文化的相互关系，以及它们之间不同的表现形

1　О третьих и пятых понятиях в логике древнего Китая. // Дальний Восток. -М., 1961.

式，谈及了政权的宗教特性。玛尔德诺夫指出，在东亚所有国家中佛教是主要的宗教，因为国家统治者要用佛教的信仰来维护自己的政权。[1] 玛尔德诺夫在《佛教和儒家门派：苏东坡和朱熹》(1982) 中指出，中国古代国家的意识形态是儒教，后期主要表现在苏东坡的传统思想观念和朱熹的理学思想中。[2] 在《中国文艺、政治和哲学文献中"天地"系统的阐释》(1979) 一书中，玛尔德诺夫谈到了道家思想中的"天地"概念已经在中国的所有文献中成为普遍的哲学观和世界观。[3] 在《朱熹和中国封建帝制的官方思想意识》(1982) 中他谈到在宋代以后的中国，朱熹的理学思想成为官方思想的原因及其现状。[4]在《中国封建王朝的国家和伦理》(1988) 中玛尔德诺夫论述了在国家治理和对外政治关系中的伦理观和实用主义。[5]

2002年，玛尔德诺夫和汉学家佐格拉夫（И. Т. Зограф, 1931—2022）合著的《关于朱熹哲学遗产中"心"的认知》出版，其中包括《御制朱子全书》的译文、注释、序言及朱熹语言的文法概论。书中探讨了个体意识和客观世界的关系是新儒学的创新，玛尔德诺夫指出，新儒学已经从以古代圣贤学说为基础的伦理道德研究转向对自我意识的阐释。[6] 此外，玛尔德诺夫还对中国古典哲学典籍进行了翻译，主要译著

1 Мартынов А. С. Буддизм и общество в странах Восточной Азии. (Предисловие) // Буддизм, государство и общество в странах Центральной и Восточной Азии в средние века. Сборник статей. -М. : Наука, ГРВЛ, 1982. С. 7.

2 Мартынов А. С. Буддизм и конфуцианцы: Су Дун-по (1036—1101) и Чжу Си (1130—1200) // Буддизм, государство и общество в странах Центральной и Восточной Азии в средние века. -М. : Наука, ГРВЛ, 1982. С. 206–316.

3 Мартынов А. С. Несколько замечаний о комплексе Небо — Земля в китайских художественных, политических и философских текстах // Литературы стран Дальнего Востока. -М. : Наука, ГРВЛ, 1979. С. 28.

4 Мартынов А. С. Чжу Си и официальная идеология императорского Китая // Конфуцианство в Китае : проблемы теории и практики. -М. : Наука, ГРВЛ, 1982. С. 111–125.

5 Мартынов А С. Государственное и этическое в императорском Китае // Этика и ритуал в традиционном Китае. -М. : Наука, ГРВЛ, 1988. С. 274–298.

6 О сознании (Синь) : Из философского наследия Чжу Си / Пер. с кит. А. С. Мартынова, И. Т. Зографа; вступ. ст. И коммент. к пер. А. С. Мартынова, граммат. очерк И. Т. Зограф. -М., 2002. Памятники письменности Востока. CXXII.

有《儒家·论语》《孟子》《荀子》[1]《朱熹哲学遗产中的理学》[2]《理学》等。其中《儒家·论语》除了收录《论语》的译文，还讲述了孔子的生平及其命运，在这部译著中，玛尔德诺夫将儒学定义为文学、历史、伦理和哲学的统一。[3]

三、敦煌文献研究专家——孟列夫

在俄罗斯汉学家中，不得不提孟列夫以及他对敦煌文献的研究。孟列夫是俄罗斯著名汉学家、文学家、敦煌学家。孟列夫涉猎广泛，对中国文学和诗歌以及儒、释、道均有深入的研究并取得了不凡的成就，其主要的贡献表现在对敦煌文献的研究方面。孟列夫1926年出生于圣彼得堡的一个知识分子家庭，1952年毕业于列宁格勒大学东方语言系，为阿列克谢耶夫的得意门生，1955年提前完成副博士论文答辩，同年进入科学院东方学研究所圣彼得堡分所工作，1976年以《〈双恩记〉变文研究》一文通过博士论文答辩。2000年来中国参加“纪念敦煌藏经洞发现一百周年国际学术研讨会”。

孟列夫从1957年起致力于敦煌文献的整理和研究工作，在敦煌学研究方面做出了杰出的贡献。在整理敦煌学文献时，他翻译了从帝俄时期就保存在圣彼得堡东方文献博物馆里的敦煌学文献，编撰了两卷本的《俄藏敦煌汉文文献考》，该两卷本分别于1963年和1967年出版问世，于1999年经重新整理再版。这是俄罗斯最早整理出版的敦煌学研究专著，是以孟列夫为首的汉学家的集体劳动成果。1994—2002年，俄罗斯启动“敦煌学”文献出版重大项目，共有17卷敦煌学文献被整理出版，

1　Классическое конфуцианство: Лунь Юй. Мэн-цзы. Сюнь-цзы. В 2 т. Т. I : Конфуций. Лунь Юй / Переводы, статьи, комментарии А. С. Мартынова. -СПб. : Издательский Дом Нева; -М. : ОЛМА-ПРЕСС, 2000 (серия Мировое наследие); Мартынов А. С. Конфуцианство. Лунь юй. Перевод А. С. Мартынова. В 2 т. -СПб. : Петербургское Востоковедение, 2001. Т. 1 (Мир Востока; Х).

2　[Чжу Си]. О сознании (Синь). Из философского наследия Чжу Си. Пер. с кит. А. С. Мартынова, И. Т. Зограф; вступ. ст. и коммент. к пер. А. С. Мартынова; грам. очерк И. Т. Зограф. -М. : ИФВЛ, 2002 (Памятники письменности Востока; CXXII).

3　Мартынов А. С. Конфуцианство. Лунь юй. В 2 т. / Пер. с кит. А. С. Мартынова. -СПб., 2001. Т. 1. Сер. : Мир Востока, 10; Т. 2. Сер. Мир Востока, С. 11.

担任此项目的主持人指出，在所有敦煌学研究成果中，孟列夫的成果占了一半以上。通过这些研究成果，孟列夫使俄罗斯学者和读者了解到佛教在中国的作用和流传印记。[1]

孟列夫也是世界上最早研究敦煌变文的汉学家，在圣彼得堡科学院东方学院博物馆的敦煌学俗文学文献中，孟列夫发现了一些变文残卷和若干韵文民歌体作品。1963年，孟列夫出版《敦煌学文献——佛教俗文学文献》，开始了世界上独一无二的敦煌学研究。孟列夫已经出版的有关变文的论著有《维摩诘变文》（1963）、《报恩记变文》（1972）、《敦煌佛教俗文学文献》（1984）等。孟列夫于1984年出版《妙法莲华经变文》，1994年翻译《搜神记》（1994、2000）等。此外，孟列夫在俄藏西夏文研究上也颇有建树，1984年出版《黑水城俄藏西夏文献考》。孟列夫的研究在世界学术界建构了中国文学中的佛教俗文学这一色彩鲜明的文学概念。孟列夫对中国的佛教研究和佛教文学研究都做出了开拓性的贡献。因为在敦煌学研究方面的杰出贡献，孟列夫于1965年获得法国古典文献和文学研究院的"朱丽叶"奖，1991年获得科学院"奥登堡"奖。

值得一提的是，在科学院东方学研究所圣彼得堡分所里和孟列夫一起从事敦煌学研究的还有汉学家杰米多娃（Г. М. Демидова, 1938—2020）和古列维奇（И. И. Гуревич, 1912—1992）。杰米多娃1974年以《4—9世纪中国文化遗存的敦煌文献》通过副博士论文答辩，还发表过其他论文，如《"大乘入藏录"及其对研究佛教文献的意义》和《六朝时期中国佛经写本的抄录地点与流布》。[2] 古列维奇则发表过《佛本生变文残卷》《非佛教变文的体裁》等论文。[3] 需要特别指出的是，在孟列夫的积极推动下，从20世纪90年代开始，上海古籍出版社、俄罗斯科学院东方学研究所圣彼得堡分所和俄罗斯科学出版社东方文学部展

---

1 Институт восточных рукописей [2020-03-22] http: //www. orientalstudies. ru/rus/index. php?option=com_ personalities&Itemid=74&person=57/.
2 李明滨. 俄罗斯汉学史［M］. 郑州：大象出版社，2008：162.
3 同上。

开了整理俄藏西夏文献资料的合作，截至2001年，共整理出十七卷本的《俄藏敦煌文献》，终于使长期与世隔绝的俄藏敦煌文献重见天日，学术界、佛教界无不欢喜赞叹。[1]

在苏联后期的中国哲学翻译和研究领域，汉学家队伍日益壮大，出现了诸如马良文、科布杰夫、卢基扬诺夫、孟列夫等高产的汉学家。其研究成果数量可观，翻译质量也提升到了一个新的高度，他们在前辈汉学家的翻译文献的基础上推陈出新，译文质量更加成熟和完善。这一时期的汉学家逐渐摆脱了苏联初期"唯物主义和唯心主义"的影响，他们不仅更深入地研究中国古典哲学，也开始把视野更多地转向中国近现代哲学。汉学家们的研究更加专业化、系统化，他们在各自的研究领域深耕细作，不仅把中国哲学置于世界哲学中研究，还注重中国哲学的现代意义。

第三节 俄罗斯时期的中国哲学翻译与研究

中国改革开放以来，经济发展取得了巨大成就，让世界刮目相看，尤其令俄罗斯为之惊奇和赞叹。俄罗斯学者们认为亚洲尤其是中国取得的这些成就都与以儒家文化为代表的中国哲学存在着某种必然的联系。为了吸取对俄罗斯社会经济发展有益的经验和指导思想，俄罗斯汉学家们比以往任何时候都重视对中国哲学的研究，在俄罗斯掀起了新一轮翻译和研究中国哲学的热潮，俄罗斯公众对中国历史和思想文化的兴趣也与日俱增。[2]汉学家的队伍迅速扩大，后起之秀快速成长起来，形成老中青结合的研究大军，功绩卓著的季塔连科、齐赫文、康拉德等院士汉学家在俄罗斯时期主持团队之间的合作。他们震古烁今，引领汉学研究团队在各个研究领域再创辉煌，成就《中国精神文化大典》等皇皇巨著，不遗余力地宣传中国哲学。

1 阎国栋. 俄罗斯汉学三百年［M］. 北京：学苑出版社，2007：157.
2 阎国栋. 俄罗斯汉学三百年［M］. 北京：学苑出版社，2007：182.

在苏联时期成长起来的科布杰夫、卢基扬诺夫、贝列罗莫夫、费奥克蒂斯托夫、列·瓦西里耶夫、布罗夫等汉学家成为这一时期的中流砥柱，在各自的哲学研究方向中坚持不懈地耕耘，频创佳绩。他们在研究方向和方法上把传统和现代结合起来，推陈出新，把中国哲学置于当下社会、整个中国历史和全世界中进行研究，在哲学翻译和研究领域硕果累累；年轻一代汉学家如洛马诺夫（А. В. Ломанов, 1968—）、鲁登寇（Н. В. Руденко, 1990—）等新生力量也如"雨后春笋"般茁壮成长起来，对中国哲学倾注了极大的热情，使中国哲学研究展现出蓬勃的生机，同时也引领中国哲学翻译和研究向更深入和更广阔的领域发展。

一、继往开来、独树一帜的汉学家

季塔连科于1997年获得俄罗斯科学院通讯院士提名，2003年被评为院士。曾多次获得各种奖章，其中2010年荣获"俄罗斯国家奖"，2000年荣获俄罗斯科学院"塔尔列"奖。进入俄罗斯时期以来，季塔连科侧重于中国当代思想和政治领域的研究，1994年出版《俄罗斯和东亚：国家和文明之间的关系》一书，并和贝列罗莫夫合著《中国社会政治与政治文化的传统》，1998年出版《俄罗斯面向亚洲》，1999年出版《中国：文明与改革》和《中国的现代化和改革》，2003年出版《俄罗斯：安全源于合作——东亚矢量》等。在这些著作中，季塔连科提出和阐释了"新欧亚主义"理念，从保障俄罗斯民族利益的角度，提出解决和处理亚太地区问题的原则性理念和建议。

1997年，季塔连科在出版的《中国哲学和中国文明的前途》一书中指出中国哲学具有调节中国社会精神和道德价值体系的作用，而以中国哲学为核心的中国文明能让中国保持精神文化的独特性和整体性，并能促使中国文化稳定发展，使中国在外交政策方面也能获得肯定和认可。[1]在担任远东研究所所长期间，季塔连科主持了"中国哲学与文化"出版

1 Титаренко М. Л. Китайская философия и будущее китайской цивилизации // Китайская философия и современная цивилизация: сб. ст. -М., 1997. С. 5, 6, 12.

项目，组织全俄汉学家编写多部论文集和重大研究著作，其中最重要的是《中国哲学辞典》、六卷本的《中国精神文化大典》、两卷本的《中国哲学百科辞典》等浩大的学术出版项目。季塔连科院士在哲学方面创造的辉煌成就引人注目。

进入俄罗斯时期，马良文继往开来，继续保持旺盛的创作热情和高产的学术势头。其研究视野进一步扩大，从儒家、道家扩展到兵家和太极拳，很多译著和研究成果都具有开创性。

1992年，马良文著有《孔子传》[1]（见图3–14），这是一部讲述孔子和其世界观的著作，阐释了孔子思想在中国成为最具生命力的文化遗产之一的原因，揭示了孔子个人命运及其思想的奥秘。本书分为七部分，分别是“前言：走进孔夫子”“孔夫子的少年时代”“通向自己的道路”“官职和财富”“不朽的学说”“译文部分”“后记”。在《孔子传》中，马良文描述了孔子的生平、思想和世界观，着重叙述了孔子创立的哲学、美学和社会学学说，论述了这些包罗万象的学说在孔子生活和国家治理方面的体现，强调孔子的名言不管在任何时候都是永恒的真理。马良文用通俗易懂的语言阐释了诸如孔子的“君子坦荡荡，小人长戚戚”等名言。马良文肯定孔子和其学说对中国的积极作用，认为孔子奠定了整个中国文明的基础，确立了良好的社会道德风尚，创立了中国传统教育制度。马良文认为儒学包含了一种体现生命价值的道德精神，让人修身养性、宽容和谐。马良文指出儒学在当代世界上应该起重要作用，因为儒学是包容、人道的，要求人重传统讲诚信。马良文的《孔子传》被列为“杰出人物生平系列丛书”，在1992年出版时印刷数量为15 000册，1996年再版时印刷数量达到20 000册，由此可以看出马良文《孔子传》的影响力和普及程度，这也说明孔子和儒家学说在俄罗斯被广泛接受。

1994年，马良文出版《道家哲学选集》[2]（见图3–15），该书于2013年再版。《道家哲学选集》不仅在俄罗斯，甚至在全世界都可以称得上是第一部关于中国道家的文集。本书共有五章，分别论述了道教的起源

1　Малявин В. В. Конфуций. -М., 1992. 335с.

2　Малявин В. В. Антология даосской философии. -М., 1994. 448 с.

图3-14 《孔子传》

和创始人，以及道教的理论、道术、养生之道等内容。在书中，马良文指出，道教能教我们正确认知永恒和不朽。马良文认为"道"是生生不息的，是建立在精神财富之上的，他还认为道的真理能让我们感知这个世界和自己的存在，这个真理可以世世代代传下去。

2010年，马良文出版译著《道德经：人生之路的典籍》，马良文的《道德经》译著在当时是最完整的俄译本，他在翻译时参考了中国多个注疏文本，同时又借鉴了欧洲学者对老子的解说。马良文的翻译注重词语的准确、文雅、简练。在道家的研究方面，马良文翻译了中国当代道家传人王力平的论著《道的升华：道家传人王力平的一生》，该译著于2005年出版。马良文认为，通过对道家传人王力平的认识和了解，能揭开中国有着几千年精神文化历史传统的道家思想的神秘帷幕，即可通过道家当代传人直观生动地探究道家思想的奥秘之处。[1]

此外，马良文致力于《孙子兵法》的翻译和研究，俄文译著《孙子兵法》于2015年出版问世，这是《孙子兵法》在俄罗斯的首部完整俄译本。同时马良文著有《中国兵法策略》，此书是在《孙子兵法》的基础上完成的，对中国的其他传统兵法进行了研究。

2016年，马良文出版《鬼谷子》和《太极拳》两部著作，书中收录原典的译文，马良文在翻译的基础上用通俗的语言对深奥的术语进行阐释，同时表达了自己的观点。马良文在《鬼谷子》中论述了中国古代的为人处世之道对当今社会的借鉴意义，在《太极拳》中指出太极保健"体操"属于道家范畴，以图文并茂的形式叙述了太极拳的招式、运气

1 Восхождение к великому Дао. Жизнь даосского учителя Ван Ляпина Перевод: Владимир Малявин. -М., 2005. С. 4–5.

方法等。

进入俄罗斯时期以来，科布杰夫对中国哲学的研究转向运用数理科学知识进行逻辑方法的综合性研究，后来又提出"象数学"的研究方法，对这一方法的研究集中体现在科布杰夫1994年出版的《中国古典哲学中的象数论（东方哲学史系列）》[1]专著中，书中研究了《易经》作为"象数"的代表元素"乾"和"巽"，以及古籍中"河图洛书"的"之象、之数、之理"，剖析了"阴阳五行"中深奥的数理论和原始逻辑论以及对后期的儒家、墨家、名家等学派的启发和影响。科布杰夫将中国古代的数理论和原始逻辑论与西方的亚里士多德和毕达哥拉斯的逻辑学进行了比较，指出毕达哥拉斯的数论在当时的欧洲未被接受，而中国哲学中的"象数学"代替了原始逻辑论，科布杰夫明确了"数理论"和"原始逻辑论"的概念和区别，反对那些将两者混为一谈的说法。[2]《中国古典哲学中的象数学》共有四个章节，第一章讨论了中国古典哲学的内容与形式、方法论的概念和特点以及中国古典哲学的历史起源和儒学的影响；第二章分析了中国象数学的精神基础、象数图形在文字中的体现、显性的和隐性的两种象数之学的表现形式、"象"与"数"的比较等；第三章论述了逻辑学在中国的起源、辩证法和逻辑学的概念及其特点、价值规范和认识论的方法论等；第四章剖析了参伍性和五行，指出参伍性方法论概念与参伍性文字结构以及天文学的关系、象数学与原始逻辑学中的参伍作用、参伍与五行的相互关系、五行的本体论与方法论等。

图3-15 《道家哲学选集》

1 Кобзев А. И. Учение о символах и числах в китайской классической философии. -М.: Наука, 1993. 432с.

2 Там же. С. 11, 31.

2002年，科布杰夫的《中国理学哲学》出版，其在新儒学（理学和阳明学）研究方面是极为重要的作品。科布杰夫运用术语阐释和哲学方法论剖析了宋代以来儒学在几千年发展历史中各个时期的精神特点及问题，关注对新儒学、人类学和伦理的认知，以较大篇幅论述了形成于明朝时期的新儒学，指出了20世纪儒家思想的发展前景，认为“阳明学是中国古典哲学内在发展的最高峰”。[1]

除了早期翻译的《大学》和《金瓶梅》之外，最近几年科布杰夫在翻译方面的成果有《中国美德读本》（2020）、《道家的精神文化》（2021）、《最早的中国》（2022）、《中华文化的前途和使命》（2022）、王阳明的《传习录》（2022）等。

1992年，贝列罗莫夫出版有关孔子的通俗著作《孔子的言论》。[2] 一年以后，贝列罗莫夫基于对《论语》和其他哲学经典的分析，撰写出版《孔子的生平、学说、命运》（1993）。[3] 本书分为五章，分别论述了“孔子所处的时代背景”“孔子的生平”“《论语》的翻译”“儒家学说及其观点”和“儒家学说在封建社会和现代中国的命运”。他在第一章“孔子所处的时代背景”里分析了6—13世纪的中国政治制度、社会结构、经济状况等背景，在第三章“《论语》的翻译”中探讨了中国哲学概念和文化负载词在不同文化语境中存在的翻译问题，指出朱熹等注疏家的注释对理解中国经典作品的作用。第四章“儒家学说及其观点”为核心章节，主要阐释了儒家学说中人和社会以及国家的概念，分析了“君子”和“小人”的价值标准和内涵，对“仁”“义”“礼”“智”“信”进行了解读，还解释了“合”的含义。贝列罗莫夫写道：“我们认为在中国文化历史上，孔子首创的理想社会模型，促进了中华民族性格和精神文化的形成，也维持了社会的和谐和稳定。”[4] 贝列罗莫夫认为“仁”“义”“礼”“智”“信”在孔子的社会模型中起了重要的作用。在

1 Кобзев А. И. Философия китайского неоконфуцианства. -М. : Восточная питература, 2002. С. 48.

2 Переломов Л. С. Слово Конфуция. -М., 1992. 192с.

3 Переломов Л. С. Конфуций: Жизнь, учение, судьба. -М., 1993. 440с.

4 Переломов Л. С. Конфуций: Жизнь, учение, судьба. -М., 1993. С. 207.

最后一章“儒家学说在封建社会和现代中国的命运”中作者关注儒学在中国的传承和发展，论述了当今社会对孔子的推崇。

贝列罗莫夫主编的“四书”全集在中国国务院新闻办公室的支持下获得“俄罗斯孔子基金会”的赞助，于2004年由莫斯科东方文学出版社出版。[1] 全书共431页，其中收录了贝列罗莫夫翻译的《论语》、科布杰夫的《大学》译本、卢基扬诺夫的《中庸》译本以及波波夫翻译的《孟子》。在俄罗斯，这是首次以全集的形式出版的“四书”俄译本。贝列罗莫夫在前言中称“四书”是了解儒家学说的钥匙。贝列罗莫夫在《论语》译文的基础上继续完善和补充，于2009年出版关于儒家思想发展史的著作《从古代到当下的孔夫子和儒学》[2]，该著作的出版问世标志着俄罗斯汉学家对儒学的研究已经处于世界较高水平。

托尔奇诺夫（中文名“陶奇夫”）1956年出生于高加索地区，是著名的汉学家、宗教学家，研究方向为宗教学、哲学史和中国古典哲学和文化。1973年进入圣彼得堡大学东方学院中国哲学专业学习，1978年在宗教和神学历史博物馆工作，1985年在导师孟列夫的指导下以论文《历史民族学文献——葛洪〈抱朴子〉》获得副博士学位，1984年起调到科学院东方学研究所圣彼得堡分所工作。1993年以论文《道教——宗教历史概述经验》通过博士论文答辩。1999年任圣彼得堡大学哲学系东方哲学和文化教研室主任，兼任圣彼得堡“佛光协会”主席。2003年，托尔奇诺夫不幸英年早逝。

托尔奇诺夫是一位颇具天才的学者，主要致力于道教和佛教的翻译和研究，在其短暂的一生中，由于异常勤奋而取得了令人惊叹的成就。托尔奇诺夫从20世纪80年代起发表了十多篇有关道教和佛教的文章。1992年托尔奇诺夫翻译了大量佛经，其主编的《佛学译辑》于1992年

1　Конфуцианское Четверокнижие (Сы шу) / Пер. с кит. и коммент. А. И. Кобзева, А. Е. Лукьянова, Л. С. Переломова, П. С. Попова при участии В. М. Майорова, вступит. ст. Л. С. Переломова. -М., 2004.

2　Переломов Л. С. Конфуций и конфуцианство с древности по настоящее время (V в. до н. э–XXI в.) . -М., 2009.

出版。1994年他翻译、注释的《悟真篇》[1]出版。

1993年其博士论文《道教——宗教历史概述经验》[2]以专著的形式出版，并于1998年再版。这是俄罗斯首部系统论述道教概论的专著，探讨了道教的起源、历史、观点，道教的概论和基本问题，道教和佛教之间的关系等。《道教——宗教历史概述经验》花费了托尔奇诺夫很多心血，是托尔奇诺夫基于中文、日文和欧洲文字，查阅了很多道教的参考书目完成的，该书内容翔实，论据充分可靠。全书分为上下两编，上编论述了道教与大众信仰、道教与国家、哲学道教和宗教道教、中国传统道教与炼丹术、道教中的宇宙论与宇宙进化论等内容，还探讨了道教的统一、道教是否为国家宗教等问题；下编讨论了道教的起源和历史及其演变、战国和秦汉时期的早期道教、魏晋南北朝时期的张天师与道教教会、唐宋时代的道教和道教的演变与改革、元明清时期的道教、当代中国的道教等内容。

托尔奇诺夫指出道教最初吸取了《易经》、法家甚至儒学的思想元素，早期道教和晚期道教（在俄罗斯是这样划分的）之间有本质的区别，在道教的发展史上，它们有着继承性和关联性，有大量的例证可证明它们之间的密切联系。早期道教的代表人物是老子和庄子，《道德经》和《庄子》为道教世界观奠定了哲学基础。托尔奇诺夫认为，道教是独具特色的中国民族宗教，它不同于中国外来的宗教，与大众信仰和宗教仪式密切相关，但也与它们有所区别。[3]托尔奇诺夫基本摆脱了斯大林时期“唯物主义”的影响，不再用“唯物主义”和“唯心主义”来简单地定义老子的思想，他认为道家思想揭示了“道”的宇宙论和自我建构性以及生成性，属于传统的自然主义，更接近马列主义的“新唯物论”。[4]

---

1 Торчинов Е. А Чжан Бо-дуань. Главы о прозрении истины (У чжэнь пянь). Предисловие, перевод, комментарии. -СПб. : Центр Петербургское востоковедение, 1994.

2 Торчинов Е. А Даосизм. Опыт историко-религиоведческого описания. -СПб. : Андреев и сыновья, 1993 (2-е дополненное издание: СПб. : Лань, 1998). 310с.

3 Там же, С. 77.

4 孙柏林，张瑞臣. 当代俄罗斯学者的“老子”思想研究［J］. 学术交流，2018（03）：178-184.

1997年，托尔奇诺夫在圣彼得堡出版《世界宗教——超现实经验》[1]一书。这是一部观点新颖、研究角度独特的宗教心理学著作，在俄罗斯很受读者和学者的欢迎，该书于2007年再版。在俄罗斯这也是首部尝试将宗教作为一种心理学现象进行阐释的专著。托尔奇诺夫运用超个人心理学的理论，探讨了宗教的心理学现象和意义，从整体上分析了各民族宗教的心理根源，着重分析了中国哲学史上超个人心理学派的代表人物及其学说，向读者展现了俄罗斯以及世界各国的宗教。

托尔奇诺夫的副博士论文以《葛洪〈抱朴子〉》[2]为题于1999年出版。同年，《道德经》俄译文出版，托尔奇诺夫对道家和道家经典研究得很透彻，他的译文准确流畅，颇受俄罗斯学界的肯定和认可。2000年，托尔奇诺夫出版《佛学导论》[3]，该书于2017年再版，是作者整理汇编的自己在1994—1999年间于圣彼得堡大学哲学系的佛学课程教案，该书是进入俄罗斯时期以来学界最优秀的佛学著作之一，以单篇论文的形式，系统论述了大乘、小乘、藏传佛教、瑜伽形派、中观派等佛教流派及其学说，介绍了佛教流派的形成、发展和在中国以及远东其他国家的流传情况。

2002年，《大乘佛教》[4]出版，托尔奇诺夫在其中阐述了大乘佛教及其流派在中国、日本和俄罗斯的流传，分析了深奥的佛教文本和大乘佛教的理论，并把大乘佛教和西方的思想进行对比，总结了俄罗斯对中国佛教研究的历史。《大乘佛教》一书在俄罗斯引起宗教信仰者和研究者以及中国文化爱好者的广泛兴趣。同年，托尔奇诺夫的《佛教辞典》出版，其内容涵盖了佛教的教义、思想、历史、现状、研究情况等。

2005年，《东西方哲学之路——超现实认知》[5]出版，该书是在《世界宗教——超现实经验》基础上的深化，托尔奇诺夫在书中重点分析

---

1 Торчинов Е. А. Религии мира. Опыт запредельного (трансперсональные состояния и психотехника). -СПб. : Центр Петербургское востоковедение, 1997.

2 Торчинов Е. А. Гэ Хун. Баопу-цзы. Эзотерическая часть. Перев., предисл., коммент. -СПб. : Центр Петербургское востоковедение, 1999.

3 Торчинов Е. А. Введение в буддологию. Курс лекций. -СПб. : Петербургское философское общество, 2000. 304 с.

4 Торчинов Е. А. Философия буддизма Махаяны, -СПб., 2002.

5 Торчинов Е. А. Пути философии Востока и Запада: Познание запредельного. -СПб.: Азбука-классика, Петербургское востоковедение, 2005. 480 с.

了意识的本体论、超个人经验认识论、形而上学论等，阐释了东西方哲学的异同以及对现实和超现实的认知。2006年，《佛教：典籍、历史和艺术》[1]在莫斯科出版，该书论述了中国佛教的起源、历史、经典著作、艺术表现形式等。

2007年，托尔奇诺夫的《道教——长生不老之术》在其去世后由后人整理出版，该书收录了作者生前翻译的道家经典以及《抱朴子》的译文，探讨了道家的养生之术以及长生不老的秘诀，这部专著在俄罗斯很受读者欢迎。托尔奇诺夫一生致力于中国道教和佛教的研究，在其短暂的学术生涯中，他以独特和创新的视角为后人留下了重要的研究成果。

二、后起之秀汉学家对中国哲学的研究

进入俄罗斯时期，年轻汉学家迅速成长起来，作为新生的汉学力量为俄罗斯汉学研究注入了新鲜的血液。在中国哲学研究方面，年轻一代汉学家在老一辈汉学家的指导下，在中国哲学的各个领域继续深入探究。

青年汉学家波波娃1983年毕业于列宁格勒大学东方语言系中国历史专业，1988年以论文《7世纪中国政治思想史〈帝范〉文献》获副博士学位后留校工作，2000年以《初唐理论》获得博士学位。2003年担任科学院东方学研究所圣彼得堡分所所长，波波娃主要致力于中国历史的研究，尤以唐史为重，分别用中文、俄文、英文发表论著50余部。1999年出版《唐代初期治国思想与方法》[2]，波波娃在书中分析了唐太宗李世民的政治生活、治国思想和策略、军民关系等。此外，波波娃还翻译了《帝范》《贞观政要》《臣规》以及马融的《忠经》。

在远东研究所的年轻汉学家布拉日基娜（А. Ю. Блажкина）致力于中国儒道的研究，尤其关注1993年在湖北省荆门市郭店村出土的“郭店楚简”，开启了俄罗斯古代思想研究的新方向。布拉日基娜著有一系

---

1 Буддизм в Китае // Буддизм. Каноны. История. Искусство. -М.: Дизайн. Информация. Картография, 2006.

2 Попова И. Ф. Политическая практика и идеология раннетанского Китая. -М.: Восточная литература, 1999. 279 с.

列作品，主要有《早期孔子哲学中的理想执政理论》（2013）、《郭店楚简：儒学中的新词汇》（2014）、《中俄文明对话中的孔夫子》（2014）、《郭店楚简中新自然的概念：自然源于命运》（2016）、《郭店楚简儒家文献中哲学类型体系》（2017）等。布拉日基娜在以上作品中探讨了儒家的为政以德、命运和自然的关系以及儒家思想在中俄对话中的作用，开辟了俄罗斯重新认知中国古代哲学遗产的新路径。

年轻汉学家洛马诺夫1989年毕业于莫斯科大学哲学系，1994年获得哲学副博士学位，现在俄罗斯科学院远东研究所工作，研究方向为新儒学和现代儒学，主要著作有《中国背景与西方哲学》《冯友兰著作中中国传统哲学的阐释与发展（20世纪20—40年代）》《关于现代新儒教的概念》《民国时期中国哲学中形而上学的地位》《西方哲学与中国背景》等。

新一代《易经》研究者——斯特拉汝克（А. Г. Сторожук）是圣彼得堡大学东方语言系中国语言文学教研室主任，主要致力于唐代文学家元稹著作的翻译和研究，对中国传统哲学和文化也颇有研究。2010年出版《唐代文学艺术作品中的儒、释、道三教和中国文化》[1]。该书探讨了儒、释、道思想在唐代文学中的表现形式和对唐代文化的影响，点明佛教中的“空相、虚淡”是唐代艺术作品组织的基本原则，指出《易经》象数对唐代诗词韵律的影响以及唐代文学中表现出的“人的孤独和世界不完美”的道家世界观。[2]书中附有大量文学作品译文用来阐释以上观点。2012年斯特拉汝克出版《中国阴间的神和鬼》，这是关于中国民间信仰的一部百科全书，书中图文并茂地描述了中国的葬礼文化以及阴间的各种人物和故事。

雷萨科夫（А. С. Рысаков）翻译的新儒学思想家张载的《正蒙》俄译本于2013年出版，这是一部翻译加评注的译著。[3]玛约罗夫（В. М.

1　Сторожук А. Г. Три учения и культура Китая: конфуцианство, буддизм и даосизм в художественном творчестве эпохи Тан. -СПб., 2010.

2　季塔连科，罗曼诺夫，张冰．1990年代后俄罗斯中国传统哲学研究综述［J］．社会科学战线，2017（01）：229-236．

3　Чжан Цзай. Исправление неразумных. -М., 2013.

Майоров）翻译并加以注释的中国典籍《尚书》也于同年出版问世。在附录中，玛约罗夫详细地研究了中国的文献历史和注疏以及前人的翻译经验，玛约罗夫指出，《尚书》在某种程度上让中国人的祖先学会中国式的感知和思维方式，培养了他们的社会生活习惯并赋予整个社会道德精神文明。[1]

此外，俄罗斯时期涌现出大量的后起之秀年轻汉学家，他们对中国哲学进行了深入广泛的研究，如马斯洛夫（А. А. Маслов）2005年出版《神秘之道：〈道德经〉的世界》、康德拉绍娃（Л. И. Кондрашова）用诗歌体翻译《道德经》等。伊奥诺夫（А. Ю. Ионов）是俄罗斯远东研究所研究员，致力于对顾炎武的哲学认识论和《日知录》进行研究。另外，汉学家戈洛瓦乔娃（Л. И. Головачева, 1937—2011）在2000年和2010年分别发表论文《〈论语〉研究和中国文献发展推论》和《不平凡的孔夫子》，对《论语》的文本结构展开分析。巴米拉采娃（Л. Е. Померанцева）翻译了《淮南子》，该译著于2012年出版。值得一提的是，1989年季塔连科把冯友兰的《中国哲学史》从中文翻译成俄文。除此之外，1992年，俄罗斯哲学研究所出版了刘大钧撰写的《周易概论》的部分俄译文，因为译者突然去世，《周易概论》的翻译没能全部完成，科布杰夫打算把这部作品的翻译继续下去。

三、俄罗斯时期对儒、释、道的综合研究

对儒、释、道进行综合研究的除瓦西里耶夫、列·瓦西里耶夫等汉学家之外，还有一位新生代佛教研究专家叶尔马科夫（М. Е. Ермаков, 1947—2005）。叶尔马科夫的中文名叫叶马科。叶尔马科夫是孟列夫的学生，1974年从圣彼得堡大学毕业后进入科学院东方学研究所圣彼得堡分所工作。叶尔马科夫一生总共出国两次，而且去的都是中国。第一次是1989—1990年因获得奖学金而去中国进修，第二次是2003—2004年

---

1 Чтимая книга: древнекитайские тексты и перевод Шан шу (Шу цзин) и Малого предисловия Шу сюй / Подгот. древнекит. текстов и ил., пер., прим. и предисл. послесл. В. М. Майорова и Л. В. Стеженской. -М., 2014. С. 4.

在中国新华社担任咨询专家。1983年10月，叶尔马科夫以《文学典籍〈高僧传〉》通过论文答辩，获得副博士学位。1991年在博士论文的基础上出版了《高僧传》的部分译文，书名为《德高望重的和尚的生平〈高僧传〉》[1]，译文共有100页，在前言中，叶尔马科夫对《高僧传》原作本身进行了分析。2005年完成《高僧传》第二部分的译文。直到2019年，第二部分译文才出版面世。叶尔马科夫去世前还在伏案翻译译文的第三部分，但最终也没有完成。

1992年，圣彼得堡出版社出版叶尔马科夫文章和译文合集《译文中的佛教》，1993年，叶尔马科夫将其重新编辑，以《汉佛——公元一千年中期的中国佛教》[2]为名出版，书中介绍了慧远、慧皎等著名佛教人物。2001年这部专著被翻译成英语在国外出版流传，这也是叶尔马科夫唯一一部在国外出版的作品。叶尔马科夫研究兴趣广泛，1993年他翻译了六朝时期佛教故事集《冥祥记》[3]，且译文得到出版。

1994年，叶尔马科夫的《中国佛教世界》[4]在圣彼得堡出版，该著作被列入“世纪智慧”东方丛书。在佛教短篇小说资料的基础上，叶尔马科夫试图通过中国民间佛教的基本定向、彼岸世界、经典作品、佛教诸神、僧侣及信徒等佛教要素，来重现4—6世纪中国民间的佛教传统、价值观以及世界观。

1998年，叶尔马科夫在圣彼得堡出版《感应传四种》，该译著共有368页，收录了《感应传》（王延秀著）、《宣验记》（刘义庆著）、《冥祥记》（王琰著）、《旌异记》（侯白著）、《冥报记》（唐临著）等200个佛

---

1 Хуэй-цзяо. Жизнеописания достойных монахов (Гао сэн чжуань) / Перевод с китайского, вступительная статья, комментарий и указатели М. Е. Ермакова: В 3 т. Том II. (Раздел 2: Толкователи). -СПб. : Петербургское Востоковедение, 2005. 240 с. (Памятники культуры Востока, XVIII).

2 Ермаков М. Е. Синобуддология. Китайский буддизм первой половины I тысячелетия н. э. 2001.

3 Ван Янь. Вести из потустороннего мира. Буддийские короткие рассказы V века / Перевод с китайского, примечания и послесловие М. Е. Ермакова. -СПб. : Андреев и сыновья, 1993.

4 Ермаков М. Е. Буддийский взгляд на мир / Редакторы-составители В. И. Рудой, Е. П. Островская. Коллектив авторов: М. Е. Ермаков, Т. В. Ермакова, М. Е. Кравцова, Е. П. Островская, А. Б. Островский, В. И. Рудой, Е. А. Торчинов. -СПб. : Андреев и сыновья, 1994.

教故事。1998年，叶尔马科夫的《中国风水》[1]出版，该译著是从英文版翻译过来的，带有详细的评注，描述了中国的风水学，分析了天地对人类活动的影响，于2003年再版。2003年，圣彼得堡字母出版社出版叶尔马科夫的科普作品《中国法术》[2]，不同于当时社会上流行的同类题目的书籍，这本书从科学的角度向读者展示了中国的占卜术、风水等，于2008年再版。

叶尔马科夫不仅自己独立翻译和研究，还善于和其他学者积极合作，出版多部研究专著。1998年，叶尔马科夫、波波夫采夫（Д. В. Поповцев）等人合作翻译出版《佛教经典》[3]一书，内容包括《金刚经》《出小无量寿经》《般若波罗蜜多心经》《大乘无量寿经》《观无量寿佛经》等；同年和阿里茂夫（И. А. Алимов）以及玛尔德诺夫编写《中庸之国——中国传统文化引论》[4]；2000年，和编辑奥斯特洛夫斯卡娅（Е. П. Островская）一起出版《佛教文化类型》[5]；2001年叶尔马科夫和托尔奇诺夫、克拉夫佐娃（М. Е. Кравцова, 1953—）以及索罗宁合作编撰《中国宗教文选》[6]，在《中国宗教文选》里收录了大量道教和佛教典籍译文，道教典籍有《道德经》《阴符经》《游天台山赋》《太平广记》等，佛教典籍有《无量经》《妙法莲华经》《原人论》《宗本义》《佛说轮王七宝经》《中阿含经》《佛说文陀竭王经》等。

---

1 Ермаков М. Е. Классический фэншуй: Введение в китайскую геомантию / Сост., вст. ст., пер., примеч. и указ. М. Е. Ермакова. -СПб. : Азбука-классика, Петербургское Востоковедение, 2003. 272 с.

2 Ермаков М. Е. Магия Китая. Введение в традиционные науки и практики. -СПб. : Азбука-классика; Петербургское Востоковедение, 2003. 208 с. (Мир Востока).

3 Ван Янь-сю. Предания об услышанных мольбах (Гань ин чжуань), а также: Лю И-цин. Подлинные события (Сюань янь цзи); Ван Янь. Вести из потустороннего мира (Мин сян цзи); Хоу Бо. Достопамятные происшествия (Цзин и цзи); Тан Линь. Загробное воздаяние (Мин бао цзи) / Пер. с кит., вступ. статья и примеч. М. Е. Ермакова. -СПб. : Центр Петербургское Востоковедение, 1998. 368 с.

4 Алимов И. А., Ермаков М. Е., Мартынов А. С. Срединное государство. Введение в традиционную культуру Китая. -М. : ИД Муравей, 1998. 288 с, с илл.

5 Ермаков М. Е Категории буддийской культуры / Редактор-составитель Е. П. Островская. Авторы разделов В. И. Рудой, М. Е. Ермаков, Т. В. Ермакова, Е. П. Островская, Е. А. Островская. -СПб. : Петербургское Востоковедение, 2000. 320 с. (Серия Orientala).

6 Ермаков М. Е Религии Китая. Хрестоматия / Составитель Е. А. Торчинов. Авторы Е. А. Торчинов, М. Е. Ермаков, М. Е. Кравцова, К. Ю. Солонин. -СПб. : Евразия, 2001. 512 с.

此外，莫斯科大学亚非学院年轻汉学家捷尔季茨基（К. М. Тертицкий, 1965—）于1994年在莫斯科大学出版社出版专著《中国人：在当前世界中的传统价值》，全书由三个章节组成。第一章从当代中国人的思想、行为和社会体制方面探讨了宗教、伦理和社会三种类型的价值观。第二章“当代中国人的宗教”分析了佛教、道教、基督教以及混合宗教在当代中国人之中的文化意识和影响。第三章介绍了当代中国社会文化的机制与规范。本书引用大量数字和证据，采用社会学的研究方法，详细分析了当代中国人的价值观和宗教观，是一部研究当代中国宗教现状的力著。[1]

远东研究所研究员马利亚文（В. В. Малявин, 1950—）博士著有《孔子传》，该书于1992年作为“名人传丛书”出版，此书出版后非常畅销，首印15 000册，于1996年再版，印刷20 000册。这是一本叙述孔子生平和思想的通俗书籍，作者以通俗易懂的语言阐释了孔子的思想和其对全人类的意义。

进入俄罗斯时期以来，对《诗经》的研究方兴未艾，施图金的译本以节译或者全译的形式多次再版或重印。一些汉学家借鉴西方诗经学的最新研究成果，以文化学、人类学、神话学等多维视角和方法对《诗经》进行综合研究。这一时期最主要的研究者是克拉夫佐娃，她主要致力于中国诗歌和文化的研究，发表《中国社会和文化现象的佛教》[2]，从佛教文学的角度考察了佛教在中国的演变和对社会文化的影响。克拉夫佐娃编写的《中国文化史》成为俄罗斯高等学校的通用教材。克拉夫佐娃最主要的成就是对《诗经》的研究，她从人类学和文化学的视角考察中国诗学的特点及起源，在广阔的历史文化语境中对《诗经》的意义和起源进行全面的探究和剖析，并考察了《诗经》和其他典籍的关系。克拉夫佐娃翻译了《诗经》中的20首作品，这些译文收录

1　郑天星. 俄国汉学：儒佛道研究［J］. 国外社会科学，2003（02）：54-63.

2　Кравцова М. Е. Буддизм как социальный и культурный феномен китайского общества // Религии Китая. Хрестоматия. Сост. Е. А. Торчинов. -СПб., 2001. С. 139–262.

在2004年她选编的《中国文学选读》[1]中。

以研究敦煌文献和翻译《西厢记》而闻名的孟列夫也对《诗经》进行过翻译。2007年，孟列夫翻译的《中国诗歌集》[2]由科学院东方学研究所圣彼得堡分所出版。孟列夫的译文准确精练，很好地体现了《诗经》的结构、艺术手法、风格、韵律，另外译文中有很多注释。[3]俄罗斯时期的研究摆脱了苏联时期概述式的研究模式和"诗经学"研究中的唯文学论倾向，在内容上，从文学、哲学、历史等角度对《诗经》进行考察和研究，在方法上，运用人类学、文化学和神话学的方法对《诗经》进行解读和阐释，在研究的深度和广度上都比苏联时期有进一步的拓展。

四、集体创作成果以及对前期研究成果的整理与再版

进入俄罗斯时期以来，在以季塔连科为首的俄罗斯科学院远东研究所的领导下，几部关于中国哲学思想和文化研究的论文集于20世纪90年代出版。1985年，莫斯科共和国出版社出版了由茹科夫斯卡娅（Н. Л. Жуковская, 1939—）博士主编的《无神论词典》，该词典共512页，副主编为科尔涅夫（В. И. Корнев）博士，共有22人参与了该词典的编辑，主要是卡班诺夫（А. М. Кобанов）、托尔奇诺夫等人。1992年，《传统中国的人格》出版（2019年再版）。1998年，《东方哲学丛书》出版。《传统中国的人格》收录了贝列罗莫夫、玛尔德诺夫、科布杰夫、博罗赫（Л. Н. Борох）、卡柳日娜娅（Н. М. Калюжная）等汉学家的论文。贝列罗莫夫论述了儒家的伦理特点和实用主义；玛尔德诺夫提出国家机制中儒家的人格、地位等问题；科布杰夫认为人本主义决定了中国哲学的价值和实用主义；博罗赫剖析了梁启超哲学中的自由个性对历史进程的影响；卡柳日娜娅则论述了章炳麟"革命道德"理论中的个性思想。

---

1 Кравцова М. Е. Избранные китайской литературы, -СПб., 2004.

2 Китайская поэзия в переводах Льва Меньшикова. -СПб. : Петербургское востоковедение, 2007. С. 36.

3 阎国栋，张淑娟. 俄罗斯的《诗经》翻译与研究［J］. 社会科学战线，2012（03）：140–146.

《东方哲学丛书》收录了科布杰夫和博罗赫主编的论文集，探讨了中国哲学和文化的重要范畴“德”。在科布杰夫看来，“德”包含在中国社会生活的各个方面，儒家的伦理学、道家的逻辑学、《易经》的玄妙学都涵盖了这一范畴。通过和西方哲学范畴中的“道德”进行对照，科布杰夫等人揭示了中国古代个人“以德”至上的思想变化。[1] 1994年，莫斯科出版一套《中国哲学史》，该书全面介绍了中国哲学从产生到发展再到繁荣的过程，同时重点对“百家争鸣”做了深入的探讨。

1994年由俄罗斯科学院远东研究所的季塔连科主编的《中国哲学百科辞典》[2]在蒋经国基金会的赞助下出版问世。几乎所有研究中国哲学的汉学家都参与了该辞典的编写，他们在对中国哲学概念进行阐释的同时，重点展示了苏联和俄罗斯时期汉学家们在中国哲学研究和翻译方面取得的成就。《中国哲学百科辞典》获得俄罗斯汉学界的一致肯定和赞誉，被学界认为是对苏联和俄罗斯时期中国哲学翻译和研究的一次总结。词典条目和内容有中国哲学与文化范畴、中国哲学典籍、中国各哲学派别和其学说、宗教思想与意识形态、政治与文化运动、哲学协会与团体、中国哲学家人名索引、国外研究中国哲学的专家等。

在俄罗斯时期汉学家的集体成就方面，影响力最大的当属六卷本的《中国精神文化大典》，首卷《中国哲学卷》对中国哲学进行了系统的研究和论述。《中国精神文化大典》的《中国哲学卷》完全摆脱了苏联前期哲学史研究模式的制约，摆脱唯物、唯心的简单二分法，突破哲学发展史是对阶级斗争的反映等框框，竭力揭示中国哲学和文化的内在特点。在《中国哲学卷》总论部分的“中国哲学和精神文化”中，汉学家们强调中国文化、中国哲学是一个独立的体系，而且将它们同欧洲文化、欧洲哲学相比较，以此来突出中国哲学的特征。《中国哲学卷》还着力揭示中国哲学内在的特征，认为中国哲学方法论的特征在于以从占

---

1 Кобзев А. И. Дэ и коррелятивные ей категории в китайской классической философии//От магической силы к моральному императиву: категория дэ в китайской культуре. -М., 1998. С. 34.

2 Китайская философия. Энциклопедический словарь. -М., 1994. 574с.

卜中发展起来的“象数学”逻辑来破解自然、社会和人生的秘密，如两分法——阴与阳，三分法——天、地、人，五分法——五行等。[1]

在这一时期，在中国哲学研究领域，俄罗斯和其他国家的学术交流和合作更加密切。20世纪90年代中期，俄罗斯科学院远东研究所和美国的中国哲学学会建立了学术交流和合作。1997年在莫斯科出版了论文集《中国哲学与文明问题》，该论文集的出版成为俄、美学者成功合作的范例。论文集收录了中美俄著名汉学家和哲学家的学术论文，收录了季塔连科、费奥克蒂斯托夫、南乐山（Р. Невилл）、贝列罗莫夫、苏哈尔丘克（Г. Д. Сухарчук）、卢基扬诺夫、杜维明、成中英、刘述先、余英时等著名学者的论文。这些论文论述了中国文化和中国哲学的相互作用，探讨了东西方文明价值体系的异同，集中体现了俄罗斯和美国学者在中国哲学研究方面不同的观点和研究倾向，俄罗斯汉学家更多关注中国传统思想在中国各历史阶段的发展、演变和作用，以及中国哲学新的阐释方法。[2]美国学者侧重于中国和西方文明基础的比较研究，并探究两者合作共存的前景和趋势。另外俄罗斯科学院哲学研究所于1993年出版了扎采夫（Зайцев, 1953—）主编的《中国理论主义的传统和现代》[3]论文集，这是由中美俄学者合作完成的论文集，五位作者中有三位俄罗斯学者、一位中国学者、一位美国学者。

此外，2014年，俄罗斯科学院远东研究所出版集体翻译的《尚书》[4]俄文全译本，此译本篇幅浩大，共有1 149页。全书包括前言、正文、注释、后记，前言和后记部分由马约罗夫（В. М. Майлов）完成。[5]

20世纪末以来，俄罗斯汉学家不仅拓宽了中国哲学研究的领域，还

---

1 刘亚丁．探究中国哲学 溯源华夏心智——俄罗斯《中国精神文化大典·哲学卷》管窥［J］．甘肃社会科学，2013（04）：137-139.

2 季塔连科，罗曼诺夫，张冰．1990年代后俄罗斯中国传统哲学研究综述［J］．社会科学战线，2017（01）：229-236.

3 Рацилналистическая традиция и современность. Китай. -М., 1993. 208 с.

4 Чтимая книга: Древнекитайскиетекстыиперевод Шаншу (Шуцзин) и Малогопредисловия (Шу сюй / Подгот. древнекит. текстовиил пер. прим. ипредисл. В. М. Майорова и Л. В. Стеженской. -М. : ИДВРАН, 2014.

5 马约罗夫.《尚书》在俄罗斯的传播述论［J］．扬州大学学报（人文社会科学版），2017，21（02）：87-97.

把目光放到前辈汉学家的研究和翻译成果上，一些汉学家开始对中国哲学典籍研究和翻译成果进行再研究并对其进行整理、注释与出版。

《孟子》(波波夫译本的珍本影印本)由贝列罗莫夫增补了当代的注释，于1998年再版。[1] 儒家典籍《春秋》由玛纳斯德列夫增补了当代注释，于1999年再版。[2] 1995年布朗热编撰的《佛陀与孔夫子的生平与学说》[3]由缪列尔(М. Мюллер)补写"中国宗教概述"作为附录后重新出版，但是附录中没有说明布朗热与托尔斯泰在东方圣贤研究方面的合作动机与结果。[4]

近年来，俄罗斯的研究者对《三字经》表现出了极大的兴趣。进入21世纪以来，为了庆祝比丘林的《三字经》俄译本出版185周年，《三字经》专题纪念集得到出版，加列诺维奇(Ю. М. Галенович)在中国当代社会现实背景下对《三字经》文本进行了重新解读，书中包括比丘林的译文和一些解释说明。阿布拉缅科(В. П. Абраменко, 1953—)和雅科夫列夫(П. Я. Яковлев)对《三字经》进行过诗体翻译[5]，分别在2010年和2012年重新出版《三字经》译文[6]。此外，比丘林的《太极图说》和《通书》译文由卢基扬诺夫进行研究和增补，于2009年再版。

苏联汉学家休茨基的《易经》译著由科布杰夫修订增补后于1993年再版[7]，印数达到10 000册，由此可见，俄罗斯对中国文化的兴趣和需求增长。此外，由科布杰夫校对的《古代中国的个体和政权》也得到再

1　Китайский философ Мэн — цзы / Пер. с кит., примеч. П. С. Попова, послесл. Л. С. Переломова. -М., 1998. Репринт издания. 1904.

2　Конфуциева летопись Чуньцю (Вёсны и осени) / Пер. и примеч. Н. И. Монастырева, исслед. Д. В. Деопика и А. М. Карапетьянца. -М., 1999. Репринт издания 1876.

3　Буланже П. А. Будда. Конфуций. Жизнь и учение / Сост. С. В. Игошина. -М., 1995.

4　季塔连科，罗曼诺夫，张冰. 1990年代后俄罗斯中国传统哲学研究综述［J］. 社会科学战线，2017(01)：229–236.

5　Сань цзы цзин (Троесловие) / Отв. ред. М. Л. Титаренко; сост. В. П. Абраменко. -М., 2013.

6　Троесловие: (Сань-цзы-цзин) / Пер. с кит., предисл. и примеч. Ю. М. Галеновича. -М., 2010; 2012 (2-е изд., доп.)

7　Щуцкий Ю. К. Китайская классическая Книга перемен. 2 -е изд., испр и доп. / Под ред. А. И. Кобзева. -М., 1993.

版。[1] 2005年，费奥克蒂斯托夫的《荀子》译著再版，其中增补了关于中国哲学在当代世界的地位的论文作为附录。[2]

进入俄罗斯时期以来，汉学研究出现了"百花齐放"的态势，老中青汉学家对中国文化研究表现出了极大的热忱。在哲学典籍翻译方面，汉学家们借鉴和整理前人的译著和手稿，不断翻译、增译和再译，产出了数量众多的中国哲学典籍译著，其译文质量得到了提高，达到了一个前所未有的高度。这一时期在哲学研究方面最明显的特征是研究范围进一步扩大，在不同的研究领域涌现出大量优秀的具有现代意义的学术成果，汉学家们更倾向于团队之间的合作和创作。在老一辈院士汉学家的倡议和率领下，年轻一代的汉学家不断推出集体创作，其中最醒目的就是篇幅浩大、影响力强的《中国精神文化大典》《中国哲学百科辞典》《佛教词典》等引起国内外关注的传世经典。除此之外，这一时期的俄罗斯汉学家注重国际间的合作，不仅加强中俄之间的学术合作，还联合欧美汉学家和哲学家共同开展对中国哲学的研究，建立起全球化的"中国哲学研究协会（学会）"。

第四节　小　结

进入苏联后期和俄罗斯时期以来，在中国哲学翻译和研究领域出现了一波又一波的热潮。中国哲学在俄罗斯掀起热潮的原因有以下几点：第一，随着苏联的解体，社会意识和价值观形态发生急剧转变，团结民众、重振大国雄风的现实需求使俄罗斯急于借鉴东西方精神文化；第二，在全球化的背景下，西方文化陷入越来越深刻的精神危机中，而中国文化彰显出独特的精神魅力，重视伦理精神的中国哲学深深吸引着西

1　Рубин В. А. Личность и власть в древнем Китае: собрание трудов / Отв. ред. А. И. Кобзев. -М., 1999.

2　Феоктистов В. Ф. Философские трактаты Сюнь-цзы: исследов. пер., размышления китаеведа. -М., 2005. 432 с.

方和俄罗斯的学者，俄罗斯汉学家认为在中国哲学中可以找到人类精神复兴的道德力量[1]；第三，中国改革开放后飞速发展的经验吸引俄罗斯汉学家探究中国哲学和传统文化在经济发展中的作用。

20世纪中叶以后，俄罗斯学者对中国哲学的研究除继承以前的优秀传统之外，还抛弃了教条式的、受苏联政治意识形态影响的研究方法，开始注重务实的基础研究。研究特点具体表现为：俄罗斯和中国以及其他国家的学术交流越来越密切，建立起国际间的中国哲学研究联盟、协会、学会等研究团体；俄罗斯汉学家更注重中国古典哲学的现代意义，即把古典哲学置于当今社会中进行考察，研究和评价中国古典哲学对当代社会的价值和作用；研究的职业化、专门化更加明显，哲学专业出身的汉学家能以专业的眼光考察和探究中国古典哲学，从哲学的视角独立思考中国哲学思想和文化；俄罗斯汉学家着眼于俄罗斯现实的精神文化需求，从中国古典哲学研究向中俄对话过渡；研究者把中国哲学置于世界文化之中进行观照，进行东西方精神文化对比，以便更加深入、全面地认识中国哲学的本质特征；俄罗斯学者高度评价中国文明对世界文明的形成与发展所起的作用，充分肯定中国哲学在东西方文化对话中的地位和作用；中国哲学和中国文化在俄罗斯的影响远远超出了学术界的预期，儒道思想和学说受到政治和文学精英的青睐，在媒体和社会层面也被广泛推广和接受。

1　朱达秋. 中国哲学在俄罗斯：20世纪90年代俄罗斯的中国哲学研究［J］. 哲学动态，2005（03）：62-67+73.

第四章

中国哲学典籍译本分析与研究

进入苏联后期，中国哲学典籍的翻译热潮一直持续上涨，从儒、释、道典籍一直扩展到其他学派的典籍。苏联解体后，俄罗斯汉学家对中国哲学的翻译热忱一直有增无减。大量的《论语》和《道德经》俄译本不断涌现出来。迄今为止，《论语》已经出现10多个俄语版本，《道德经》有20多个俄译版本，其他学派的典籍也不断有新的翻译版本出现。这些译本跨越时间的长河，出自不同的汉学家之手，由于历史和时代的局限性、汉学家自身语言水平及认知等原因，在翻译风格、译文质量等方面各有千秋，但也存在着一些不尽如人意之处。下面选取一些翻译版本较多的中国哲学典籍俄文译本进行列表分析。

第一节　儒家典籍译本研究

一、《论语》译本比较分析

《论语》译本的风格各具特色，这主要是因为翻译者本身的语言素养、生活阅历和宗教信仰不同，也跟译者所处的时代背景有关。下面选取几位汉学家的译文进行简要分析。

《论语》在俄国的翻译始于比丘林，早在1815年比丘林就开始翻译"四书"，并翻译了朱熹的注疏，这一阶段比丘林对《论语》只是简单的介绍性翻译，没有进行系统的翻译。比丘林的译本大多采用编译法，有选择地转述其中内容。比丘林没有完全采用逐字逐句的直译方法，而是遵守翻译实践中的对等和公正原则。比丘林的译本在当时已经处于比较高的水平，戈尔巴乔娃认为，后来的瓦西里耶夫和波波夫的译文质量未必能超过比丘林的译本。[1]尽管如此，由于比丘林的手稿没能出版，再

1　阎国栋. 俄罗斯汉学三百年［M］. 北京：学苑出版社，2007：7.

加上当时正值拿破仑入侵沙皇俄国，《论语》的传播因此受到影响。

1868年，瓦西里耶夫翻译了《论语》，并于1884年将其发表在《汉语文选》上，该俄译本还被用作圣彼得堡大学四年级汉学专业的必修教材。瓦西里耶夫译本的版面比较像中国文中夹注的经典版面：先是俄文译文，接下来是注释的文字。瓦西里耶夫采取直译的方式对《论语》进行翻译，这种翻译方式对学生来说比较容易理解和接受。瓦西里耶夫的这个译本是供学习汉语的学生使用的，对教学而言比较方便，在课堂上他经常把《论语》里面的语句给学生作为翻译练习资料。[1]瓦西里耶夫认为，《论语》是俄罗斯人了解儒家学说发展以及过程的宝贵资料。[2]瓦西里耶夫翻译《论语》时，深受朱熹注释的影响，他的俄语注释有失偏颇，比如他将“夫子”理解和注释为“丈夫的儿子”。瓦西里耶夫在1880年编撰了经典著作《中国文学史纲要》，在这部著作中，他用了近五分之一的篇幅介绍孔子和其经典学说。瓦西里耶夫对《论语》的翻译以及儒家思想的传播起到了很大的作用。

在《论语》翻译初期，译者的目的在于向俄国介绍儒学思想，他们按照个人主观意识对原文进行取舍，有选择性地翻译原文，译文缺乏完整性和全面性。但是这些译文在当时对儒学思想的传播起到了重要作用，为后期《论语》新译本的产生和对儒学核心概念的阐释奠定了理论基础。随后《论语》的传播载体由语言练习教材逐步改变为译本和儒学研究专著。[3]

1910年，波波夫出版《论语》完整的俄译本，波波夫的译本在俄罗斯是第一个《论语》全译本。波波夫的译文有四个特点：一是译文紧跟原文；二是译文力求准确，采用逐字逐句的直译；三是波波夫翻译并详细解释了中国古代注疏家对《论语》的注疏；四是波波夫在注释中用不少的篇幅表达了其见解。波波夫译文的不足之处表现在因为过于追求和原文的一致性，采用逐字逐句的直译方法，译文显得过于生涩、呆板；

1 刘亚丁. 孔子形象在俄罗斯文化中的流变［J］. 东北亚外语研究，2013，1（02）：2-9.
2 李明滨. 中国文化在俄罗斯［M］. 北京：新华出版社，1993：41.
3 田雨薇.《论语》在俄罗斯的译介与传播［J］. 中国俄语教学，2020，39（03）：87-95.

过多的解释使译文显得很啰唆。波波夫译文的另一个局限性在于其希望在儒家文化中寻找与基督教文化的相似点，借以宣传基督教文化。他将儒家文化基督教化，掩盖了两种文化的巨大差异，弱化了原作中儒家文化的内涵和哲学意义。[1]尽管如此，波波夫的译本是在瓦西里耶夫译本上的提升，能使读者从不同角度较为准确、客观地了解儒家文化的内涵。随着汉学在俄国的发展，波波夫的《论语》全译本在20世纪初引起了较大的反响。

20世纪20年代，苏联著名院士汉学家阿列克谢耶夫因为对波波夫的《论语》译本不是很满意，决定按照自己的风格重新翻译《论语》，遗憾的是由于当时的社会历史背景，他仅仅翻译了《论语》的前三章，并且这三章译文在他逝世后于1978年才出版。阿列克谢耶夫的译本在当时引起了很大的反响，贝列罗莫夫这样评价他的译本："尽管阿列克谢耶夫只翻译了《论语》的前三章，但是在《论语》俄译史上，他的译文是后来的翻译家都无法超越的。"[2]阿列克谢耶夫采取意译的方法，夹译夹注，不仅对术语进行详细的翻译，还详尽地阐释了朱熹的注释，同时用大量篇幅表达自己的见解和意见，往往一个章节的几句话在他的译文中成了一篇论文。后来康拉德和波兹涅耶娃分别节译了《论语》并出版。20世纪80年代，谢缅年科翻译了《论语》，谢缅年科采用灵活的"意译"法，译文呈现为押韵的散文体。他的译文偏口语化，语言简洁生动、富有韵味，但是在某些地方由于过于"随心所欲"，译文意思偏离了原文。

进入20世纪末期，《论语》的翻译在当时掀起了新的热潮，贝列罗莫夫在翻译《论语》时为了力求翻译的精准同时参考了大量的中国古代和当代的注释和观点。贝列罗莫夫的《论语》译本集历代俄罗斯汉学家对《论语》翻译的精华，是当前学术界最系统、最完善的译本，同时也是最全面与客观的俄译本。贝列罗莫夫在比较和分析英语、汉语（白话文版本）、韩语、法语等译本的基础上进行翻译和研究。多语种平行对

1　刘丽芬.《论语》翻译在俄罗斯［J］. 中国外语，2014，11（05）：96-103.

2　Переломов Л. С. Конфуцианское Четверкнижие. -М., 2004. С. 155.

比增加了译本的准确性，因此贝列罗莫夫的译本也成为当下汉学界最具参考意义的《论语》研究材料。[1]他的译文不仅在语言上简洁准确、讲究遣词造句，在节奏上也力求和原文保持一致，使人读起来感觉韵味十足、朗朗上口。较之前人的研究，他的关注点从文本内容语言转向对概念的阐释和说明。贝列罗莫夫认为，在《论语》的翻译和研究中，译者既要能够正确理解文中儒学概念的内涵和意义，又要把重点放在儒学概念的翻译和阐释上。[2]贝列罗莫夫因为在《论语》翻译上的成就，获得由叶利钦（Б. Н. Борис, 1931—2007）亲笔签名的"俄罗斯最杰出的科学活动家"金质奖章。[3]

苏联解体后，随着中国和东亚经济的发展，俄罗斯汉学家开始重拾对儒学的研究，以期从中汲取对俄罗斯社会、经济发展有益的思想。因此，《论语》的翻译、研究与传播在俄罗斯迎来了新的高峰。[4]

21世纪初期，玛尔德诺夫翻译并出版了《孔子·论语》，后来再版时书名改为《儒学·论语》，本书不仅有《论语》译文，还包括序言、孔子的生平与学说、儒学的主要术语和注释等。玛尔德诺夫为了让俄国读者能轻松读懂《论语》，尽量避免直译的方式，而是用大量的篇幅详尽地解释《论语》中生僻的术语和注疏，以传达《论语》中的主要内容和思想，但是玛尔德诺夫的译文中，注释较少，仅在文中以夹注的形式表现出来。

随着《论语》译本传播力的增强，对于译本质量的要求也不断提升，《论语》翻译的方法也在不断改进。译者不再局限于意思的相对应和思想内涵的阐释，而是在此基础之上，注意修辞手法及整体结构和韵律上的翻译加工。也就是说，译本不仅追求"信"和"达"，还追求"雅"，试图全面反映古代中华典籍的美感。[5]《论语》译本比较分析详见表4-1。

1 田雨薇.《论语》在俄罗斯的译介与传播［J］. 中国俄语教学，2020，39(03)：87-95.
2 Переломов Л. С. Конфуций: жизнь, учение, судьба. -М. : Наука, 1993.
3 陈开科."莫斯科的孔夫子"：记俄罗斯科学院著名汉学家列·谢·贝列罗莫夫博士［J］. 孔子研究，2000（03）：105-112.
4 刘丽芬.《论语》翻译在俄罗斯［J］. 中国外语，2014，11（05）：96-103.
5 田雨薇.《论语》在俄罗斯的译介与传播［J］. 中国俄语教学，2020，39（03）：87-95.

表4-1 《论语》译本比较分析

翻译时间	出版时间	译　者	节译或全译	翻译方法和风格	备　注
1815年	未出版	比丘林	节译	编译	还翻译了朱熹的注释
1868年	1884年	瓦西里耶夫	节译	直译	译释结合、俄汉对照译本（用作教材）
不详	1910年	波波夫	全译	直译	第一个《论语》全译本，译释结合
1921年	1978年	阿列克谢耶夫	节译	意译	夹译夹注
不详	1959年	康拉德	节译	意译	文学性翻译
20世纪60—70年代	不详	郭质生（В. С. Колоколов, 1896—1979）	全译	意译	译文准确性低，随意性大
不详	1963年	波兹涅耶娃	节译	意译	文学性翻译
不详	1972年	克列夫佐夫（В. А. Кривцов, 1948—）	节译	直译	译文准确性较低、生硬
不详	1982年	卡拉佩基扬次（А. М. Карапетьянц, 1943—2021）	全译	直译+意译	译文准确性较高
1987年	1994年、1995年	谢缅年科	全译	意译	散文体翻译，译文偏口语化
不详	1998年、1999年	贝列罗莫夫	全译	直译+意译	译文准确、简洁、流畅、韵律感强，最完善、最系统的译本
不详	1998年、2000年、2001年	玛尔德诺夫	全译	意译	除译文外，还介绍了孔子的生平，注释较少

续 表

翻译时间	出版时间	译 者	节译或全译	翻译方法和风格	备 注
不详	1998年、1999年、2000年	卢基扬诺夫和阿布拉缅科	全译	意译	诗歌体翻译，首部合作译本
不详	1992年、1996年、1999年、2007年	马良文	全译本	直译+意译	传记体裁
不详	2000年	佐格拉夫（И. Т. Зограф, 1931—2022）和玛尔德诺夫	全译	意译	译释结合

二、《大学》译本比较分析

《大学》在俄罗斯的翻译始于拜耶尔，时任俄国圣彼得堡院士的德国学者拜耶尔在英文译本的基础上用拉丁文节译了《大学》，后来其译文以《孔夫子的大学》为名被收录进《中国博览》第二册。虽然由于语言和时代的局限性，拜耶尔的译文存在很多漏译和错译问题，但是其译文对于《大学》在俄国的翻译具有重要的开拓意义。

进入18世纪，随着“中国风”席卷西方，俄国迫切地想了解中国和中国的思想文化。1778年，生活于法国的俄国社会批评家冯维辛为了抨击俄国当时的政局，在法文译本的基础上翻译了《大学》，这是第一部《大学》俄文译本。冯维辛翻译的目的是借《大学》里所强调的道德修养在社会生活中的作用，嘲讽和劝谏当时的朝廷和统治者，因此他的翻译带有主观性，在翻译时进行了大量的删减，只选取了自己所需要的部分内容进行翻译。由于译文来源于法文，对《大学》的部分内容理解有偏差，因此冯维辛的译文在带有政治性色彩的同时，还有很多漏译、误译等问题。科布杰夫曾指出，20世纪中叶，俄罗斯文学研究家正确地指出了冯维辛译本中尖锐的政论性特点和两个疏漏。[1]

1780年，列昂季耶夫的《大学》译著在第11期的《科学院消息》上发表，包括译文和注释，是第一部译自满语的俄语译本，后来收录到《中国思想》里。列昂季耶夫主要节译了《大学》里的治国思想和帝王的统治之术，他认为《大学》是许多中国文人对各种政治问题发表的建议，讨论了如何造福百姓和国家，包括对中国皇帝的道德训诫等。[2] 列昂季耶夫的译本被认为是最全面的译本，得到了当时欧洲学界的重视和肯定，后来被转译成德文和法文并出版。

列昂季耶夫的译文也带有现实政治色彩，发挥了一定的政治影射和讽刺作用，列昂季耶夫像冯维辛一样，将自己尖锐的政论性译文刊发在当时最为著名的讽刺杂志《雄蜂》和《空谈家》上，传达了社会上批判甚至反对的呼声。[3] 与冯维辛不同的是，列昂季耶夫的译文包括详细的注释，译文的准确性有明显的提高。除此之外，列昂季耶夫的译文展现了他对中国传统思想和儒家伦理道德的尊重和敬意，如“物有本末，事有终始，知所先后，则近道矣”这句话，冯维辛将其翻译为“把树枝当作树根，把树叶当作果实，把重要的事和无关的事混为一谈，且不把方法和意图区分开来的人是很痛苦的。弄清自己任务的先后并且认识到它们价值的重要性才是学问的开端”，而列昂季耶夫对这句话的翻译更接近中文原义：“万物各有本末，万事也各有始终，如果明白了事情的先后顺序，那就越来越接近学问之道了。”[4]

俄国学者维廖夫基（М. И. Веревкин, 1732—1795）在法文的基础上继列昂季耶夫对《大学》进行了翻译，译本于1788年出版。维廖夫基翻译《大学》同样是出于政治目的，以此来影射和讽刺叶卡捷琳娜二世的政治统治。和冯维辛的译本相比，他的翻译更加准确和翔实。在18

1　科布杰夫，张冰.《大学》在俄罗斯的命运［J］. 国际比较文学（中英文），2020，3（03）：507-518.

2　Леотьев А. Л. Китайские мысли 2-е изд. -СПб.: при Имп. Акад, наук, 1775. С. 4.

3　科布杰夫，张冰.《大学》在俄罗斯的命运［J］. 国际比较文学（中英文），2020，3（03）：507-518.

4　张鸿彦.《大学》在俄罗斯的传播与影响［J］. 人文论丛，2021，35（01）：197-204.

世纪，冯维辛、列昂季耶夫和维廖夫基受到欧洲启蒙学者的影响，不满当时俄国的统治，认为中国是开明君主的典范代表，十分重视《大学》的翻译，想借此来宣扬中国仁义开明的君主形象，并嘲讽和规劝当时处于统治地位的叶卡捷琳娜二世。三者的译文出于相同的政治目的，是在与中国直接的政治和文化往来的过程中形成的，对中国的思想和道德给予极高的评价，塑造了贤明的中国君王形象，同时也传播了儒家文化。[1]

19世纪，由于《大学》丧失了作为政治批判工具的功能，《大学》的翻译和出版逐渐被冷落。直到20世纪初期，俄国遭受政治危机，《大学》重新被重视起来。最值得关注的是托尔斯泰在接触了《中国经典》系列作品后，开始把目光转向东方的思想文化。托尔斯泰借用儒家文化充实自己的思想体系，试图拯救当时处于政治和社会危机之中的俄国。1884年，托尔斯泰在理雅各英文译本的基础上，对《大学》进行了译述，翻译了"经"和"传"两部分，并出版《大学论》和《孔夫子的论述》。托尔斯泰对儒家"修身养性"的思想有很大的兴趣，对《大学》也给予高度的评价。由于受到历史认知的局限，托尔斯泰也仅选取了《大学》中自己感兴趣的部分进行翻译，同时他错认为《大学》的作者是孔子。

1903年，追随托尔斯泰的作家布朗热为了拯救当时处于政治和社会危机之中的俄国，翻译了《大学》，布朗热给予《大学》高度的评价，除了前言部分借用了托尔斯泰的译文外，其他部分都是他基于英文版本翻译的。后来，布朗热出版《孔夫子的生平和学说》。

《大学》在俄罗斯的翻译走过了一段外文转译的曲折历程且充满了浓厚的政治色彩，直到苏联后期才摆脱作为政治工具这一功能，从而转向学术型的翻译之路。1986年，科布杰夫的《大学》（又称《伟大的学说》）译本出版，这是俄罗斯第一部译自汉语的俄文全译本。科布杰夫是在1983年出版的朱熹的《四书章句集注》中文版本的基础上进行翻译的，他不仅翻译了《大学》的全文和朱熹的注释，还对术语和注释都

1 张鸿彦.《大学》在俄罗斯的传播与影响［J］. 人文论丛，2021，35（01）：197-204.

进行了详细的解释。科布杰夫的译本全面、详细、准确、完整，层次分明，和原文一样有较强的韵律感，具有很强的学术型和可读性，也具有很高的学术价值、学术地位以及影响力。在翻译《大学》的同时，科布杰夫从各个维度对《大学》展开深入的研究，他比较了朱熹、王阳明、郑玄等学者和注疏家对《大学》的研究和注释，于2011年和2012年分别出版《孔子学说和〈大学问〉》《王阳明和〈大学问〉》等著述。

2011年，汉学家戈洛瓦乔娃出版了《大学》的全译本，她对《大学》里的很多字词都有自己独特的理解，比如她将“大学”理解为“天学”，因此她的译本是颇具争议的俄译本。

《大学》在俄罗斯的翻译经过了两百多年的历程。《大学》的翻译质量也有了明显提高，从因历史局限性而漏译、错译走向了正确、科学的翻译和诠释。《大学》的翻译历程也象征着儒家思想在俄罗斯跨越时空的障碍，走向被认可和接受的过程。《大学》译本比较分析详见表4-2。

表4-2 《大学》译本比较分析

翻译时间	出版时间	译　者	节译或全译	翻译方法和风格	备　注
1725年	1730年	拜耶尔	节译	转译	存在错译、漏译现象
1778年	1779年、1801年、1886年	冯维辛	节译	转译	存在错译、漏译现象，带有政治色彩
不详	1780年	列昂季耶夫	节译	意译	带有政治色彩，后被转译成德文和法文
不详	1788年	维廖夫基	节译	意译	带有政治色彩
1815—1823年	1823年	比丘林	全译	直译	译文+朱熹注释
1840—1842年	2012年	西维洛夫	全译	直译	2010年以后才出版

续表

翻译时间	出版时间	译　者	节译或全译	翻译方法和风格	备　注
不详	1889年	小西增太郎	节译	意译	译自汉语
1881—1884年	1904年	托尔斯泰	节译	意译	译自理雅各的英译本，叙事性翻译
1903年	1910年	布朗热	全译	意译	译自英译本，出版时托尔斯泰作序
1983年	1986年、2004年、2011年	科布杰夫	全译	直译+意译	注释详细、韵律感强，最科学和全面的译本
不详	2011年	戈洛瓦乔娃	全译	意译	颇具争议的俄译本

三、《中庸》译本比较分析

俄罗斯对《中庸》的翻译往往和《大学》以及“四书”的翻译紧密联系在一起。《中庸》在俄罗斯的翻译最早始于俄籍德国学者拜耶尔，1730年他节译自拉丁文的译本在俄国出版。另一种说法是《中庸》的翻译最早开始于18世纪，俄国东正教使团成员列昂季耶夫译自满文的《中庸》译本收录在《四书解义》中，于1784年出版。由于当时社会和政治的需要，列昂季耶夫通过对《大学》和《中庸》的翻译，一方面向俄国读者介绍了中国儒家哲学的思想和智慧，宣扬了中国文明道德，另一方面也借宣扬儒家的治国思想之便对当政的叶卡捷琳娜二世进行影射和隐谏。列昂季耶夫节译了《中庸》的第20章，在每一段译文之后都附有注释。[1]

19世纪下半叶，俄国汉学奠基人比丘林翻译了“四书”，这是俄国

1　张鸿彦，王诣涵．中国儒学在俄罗斯的传播与接受：以《中庸》在俄罗斯的翻译与阐释为中心［J］．东北亚外语研究，2022，10（02）：29.

第一个“四书”完整译本，保存于科学院东方学研究所圣彼得堡分所中。比丘林的译文中有着详尽的注释，在翻译的同时比丘林还积极研究“四书”，另外他推荐东正教使团把“四书”作为学习汉语和中国文化的教材。俄国首位汉学家院士瓦西里耶夫也对《中庸》的几个章节进行了翻译。瓦西里耶夫认为《中庸》的“诚、礼、修道”包含着一定的宗教内涵。由于时代和自身的局限性，比丘林和瓦西里耶夫都认为儒学是一种“读书人所信奉的”特殊宗教，他们在翻译中努力寻找“儒学这种宗教”和世界其他宗教的共性。[1]

19世纪末，对《道德经》和《论语》感兴趣的托尔斯泰同时也翻译了《中庸》，托尔斯泰选择自己感兴趣的章节进行翻译和研究，并把研读《中庸》的心得记在日记里，在日记中他摘译了《中庸》里与自己思想相通或他自己认为值得翻译的内容。他采取边译边述的方式对《中庸》进行阐释，重点关注“修身养性”“自我修养”等内容。《中庸》里的“自诚明，谓之性；自明诚，谓之教。诚则明矣，明则诚矣”和托尔斯泰“通过认识自我、改造自我，同时就能够认识、改造他人他物”的思想十分契合，这也是托尔斯泰热衷于翻译《中庸》的原因。在托尔斯泰对《中庸》的译述中也不难发现他的宗教主义倾向。[2]追随托尔斯泰的翻译家、作家小西增太郎根据莫斯科大学图书馆所收藏的朱熹的《中庸章句》进行翻译，译文于1896年发表在《哲学与心理学问题》杂志上，他根据自己的理解将“中庸”翻译为Средина и постоянство，意为“中间与恒常”，分别对应“中”和“庸”两个字。[3]

20世纪上半叶，由于苏联政治和意识形态原因，儒家学说的翻译和研究几乎处于停滞状态，直到苏联后期这种状况才得到改观。苏联后期中国文化和儒学研究逐渐被重视，涌现出了一批至今都还活跃在俄罗

---

1 Васильев В. П. 1873. Религии Востока: конфуцианство, буддизм, даосизм. -СПб.: URSS: ЛЕНАНДС. 160.

2 张鸿彦，王诣涵. 中国儒学在俄罗斯的传播与接受：以《中庸》在俄罗斯的翻译与阐释为中心［J］. 东北亚外语研究，2022，10（02）：27-37.

3 阎国栋，林娜娜. 小西增太郎与中国思想典籍在俄罗斯的传播［J］. 俄罗斯文艺，2021（04）：19.

斯汉学舞台上的知名汉学家。其中出生于黑龙江的汉学家布罗夫精通俄汉双语，他的主要研究方向为中国哲学。布罗夫参与了《论语》《大学》《中庸》的翻译，其《中庸》译本被收录在第二卷的《中国古代哲学》中。他认为儒家学说是世界哲学的代表之一，其所阐述的道理和道德准则和世界各国的哲学有相通之处，能被普遍接受。[1]

进入21世纪以来，中国在世界上的快速崛起引起了俄罗斯汉学家对中国传统文化特别是儒家文化的浓厚兴趣。因为不满前人的翻译，远东研究所的汉学家卢基扬诺夫决定重新翻译《中庸》。卢基扬诺夫的译文富有韵律和节奏，他将自己对哲学的分析和看法融入翻译中，但是他的译文中很少有注释。卢基扬诺夫对《中庸》评价很高，他认为《中庸》是《论语》的发展、补充和具体化，是《论语》的升华和延伸。他还认为《中庸》更富有哲理性，它构建了一套完整的哲学体系。此外，汉学家尤盖于2003年发表了《中庸》的俄译文。[2] 汉学家季塔连科在2003年把小西增太郎、布罗夫、卢基扬诺夫和尤盖四个人的《中庸》俄译本整理编撰成《中庸》合译本。

2017年，俄科学院院士阿布拉缅科出版两卷本的《中国哲学典籍诗体翻译》，第二卷中收录他的《中庸》译文。这是他在卢基扬诺夫的俄译本基础上采取诗歌体形式进行的翻译。他的诗歌体翻译保留了原文的韵律和节奏感，表现了中华经典文化的魅力。阿布拉缅科对《中庸》评价很高，认为它是在唱一曲开明文化之歌，其中包含音乐、礼仪和诗歌，是对《论语》思想的延伸、发展、具体化和补充。阿布拉缅科的译文以《中庸》一书中的道德为基调，在翻译中保留了《中庸》所想表达的“礼、仁、义”等重要道德范畴，设定了中国精神的道德视野，可以将其划归为哲学诗歌体裁。[3]

此外，在中国驻俄罗斯大使馆的资助下，卢基扬诺夫于2017年

---

1 Буров В. Г. Древнекитайская философия. Т. 2. -М. 1973. С. 120.
2 Югай В. Б. Срединное-обыкновенное // Конфуцианский трактат Чжун юн. -М. : Восточная литература, 2003. С. 70–94.
3 张鸿彦，王诣涵. 中国儒学在俄罗斯的传播与接受：以《中庸》在俄罗斯的翻译与阐释为中心［J］. 东北亚外语研究，2022，10（02）：31.

出版《儒家哲学经典——四书》，该书探讨了《论语》《大学》《孟子》《中庸》在当代的价值，其中第二部分从历史和哲学角度分析了《中庸》的哲学思维结构、天人合一和宇宙论。

从“中庸”两个字的不同翻译就能得知不同译者的翻译方法和风格。“中庸”既是书名标题，又是关键概念词，同时又承载着这一典籍的核心思想，也呈现了中华民族的为人处世之道和精神世界。俄罗斯不同译者对“中庸”这一关键词有着不同的解读。瓦西里耶夫把“中庸”译为Неизменная средина (Чжун-юн)；托尔斯泰把“中庸”译作Учение середины；小西增太郎把“中庸”译为Середина и постоянство；贝列罗莫夫把“中庸”译为Неизменная средина / Золотая середина；卢基扬诺夫把“中庸”译为Следование середине；布罗夫的翻译是Учение о середине；尤盖把“中庸”译为Срединное-обыкновенное；阿布拉缅科的翻译是Следование середине。

不同译者对“中庸”这一概念的理解不同，其翻译也各不相同。列昂季耶夫采取音译和意译（中庸来自中国哲学家孔子不变的法则）相结合的方法，将“中庸”看作一种不变的法则，他同时将“中庸”做了音译。在中国思想文化在俄罗斯传播的早期，因为俄国民众对儒家经典和核心思想知之甚少，这种音译的方法不利于儒家经典和核心思想在目的语国家的接受和传播。瓦西里耶夫的译文是“不变的中”，侧重了“中”的意思，没有体现出“庸”的含义。托尔斯泰把“中庸”理解为“中的学说”，其翻译同样也没体现出“庸”的含义。托尔斯泰不懂汉语，他的翻译是基于欧洲其他语言的，他还在翻译中加上了自己的主观阐释。

小西增太郎依据朱熹和程子的注释，在自己的译文中把“中庸”理解为“中间与恒常”。贝列罗莫夫认为“中庸”是一种完美的道德形态和处世之道，他采用古希腊毕达哥拉斯的“黄金分割法”（黄金中道）来翻译“中庸”，即“不偏不倚、恰到好处”的意思，他的翻译体现了中国思想文化的精髓，符合俄罗斯人的表达习惯，时至今日仍是俄罗斯普遍接受的译法之一。卢基扬诺夫和阿布拉缅科的翻译和朱熹的注疏大相径庭，他们把“中庸”译为“遵循中间”，这更接近中国注疏家郑玄的理解。布罗夫的翻译和托尔斯泰的翻译有异曲同工之妙，只侧重于“中的学说”，而没有提及“庸”。尤盖译文的含义为“中间的事物和平常的事物”，中间以连字符连接，凸显了语法上的对仗工整，该译法同样采纳了朱熹的注疏。由此可见，典籍中文化关键词的翻译既是难点也是重点，历史变迁、古今异义、注释多元、译者理解等都会影响翻译的准确性。[1]

《中庸》译本比较分析详见表4-3。

表4-3 《中庸》译本比较分析

翻译时间	出版时间	译　者	节译或全译	翻译方法和风格	备　注
1725年	1730年	拜耶尔	节译	意译	译自拉丁文，译文有争议
不详	1784年	列昂季耶夫	节译	意译+音译	译自满文，译释结合，带有政治色彩
1815年	1823年	比丘林	全译	直译	带有宗教色彩
不详	1873年	瓦西里耶夫	节译	意译	带有宗教色彩
1840—1842年	未出版	西维洛夫	节译	直译	译文相对客观准确
不详	1896年、2003年	小西增太郎	节译	意译	叙事性翻译
不详	1904年	托尔斯泰	节译	意译	叙事性翻译
不详	1973年、2003年	布罗夫	全译	直译	译释结合
不详	2001年、2003年	卢基扬诺夫	全译	意译	富有哲理、韵律和节奏，注释少

1 张鸿彦，王诣涵. 中国儒学在俄罗斯的传播与接受：以《中庸》在俄罗斯的翻译与阐释为中心［J］. 东北亚外语研究，2022，10（02）：34.

续　表

翻译时间	出版时间	译　者	节译或全译	翻译方法和风格	备　注
不详	2003年	尤盖	全译	意译	在译文里加入自己的观点
不详	2017年	阿布拉缅科	全译	意译	富有韵律和节奏

四、《尚书》译本比较分析

《尚书》在俄罗斯的翻译往往与《大学》紧密联系在一起，《尚书》最早于18世纪下半叶出现在俄罗斯，1730年，时任圣彼得堡科学院院士的拜耶尔在出版的《中国博览》一书中提到了《大学》《尚书》的内容。随后1779年，冯维辛发表在《圣彼得堡通讯》上的《大学》译文中引用了《尚书》里的句子。列昂季耶夫和维廖夫基在翻译《大学》时，也引用了《尚书》的句子。

弗拉德金于1796年发表了《汤誓》论文，其中包括《尚书》5～10章的译文。19世纪上半叶，比丘林在俄国修道院被软禁时完成《尚书》部分章节的翻译，比丘林编写的《中国古代历史》收录了1～46章的《尚书》译文抄本，其俄文译本配有中文原文加以对照，由马约罗夫进行校对编辑。比丘林的译文抄本上有很多修改的痕迹，译本也有不少地方存在漏译、错译现象，术语的翻译与原文相比也有一定的偏差。这一些痕迹都表明比丘林在翻译《尚书》的过程中为理解和推敲原文做出了努力。

1841年，西维洛夫完成了《尚书》的全部翻译，这也是俄罗斯第一部《尚书》全译本。9—20世纪，俄国一些汉学家节译或者选译了《尚书》，其中汉学家高辟天（A. M. Карапетьянц, 1943—2021）于1974年选取《尚书》的部分篇章进行翻译并研究，高辟天与一百年前的瓦西里耶夫院士均不认为《尚书》是历史文献。在他们看来，《尚书》的经典性在于其反映了现实的体制，利用具体语言对现实做分类，而非普通的史料。实际上《尚书》与《易经》性质接近，而儒家更视后者为“范例事件的记录”。[1]

由马约罗夫领衔翻译的第二个《尚书》全译本于2014年由俄罗斯科学院远东研究所出版，这是继西维洛夫之后的第二个《尚书》全译本。新的全译本共1 149页，篇幅颇巨。此译本翻译时参照由屈万里教授编撰的《尚书今注今译》，以及由李民教授（郑州大学）和王健（江苏省社会科学院）合作编撰的《尚书译注》。在翻译《尚书》时，马约罗夫引用了上述中国注疏者的注释，遇到晦涩难懂的字句时会从中选择最恰当的诠释，参照其中的内容和语句结构，推敲出原文较为完整和准确的意思。

《尚书》在俄罗斯的译著相对较少。在俄国时期《尚书》得到比丘林和西维洛夫的青睐，两个人对其进行了翻译，但他们的译文均未能出版。进入苏联后期和俄罗斯时期以来，《尚书》没能吸引更多汉学家的目光，更多的学者热衷于《道德经》和《论语》的翻译和研究。《尚书》译本比较分析详见表4-4。

表4-4 《尚书》译本比较分析

翻译时间	出版时间	译　者	节译或全译	翻译方法和风格	备　注
不详	1780年	列昂季耶夫	节译	意译	古体无韵脚叙述，译自中文和满文
不详	1796年	弗拉德金	节译	意译	存在漏译、错译现象
1827年	未出版	比丘林	节译	直译	被释放后完成整本书的翻译，翻译杂且乱，缺乏注释
1841年	未出版	西维洛夫	全译	直译	当时最为准确的译本
1974年	1981年	高辟天	节译	意译	翻译加研究
不详	2014年	马约罗夫	全译	直译+意译	注释详细、译文准确

1 Карапетьянц А. М. Древнейшаякитайскаякультурапосвидетельству Великихправил［c］// Пятаянаучная конференция ОбществоигосударствовКитае. Т. 1. -М., 1974. С. 264.

五、《孟子》译本比较分析

俄罗斯对《孟子》的翻译肇始于18世纪中叶的列昂季耶夫，他在翻译《实践录》的时候翻译了几节《孟子》，译文由于晦涩难懂未能得到传播。随后俄罗斯汉学奠基人比丘林于1820—1821年翻译了《孟子》，他不仅翻译原文，还对注释进行了翻译，其手稿未能出版，至今仍保存在东方文献研究所的档案馆里。比丘林被认为是《孟子》翻译第一人，也是第一个认识到注疏对于理解中国文化的重要性的汉学家。[1] 1855年，驻北京东正教使团成员西维洛夫出于对中国哲学和文化的兴趣翻译了《孟子》，但是其译本也未能出版，一直保存在俄罗斯对外政策档案馆。随着俄国汉学研究逐渐形成规模，19世纪后期俄国迎来了翻译中国文化典籍的热潮。俄国汉学家院士瓦西里耶夫被《孟子》深深吸引，对《孟子》进行了摘译，并加以研究，撰写了《译文摘录和孟子研究》《孟子一书里的成语》，一并收录在其编写的《中国文学史纲要》中。

1904年，俄国汉学研究奠基人波波夫翻译的《孟子》面世，书名为《中国哲学家孟子》，这是俄国历史上第一本《孟子》全译本，被多次摘录和转译，该译本还是圣彼得堡大学东方语言系的教材。2004年波波夫的《孟子》译本被收录进俄文版的“四书”中正式出版，2015年被编入大中华文库俄汉对照版本的《孟子》中。进入20世纪以来，鲁达科夫、施泰因、波兹涅耶娃、杜曼等汉学家对《孟子》进行了节译。

《孟子》的第二个全译本是汉学家郭质生翻译的，在其去世之后的1999年由孟列夫主编出版，孟列夫亲自为该书作序。苏联解体前后，汉学家苏哈鲁科夫（В. Т. Сухоруков, 1898—1988）和佐格拉夫先后节译了《孟子》，其译文分别收录进《中国作品选·中国古代散文》（1987）和《经典儒学》（2000）中。

2016年，汉学家谢缅年科翻译和出版了最新版本的《孟子》，这是

1　阎国栋. 俄罗斯汉学三百年［M］. 北京：学苑出版社，2007：43.

目前最新的、最全面的俄译本。

以下选取波波夫、郭质生和谢缅年科的三个俄译本分析它们的翻译特点和风格。波波夫的译文首先体现了翻译的忠实性，即译文忠实于原文、逐词直译，在不改变原文次序的基础上尽量使译文接近于中文的语序和句式。此外，波波夫的译文注释详尽、行文简洁，不仅附有中国注疏家的解释，还带有波波夫自己的见解。波波夫的翻译特色还表现在他对“一词多译”的对待和处理上，对同一个单词和术语在不同的语境中选用了不同的含义来解释。波波夫的这种以原文为中心，既忠于原文，又一词多译的灵活翻译策略不仅保留了中国传统文化的特色，还让译文更有可读性。波波夫的《孟子》译本具有开创性的价值和作用，在最大限度地保留原文异域性和陌生化的同时，又兼具可理解性和可欣赏性，其译本在之后的俄语翻译界广为流传，对后世翻译具有很高的参考借鉴意义。[1]

波波夫的译本广受赞誉，为人称道。但是也存在一些不足之处，一是波波夫力求忠实于原文，采用逐词直译的方式，其译文在行文上难免比较呆板生硬；二是虽然波波夫的译文准确度比较高，但是因为当时知识获取的局限性等问题，其译文中存在误解、误译现象；三是由于波波夫出生于牧师家庭，加上他在神学院的学习经历，其译作中融入了宗教色彩。

从小在中国长大并被中国传统文化影响的郭质生用全新的方法翻译了《孟子》。郭质生新的翻译方法不被当时的权威汉学家康拉德院士认可，因此《孟子》在他去世后才得到出版。郭质生译作的特点首先是独辟蹊径、标新立异，郭质生不满以前的翻译，采用全新的方法对《孟子》进行翻译。其次郭质生注重保留原文中的韵味和修辞手法，还原了《孟子》原文中充沛的气势以及雄辩犀利的风格。[2] 此外，郭质生的译文富有节奏感且对仗工整。由于译者汉语和俄语功底深厚，从小就接受中国传统文化的熏陶，能深入地理解《孟子》原文和熟练地运用解释性的翻译方法，因此他的译文流畅通顺，但是郭质生更追求可读性和流畅

1 张鸿彦.《孟子》在俄罗斯的译介［J］. 俄罗斯文艺，2019（02）：113.
2 同上。

性，其译文中不免有过于“随意”的痕迹。

20世纪末期汉学家谢缅年科认为波波夫和郭质生的《孟子》译文年代久远，无法体现当下的汉学成就和翻译水平，开始着手翻译《孟子》。谢缅年科的《孟子》译著于2016年出版。谢缅年科译文的特点是直译和意译相结合，以直译为主，意译作为补充。他不赞同波波夫一味忠实于原文的翻译方法，他认为翻译不仅应该忠实于原文，还要采取变通的方法。谢缅年科不提倡音译，主张用俄文直接进行解释，或用脚注的方法进行阐释。此外谢缅年科特别重视注疏，往往用过多的篇幅大量解释注疏，因此他的译文显得篇幅很宏大。

《孟子》在俄罗斯的翻译跨越200多年，经历了高峰与低潮，在几位汉学家的努力下，《孟子》译文越来越成熟和完善，每一部译著都渗透着汉学家们的翻译思想、方法与创新精神。[1]《孟子》译本比较分析详见表4–5。

表4–5 《孟子》译本比较分析

翻译时间	出版时间	译　者	节译或全译	翻译方法和风格	备　注
1771年	未出版	列昂季耶夫	节译	意译	译文深奥晦涩
1820—1821年	未出版	比丘林	节译	直译	译释结合
1840—1842年	未出版	西维洛夫	节译	直译	译释结合
不详	1880年	瓦西里耶夫	节译	意译	收录在《中国文学史纲要》里
不详	1904年、2004年	波波夫	全译	直译	俄国历史上第一个《孟子》全译本
1928年	未出版	鲁达科夫	节译	意译	无

1　张鸿彦.《孟子》在俄罗斯的译介［J］. 俄罗斯文艺，2019（02）：113.

续 表

翻译时间	出版时间	译 者	节译或全译	翻译方法和风格	备 注
不详	1952年	施泰因	节译	意译	译释结合
不详	1963年	波兹涅耶娃	节译	直译+意译	较为严谨准确
不详	20世纪60—70年代	杜曼	节译	意译	随意性较大
不详	1987年	苏哈鲁科夫	节译	意译	随意性较大
不详	1999年	郭质生	全译	意译	节奏感强、对仗工整
不详	2000年	佐格拉夫	节译	意译	在译文中加入自己的理解
不详	2016年	谢缅年科	全译	直译+意译	目前最全面、最新的译本

第二节 道家典籍译本研究

一、《道德经》译本比较分析

几千年来，《道德经》以其独特的文化魅力和博大精深的思想内涵吸引着国内的学者不断进行解读、探索和研究，也深深吸引着国外的学者和汉学家进行翻译、研究和传播。

在俄罗斯，对道家思想研究的热潮从苏联时期一直持续到现在，《道德经》新的俄译本不断被推出。萨夫鲁辛（А. П. Саврухин）、维诺格罗茨基（Б. Виноградский, 1957—）的译本不拘泥于原文，重在阐释老子的思想，因此自由发挥的空间很大。谢缅年科、卢基扬诺夫、马良文、李谢维奇逐字逐句地翻译，译文学术味比较浓，附有详细的注释。托尔奇诺夫采用翻译和注释相结合的方式，其译本得到学界的普遍认可。

早期的俄国学者将《道德经》的英文译本转译成俄语，现代的俄罗斯学者将俄文译本转译成古斯拉夫文等。《道德经》艰深的文字和深奥的思想给俄罗斯汉学家和中国文化爱好者无限想象的空间，他们通过推出《道德经》译本来表达对这部著名中国哲学典籍的理解和认同。[1]

《道德经》在俄罗斯的翻译随着俄罗斯汉学的发展经历了四个阶段。第一阶段为18世纪和19世纪上半叶，也是俄罗斯汉学研究的初创阶段。这一阶段的译者多以驻北京的东正教传教士为主，这一阶段也称为《道德经》翻译的尝试阶段，最有影响力的译本是西维洛夫的译本。西维洛夫于1823年开始对《道德经》进行翻译，正式开启了《道德经》在俄罗斯的翻译和传播。其译文于1828年完成，这也是俄国首部《道德经》译作。遗憾的是由于当时官方不认可，其译作直到1915年才出版。

第二阶段为19世纪下半叶，也是俄罗斯汉学的发展阶段，但是这一阶段汉学家对《道德经》的关注相对较少，最有影响力的是托尔斯泰对《道德经》的翻译、校对和研究。随着《道德经》在西方的传播，越来越多的俄罗斯学者开始关注这个富有哲理的东方经典。19世纪80年代，《道德经》引起了俄罗斯大文豪托尔斯泰的浓厚兴趣，托尔斯泰开始致力于研究《道德经》并着手翻译。同时他给小西增太郎的《道德经》俄译本进行校对，此译本于1894年发表在《哲学与心理学问题》上，这是俄国第一部公开出版的《道德经》译本。其中小西增太郎对老子的世界观、伦理观、哲学观、宇宙观进行了阐释。托尔斯泰的《道德经》译本于1910年出版，书名为《列·尼·托尔斯泰编选：中国圣人老子语录》。托尔斯泰从宗教道德观的角度对《道德经》进行研究，他认为老子思想和宗教教义有着相同和相通之处。此外，托尔斯泰还发表了《中国圣人老子所著有关“道”和“真理”的书籍》(1884)、《无为》(1893)、《圣人每日思想——列·尼·托尔斯泰汇编》(1903)、《致一个中国人的信》(1906)等文章，对老子的思想进行解读和阐释。

《道德经》在俄罗斯翻译的第三阶段为20世纪上半叶—20世纪60

1　阎国栋. 俄罗斯汉学三百年［M］. 北京：学苑出版社，2007：180.

年代。托尔斯泰对《道德经》的关注和推崇，引起了越来越多的俄国学者、汉学家、诗人和文学家对《道德经》的关注。巴尔蒙特是俄国白银时代的著名诗人，他首开先河地用诗歌体裁翻译了《道德经》的14个章节，并把《道德经》作为开篇之作收录在《远古的呼唤》文集里，于1909年出版此文集。

20世纪四五十年代，华裔俄籍学者杨兴顺以马克思主义为指导原则翻译了《道德经》，此译本通俗易懂、翻译比较准确，在苏联时期广为流传，颇具影响力。杨兴顺认为《道德经》的主要观点是“现实世界和人生不取决于上帝或者上天的意志，而是遵循一定的自然路径——道”。[1] 20世纪70年代，旅居巴西的俄籍诗人夏云清（в. ф. перелешино, 1913—1992）以诗歌体裁完成《道德经》的翻译，其译文保留了原文的诗歌韵味和文学性，再现了原文的排比、押韵等修辞方式。但是由于译者过于追求在韵律上的一致性，其译文在理解和可读性方面有些不尽如人意。前三个阶段，《道德经》的译者身份不一，有传教士、诗人、文学家和汉学家，译作大多为节译本，全译本中以杨兴顺的译本最具有影响力。

《道德经》翻译的第四阶段是苏联后期，中国改革开放的成就促使苏联重新审视中国的思想和智慧，掀起了对中国哲学的研究高潮，苏联汉学发展也呈积极态势。进入俄罗斯时代，随着中俄两国关系的友好发展和中国文化软实力影响的日益增强，俄罗斯的新一代汉学家队伍也壮大起来，更多的汉学家把目光转向中国哲学，老子和《道德经》成为汉学家关注的焦点，《道德经》的重译和再版成为新的热点。

苏联解体后的10年间，涌现出了李谢维奇、托尔奇诺夫等汉学家的《道德经》俄译本。进入21世纪后，康德拉绍娃、马良文、瓦雷斯基（Валенский）等人的译本相继问世。这些译本风格迥异、各具特色。[2] 其中马良文和李英男合译的《道德经》译本，是21世纪以来最新

1 Ян Хин-Шун. Древнекитайский философ Лао-цзы и его учение. -М.: Академия наук СССР, 1950. С. 46.

2 王朔.《道德经》在俄罗斯的译介与研究［J］. 俄罗斯文艺，2021（04）：46.

和最具代表性的译本。

在《道德经》俄译史上，最具权威和影响力的是20世纪50年代杨兴顺的译本以及21世纪马良文和李英男的合译本。现简要地比较分析这两个译本。这两个译本的语言都很简洁凝练，概括性很强，能准确解读和阐释原文的意思。但是在某些术语的翻译上，杨兴顺采用音译来翻译“道”（дао），而马良文和李英男采用的是意译的方式来翻译“道”（путь）。在“道生一，一生二，二生三，三生万物”的翻译上，杨兴顺的译文是“Дао рождает одно, одно рождает два, два рождают три, а три рождают все существа”，马良文、李英男合译本的译文是“Путь рождает Одно, Одно рождает Два, Два рождает Три, А Три рождает всютьму вещей”。由此可以发现，这句话在翻译上有着音译和直译的明显区别。

在翻译“道可道，非常道；名可名，非常名”时，杨兴顺的译文是“ДАО, которое может быть выражено словами, не есть постоянное дао. Имя, которое может быть названо, не есть постоянное имя”，马良文、李英男合译本的译文为“О пути можно сказать, но то не предвечный Путь. Имя можно назвать, но то не предвечное Имя”。可见，后者语言更加凝练，在韵律上更为讲究。杨兴顺将“孔德之容，唯道是从”译为“Содержание великого *дэ* подчиняется только *дао*”，马良文、李英男则将其译为“Сила всеохватывающего *Совершенства* исходит, единственно от Пути”，前者对“德”做音译，后者是意译。在句子结构上，前者只用一句话就概括了整句的意思，后者为了突出韵律，用两句话翻译。

杨兴顺的《道德经》译本和马良文与李英男的《道德经》合译本在翻译风格、遣词用句、翻译质量上都很接近，堪称《道德经》的经典译著。杨兴顺的译本是苏联当时最权威和最经典的译本。在苏联后期和俄罗斯时期，《道德经》的译者身份发生了变化，主要以汉学家为主。从译本的学术性来看，主要有学术译本和纯译本两种，前者为汉学家所作，集研究、译文、注释于一体，后者多为中国文化爱好者所作，往往篇幅不大。从文体与修辞风格来看，译本主要分为散文体译本和诗歌体译本。[1] 散文体译本的译者以马良文为代表，他们为保持译文的准确性而采取直译的方法，对原文进行逐字逐句的翻译，译文平铺直叙，语言通俗易懂，可读性强。散文体译本的语义相对来说更具完整性，但是语言表达略显冗赘。诗歌体译本的译者以西雅诺（Феано）为代表，他们为了符合原文的韵律，采用意译的方法，尽可能使译文语言简洁、对仗工整，兼具音律美和形式美。诗歌体的译文具有简洁凝练的优点，却不能完全表达原文的语义。

译者在对《道德经》进行翻译的同时，还关注对老子生平和道家思想的研究，且研究逐渐深入和系统化，但由于时代和译者身份的局限性，翻译和研究也具有一定的局限性。每位译者研究的角度和切入点不一样，小西增太郎侧重于从老子的宇宙观、伦理观、哲学观对老子思想进行阐释；托尔斯泰则从宗教方面解读和研究老子思想，他认为老子思想和基督教教义有相通之处；西维洛夫认为老子思想是简单质朴、充满智慧的，号召人们追求和坚守真理；杨兴顺从老子的生平、老子思想的唯物主义本质、《道德经》产生的社会历史背景以及社会伦理学说视角进行论述；萨夫鲁辛认为道家思想是"交往重在合作，遵循自然即真道"[2]；谢缅年科从"一""有""无"等字的奥秘和语言特色对道家思想的哲学深意进行探究。为了便于读者解读《道德经》，李谢维奇、马良文等人在译作中都对老子的生平和思想进行了介绍。

帝俄时期，在老子思想和《道德经》研究方面，研究视野大多集中在"老子与宗教""老子与道教""老子与基督教"的关系上，其中最具代表性和影响最大的是托尔斯泰的研究。进入苏联以后，苏联初期的汉学家认为道家思想是"客观唯心主义"，后来道家研究受到了斯大林"唯物主义"的影响。1950年，杨兴顺发表专著《中国古代哲学家老子及其学说》，用斯大林的"唯物主义"视野和方法从历史论、物质观、辩证法三个角度来阐释老子思想。杨兴顺站在"唯物主义"的立

1　王朔.《道德经》在俄罗斯的译介与研究［J］. 俄罗斯文艺，2021（04）：46.

2　Саврухин А. П. Дао дэ цзин в пословицах. Евразийский союз учёных, 2015, № 12. С. 56.

场，赞扬了“老子”学说中的“自发辩证法”。[1]在杨兴顺看来，中国的唯心主义者们，特别是儒家，企图曲解古代“道”的学说，中国的唯物主义者们与他们进行了激烈的斗争，捍卫并发展了《道德经》中主要的唯物主义思想。由此可见，中国哲学史和其他国家的哲学史一样，首先是唯物主义世界观的孕育、发展的历史和唯物主义对唯心主义斗争的历史。[2]

苏联后期，随着国内意识形态的管控趋松，老子研究基本摆脱了斯大林“自然唯物论”的影响，汉学家和道家思想研究者不再以简单的“唯心”或“唯物”来给老子思想定性，而基本倾向于马列主义“新唯物论”，故其眼中的“老子”也更接近于历史中真实的“老子”。[3]这一时期的汉学家开始运用符号学、文化学、解释学等现代方法，多角度、深层次地进行研究，主要代表人物是托尔奇诺夫、卢基扬诺夫。托尔奇诺夫发表一系列有关道家的论著，其中《道教——宗教历史概述经验》（1993、1998）、《悟真篇》（1994）是俄罗斯汉学家在道家思想研究方面的代表作。前者探讨了道教研究的一般问题，认为道教是中国的民族宗教，阐释并回答了道家和道教的相互关系问题；以道教的宇宙起源论和宇宙论观念为例，分析了道教的起源以及关于道家长生不死的学说。《悟真篇》译著指出炼丹术与其他学科的关系，中国炼丹术与其他地区（印度和阿拉伯）炼丹术形式的异同等。此外，托尔奇诺夫还出版了《道教与〈道德经〉》《炼丹术：道教实践研究与翻译》等著述。托尔奇诺夫用马克思主义的“新唯物论”阐释老子思想的生成论、自我建构论和宇宙论。卢基扬诺夫在1991年出版的《老子（早期道家哲学）》中分析了《道德经》经文，研究了道家的起源和历史。卢基扬诺夫认为在世界舞台上，道家代表着中国哲学，开辟了联系其他民族哲学文化的

1 孙柏林，张瑞臣. 当代俄罗斯学者的“老子”思想研究［J］. 学术交流，2018（03）：178-184.
2 杨兴顺. 中国古代哲学家老子及其学说［M］. 杨超，译. 北京：科学出版社，1957：98.
3 孙柏林，张瑞臣. 当代俄罗斯学者的“老子”思想研究［J］. 学术交流，2018（03）：178-184.

渠道。[1]

《道德经》在俄罗斯的翻译、研究一波三折，经历了三个高峰期，在托尔斯泰的推崇和影响下，老子思想研究在俄罗斯迎来了第一波高潮，当时的俄国学者和读者开始了解和关注道家。进入苏联时期，旅俄学者杨兴顺用“马克思主义”观点翻译和阐释《道德经》,《道德经》的翻译和研究迎来了第二波高潮。随着苏联后期意识形态管控得到放松，越来越多的学者开始热衷于翻译《道德经》和研究老子思想，这一时期也涌现出了诸如夏云清、萨夫鲁辛、古夫申诺夫（А. И. Кувшинов, 1951—）等汉学家的优秀译著。进入俄罗斯时期以后，出现了第三波热潮,《道德经》的翻译和道家思想的研究出现了百花齐放、百家争鸣的态势，从1991年至今短短30多年的时间里就涌现出了10多部《道德经》的译著，这些译著在体裁上大多采取散文体或者诗歌体裁，在翻译方法上使用直译或者意译，抑或直译加意译相结合的方法，译文质量也越来越高。《道德经》译本比较分析详见表4–6。

表4–6 《道德经》译本比较分析

翻译时间	出版时间	译　者	节译或全译	翻译方法和风格	备　注
1823—1828年	1915年	西维洛夫	全译	直译	具有时代局限性
不详	1873年	瓦西里耶夫	节译	意译	具有宗教色彩
不详	1894年	小西增太郎	全译	意译	第一部公开出版的《道德经》俄译本
不详	1910年	托尔斯泰	节译	意译	语言优美，影响力大，与波波夫合作
不详	1909年	巴尔蒙特	节译	意译	首个诗体译本

1 郑天星. 俄国汉学：儒佛道研究［J］. 国外社会科学，2003（02）：54–63.

续　表

翻译时间	出版时间	译　者	节译或全译	翻译方法和风格	备　注
不详	1957年、2014年、2019年、2020年	杨兴顺	全译	直译+意译	以马克思主义为指导原则进行翻译
不详	1971年	夏云清	全译	直译	保留原诗歌韵味，但可读性较差，在巴西出版
不详	1987年	苏哈鲁科夫	全译	意译	散文体翻译，译文相对通俗易懂
不详	1987年	萨夫鲁辛和维诺戈洛斯基	全译	意译	散文体翻译，重在阐释老子思想，不拘泥于原文，联想和发挥的色彩太浓
不详	1987年	李谢维奇	全译	直译	译释结合
不详	1993年	古夫申诺夫	全译	意译	诗歌体翻译，质量和影响不如夏云清的译本
不详	1994年	布尔托诺夫（Н. Доброхотов）	节译	意译	抒情诗翻译，哲学即兴创作
不详	1996年	巴鲁什科（О. М. Борушко, 1958—）	全译	意译	诗歌体翻译，随意性较大
不详	1998年	巴东诺夫（С. Батонов）	全译	意译	诗歌体翻译，随意性大
不详	1999年	谢缅年科	节译	直译+意译	译释结合，语言准确
不详	1999年、2001年	托尔奇诺夫	全译	直译	译文严谨，带有神秘主义色彩
不详	2000年	巴列热耶娃（Ю. Полежаева）	全译	意译	失去中国风格和色彩

续　表

翻译时间	出版时间	译　者	节译或全译	翻译方法和风格	备　注
不详	2002年	索罗维耶娃（М. Соловьева）	全译	意译	不是翻译、是转写
不详	2003年、2018年	康德拉绍娃	全译	意译	文学性和美学性较强，图文并茂、可读性强
不详	2009年	卢基扬诺夫和阿布拉缅科	全译	意译	通俗易懂，散文节奏体+诗歌体
不详	2009年	斯特拉尼克（В. Страник）	全译	意译	散文体翻译，汉俄对照译本
不详	2010年	马良文	全译	直译	注释详细，具有较强的学术气息
不详	2003年	马特维耶夫（И. А. Матвиев，1972—）	节译	意译	译文有争议
不详	2001年、2005年	西雅诺	全译	意译	诗歌体翻译
不详	2009年	马良文和李英男合译	全译	直译+意译	最具代表性的译著
不详	2010年	瓦雷斯基	全译	意译	再创作
不详	2019年	戈利什泰恩（Гринштейн）	全译	意译	随意性大
不详	2020年	克什杰克（Коштенко）	全译	意译	具有现代性

二、《庄子》译本比较分析

相比中国其他典籍，《庄子》在俄罗斯的翻译起步较晚，1880年汉学家院士瓦西里耶夫出版的《中国文学史纲要》一书首次向俄国读者介绍和评价了《庄子》。

1967年，莫斯科大学东方学院波兹涅耶娃教授出版了《中国古代的无神论者、唯物主义者和辩证主义者——杨朱》一书，里面收录了《庄子》的全译本，这是《庄子》在俄罗斯的第一个俄文全译本，该书问世后成为俄罗斯人了解、研究庄子学说的基础。[1] 该《庄子》俄译本共200多页，有译者写的序言，译文中有468条注释，序言和注释反映了译者对《庄子》的理解以及当时的苏联社会对《庄子》的需求。该译本于1983年、1994年两次再版，书名分别为《中国智者：杨朱、列子、庄子》和《庄子》。波兹涅耶娃一生致力于中国古代哲学、历史和文学的翻译和研究，她翻译的《庄子》不论在翻译质量还是影响力方面都具有很高的价值，可以说是俄罗斯汉学家研究老庄思想的代表性成就。

1987年，莫斯科文学出版社出版了苏哈鲁科夫翻译的《庄子》节译本，该节译本为李谢维奇所编《哲人文选》的一部分。此部分集中反映了庄子的人生观、生命观、世界观，其中包括“齐物论”“养生主”“大宗师”“马蹄”“胠箧”“天地”“天道”“天运”“秋水”“至乐”“达生”“山木”“田子方”“知北游”“徐无鬼”“则阳”“外物”“让王”“列御寇”这19篇内容。[2]

1995年，著名汉学家马良文出版第二本《庄子》全译本，马良文依据中国古代西晋注疏家郭象的《庄子注》里的翻译和注释，尽可能地保持了《庄子》思想的原汁原味，该译本在一定程度上表现了俄罗斯汉学家和思想家对中国哲学和思想的理解以及掌握程度，在俄罗斯具有很大的影响。马良文的《庄子》译本出版后受到各界的欢迎，被争相出版发行。

《庄子》在俄罗斯的翻译推动了俄罗斯汉学家对庄子思想的研究以及道家思想在俄罗斯的传播。《庄子》译本比较分析详见表4-7。

1　高深. 国外《庄子》版本概述［J］. 出版发行研究，2016（08）：86-89.
2　柳若梅.《庄子》的俄语译本小议［J］. 国际汉学，2012（02）：521-529.

表4-7 《庄子》译本分析

出版时间	译　者	节译或全译	翻译方法和风格	备　注
1880年	瓦西里耶夫	节译	意译	介绍性翻译
1967年、1983年、1994年	波兹涅耶娃	全译	直译	译文准确严谨，很受学术界重视
1987年	苏哈鲁科夫	节译	意译	阐述式翻译
1995年	马良文	全译	直译+意译	最有影响力的译本

第三节　小　结

中国哲学典籍在俄罗斯的翻译历经多个阶段的变化：从传教士时期走向学院阶段；研究基地从北京使团转向俄罗斯圣彼得堡和莫斯科，甚至远东；研究范围从儒、释、道扩展到其他学派；翻译方式从早先的节译、选译到全译和对注疏的翻译，从起初的简单翻译介绍走向翻译加注释以及深入、全面、科学的学术研究。[1]翻译和研究队伍也日益壮大，老中青三代汉学家同台竞技，翻译和研究论著数以千计。

1780年问世的《大学》和1784年出版的《中庸》译著是由著名汉学家列昂季耶夫主持完成的，这也是俄罗斯汉学家翻译中国哲学典籍的开端。在中国传统文化向俄罗斯传播的过程中，使团成员和俄罗斯汉学家发挥了至关重要的作用。在俄罗斯，对中国哲学典籍的翻译最早可追溯到18世纪，罗索欣、列昂季耶夫、瓦西里耶夫、西维洛夫等汉学家早在200多年前就展开了对《三字经》《大学》《中庸》《论语》《孟子》《道德经》《易经》《尚书》等中国哲学典籍的翻译和研究工作，相关成果颇丰。

18世纪和19世纪上半叶，从事中国哲学典籍翻译的译者以被派到

1　王灵芝.《论语》在俄罗斯的译介历程［J］. 孔子研究，2011（01）：108–116.

中国的宗教使团成员为主，这一时期的使团成员汉学家中西维洛夫和比丘林的贡献最大。这期间的译著不论在译文内容还是翻译质量方面，都存在很大的时代局限性，往往带有一定的宗教色彩。进入19世纪下半叶，由于托尔斯泰对儒道思想的热爱和推崇，当时的俄国出现了翻译中国哲学典籍的小高峰，除享誉盛名的瓦西里耶夫及其弟子热衷于翻译之外，以托尔斯泰为首的文学家及其追随者也加入了翻译中国哲学典籍的队伍。这一时期的译文在翻译质量上得到了很大的提升，但是在内容上还没有摆脱宗教色彩。这一阶段最典型的特点是扩大了翻译范围和领域，除翻译儒、释、道典籍之外，汉学家们开始把目光转向中国哲学其他流派。

进入苏联以后，在初期由于意识形态管控的原因，中国哲学典籍翻译进入了“冷落期”，李明滨曾对此做过分析，他认为苏联时期对儒学的研究不如沙俄时代，部分原因是儒家学说被当作维护统治阶级利益的反动思想，从而遭到冷落。[1] 这一时期中国哲学典籍译本虽然数量不多，但是在翻译内容上摆脱了宗教的影响，在翻译质量上也得到了大幅的提升。进入中后期以来，意识形态领域逐渐变得宽松起来，中国哲学典籍翻译领域出现了新的高峰，涌现出了大量杰出的汉学家和优秀的译本，翻译质量得到进一步提高，汉学家开始以唯物主义和马克思主义为出发点翻译中国哲学典籍。儒家经典《论语》和道家经典《道德经》得到多次翻译和再版，其他中国哲学流派的典籍翻译也逐渐多了起来。

苏联解体后，新的、大量的《论语》和《道德经》俄译本涌现出来，其他哲学典籍也被汉学家们关注和多次翻译。迄今为止，《论语》已经出现10多个翻译版本，《道德经》有20多个俄译版本，其他学派的典籍也不断有新的翻译版本出现。由于新一代汉学家在汉语能力和哲学观的认知上都达到一个比较高的水平，其翻译内容和质量摆脱了唯物主义和唯心主义的影响，从而变得更加科学、客观和全面，越来越多的汉学家在“信”的基础上，力求达到“达”和“雅”的水平，译文语言更

1　李明滨. 中国与俄苏文化交流志［M］. 上海：上海人民出版社，1998：25.

加优美和富有韵律感。

中国哲学典籍译本跨越时间的长河，虽然由于历史和时代的局限性、汉学家自身的汉语水平及认知等原因，译本在翻译风格、体裁、质量等方面各有千秋，但正是由于这些汉学家的努力，中国传统思想的精髓——中国哲学典籍才得以呈现在俄罗斯学者和读者面前，博大精深的中国传统思想和文化才得以传播。

参考文献

[1] Алексеев В. М. Труды по китайской литературе. -М.: Вост. Лит., 2003.

[2] Алимов И. А., Ермаков М. Е., Мартынов А. С. Срединное государство. Введение в традиционную культуру Китая. -М.: ИД Муравей, 1998. 288 с, с илл.

[3] Ван Янь. Вести из потустороннего мира. Буддийские короткие рассказы V века / Перевод с китайского, примечания и послесловие. М. Е. Ермакова. -СПб.: Андреев и сыновья, 1993.

[4] Вахтин Б. Б. Заметки о повторяющихся строках в Шицзине // Страны и народы Востока Вып. 9. -М., 1971.

[5] Веселовский Н. И., Сведения об официальном преподавании восточных языков в России, — Труды III Международного съезда ориенталистов, т. 1. -СПБ., 1879—1880, С. 181–183.

[6] Депей-китаец. Переведена с китайского на российский язык Алексеем Леонтьевым, Коллеги иностранных дел секретарем. -СПБ., 1771.

[7] Духовная культура Китая. Философия. Редакторы. / М. Титаренко, А. Кобзев А. Лукьянов. -М.: Восточная литература РАН, 2006.

[8] Еремеев В. В. Чертеж антропокосмоса. Комментарий к трактату Чжоу Дунь-и и Обяснение чертежа Великого предела. 2-ое изд., -М., 1993., 381 с.

[9] Ермаков М. Е Классический фэншуй.: Введение в китайскую геомантию / Сост., вст. ст., пер., примеч. и указ. М. Е. Ермакова. -СПб.: Азбука-классика, Петербургское Востоковедение, 2003.

[10] Знаменский П. В., Духовные школы. История российской иерархин, ч. 2. -СПб., 1810, С. 491–496.

[11] Знаменский П. В., Духовные школы. История российской иерархин., ч. 2,

СПб., 1810.

[12] Из записной книжки Н. В. Путяты (встречи с А. С. Пушкиным) , — Русский архив. 1899, кн. 2, №6, С. 350–353.

[13] История отечественного востоковедения до XIX века. -М.: Наука, 1990.

[14] Клюбопытному читателю. Китайские мысли. Перевод с манж. На росс. яз. А. леонтьев. -СПб., 1786.

[15] Китайская философия: Энциклопедический словарь./гл. ред. М. Л. Титаренко. -М.: наука, 1994.

[16] Китайские поучения, изданные от хана Юн-Джена для воинов и простого народа в 2-м году царствования., пер. с кит. на российский язык секретарь Леонтиев. -СПб., 1788.

[17] Китайское уложение., пер. сокращенно с манчж. на российский язык Коллегии иностранных дел майорского ранга секретарь Леонтьев. -СПб., ч. 1, 1778, ч. 2, 1779.

[18] Кобзев А. И. О категориях традиционной китайской философии. // Народы Азии и Африки. 1982. № 1.

[19] Кобзев А. И. Пять элементов и магические фигуры И цзина // 12-я научная конференция Общество и государство в Китае Ч. I. -М., 1981.

[20] Кобзев А. И. Учение Ван Янмина и классическая китайская философия. -М., 1983.

[21] Кобзев А. И. Учение о символах и числах в китайской классической философии. (Серия История восточной философии). -М.: Наука-ВЛ. 1994.

[22] Кравцова М. Е. Буддизм как социальный и культурный феномен китайского общества // Религии Китая. Хрестоматия. Сост. Е. А. Торчинов. -СПб., 2001.

[23] Кычанов Е. И *Софронов М. В., Кычанов Е. И.* Исследования по фонетике тангутского языка. (Предварительные результаты). -М., ИВЛ, 1963.

[24] Кычанов Е. И Запись у алтаря о примирении Конфуция. (Серия Памятники письменности Востока). -М.: Восточная литература, 2000.

[25] Кычанов Е. И Очерк истории тангутского государства. -М.: Наука, 1968.

[26] Леонтьев А. Л. Описание китайской шахматной игры. -СПб., 1775.

[27] Лисевич И. С. Литературная мысль Китая на рубеже древности и средних веков., -М.: наука, 1981.

[28] Лукьянов А. Е. Истоки Дао. Древнекитайский мысли. -М.: наука, 1992.

[29] Лукьянов А. Е. Становление философии на Востоке. Древний Китай и Индия. -М., 1980.

[30] Лукьянов А. Е. Становление философии на Востоке.: (Древ. Китай и Индия) . -М.: Изд-во Ун-та дружбы народов, 1989.

[31] Мартынов А. С. Государственное и этическое в императорском Китае // Этика и ритуал в традиционном Китае. -М.: Наука, ГРВЛ, 1988.

[32] Мартынов А. С. Буддизм и общество в странах Восточной Азии. (Предисловие) // Буддизм, государство и общество в странах Центральной и Восточной Азии в средние века. Сборник статей. -М.: Наука, ГРВЛ, 1982.

[33] О Иакинф Бичурин. (Автобиографическая записка). Учение записки АН по I по III отделениям., 1855, т. III.

[34] Об изображении китайских письмен и любопытных изданиях боронах Шиллинга, Азиатский вестиник, 1825, кн. 5, май, С. 367–373.

[35] Описание Тибета в нынешнем его состоянии. С картою дороги от Ченду до Лхассы. Пер. С китайского, -СПб., 1828.

[36] Петров А. А. Ван Бин. Из истории китайской философии. -М. -Л., 1936.

[37] Петров А. А. Китайская философия // Большая Советская энциклопедия. т. 32. -М., 1936.

[38] Петров А. А. Очерк философии Китая // Китай. -М. -Л., 1940.

[39] Петров А. А., философия Китая в русском буржуазном китаеведении, — Библиография Востока, 1935, №7, С. 5–28.

[40] Письмо Бичурина из Валамской монастырской тюрьмы, предисловие П. Е. Скачкова, — Народы Азии и Африки, 1962, №1, С. 100–102.

[41] Попова И. Ф. Политическая практика и идеология раннетанского Китая. -М.: Восточная литература, 1999.

[42] Радуль-Затуловский Я. Б. Дай Чжэнь — выдающийся китайский

просветитель // Вопросы философии. 1954. №4. С. 119–128.

[43] Речь государя Тана к воинству: (С китайского языка) // Перев. А. Владыкин. -Муза.: Ежемесячное издание., 1796. IV. С. 193–195.

[44] Российское китаеведение—устная история. -М.: ИВ РАН, 2008—2015.

[45] Русский китаевед первой половины XIX века Иакинф Бичурин, Уч. Зап. ЛГУ. История и филология стран Востока, 1954, №179. С. 282–283.

[46] Русско-китайские отношения. 1689—1916, АРХИВ ЛО ИВАН. Ф. 36, оп. 1, №154. С. 151–213.

[47] Сань-цзы-цзин, или Троесловие с литографированным китайским текстом. -СПб., 1829.

[48] Скачков П. Е. Очерки истории русского китаеведения. -М.: Наука, 1977.

[49] Скачков П. Е. Первый преподаватель китайского и маньчжурского языков в XVII веке в России, Проблемы востоковедения. -М., 1960.

[50] Соколов И. И. Архимандрит Авакум Чесной, — Тверские епархиальные ведомости, 1899, №7, С. 184–190б №8, С. 210–221, №9. С. 243–252.

[51] Сторожук А. Г. Три учения и культура Китая: конфуцианство, буддизм и даосизм в художественном творчестве эпохи Тан. -СПб., 2010.

[52] Таранович В. П., Русский китаевед И. К. Россохин, — сб. Из истории науки и техники в странах Востока. вып. II, -М., 1961.

[53] Торчинов Е. А Гэ Хун. Баопу-цзы. Эзотерическая часть. Перев., предисл., коммент. -СПб.: Центр Петербургское востоковедение, 1999.

[54] Торчинов Е. А Пути философии Востока и Запада: Познание запредельного. -СПб: Азбука-классика, Петербургское востоковедение, 2005.

[55] Тубянский М. И., Предварительное сообщение о буддологическом рукописном наследии В. П. Васильева и В. В. Горского, — Доклады АН СССР, 1927, №3. С. 59–64.

[56] Уведомление о чае и шелке. Из китайской книги, Ван боу кюань называнимой. -СПб., 1775.

[57] Федоренко Н. Т. Шицзин и его место в китайской литературе. -М.: Вост. лит, 1958.

［58］Харлампович. К, Материалы для истории Казанской духовной семинарии в XVIII в. -Казань, 1903.
［59］Щуцкий Ю. К. Китайская книга перемен. -М.: наука, 1960.
［60］Якубовский А. Ю. Из истории изучения монголов периода XI–XIII вв., —Очерки по истории русского востковедения, вып. 1., 1953. С. 38–45.
［61］Янгутов Л. Е. Философское учение школы Хуаянь, -Новосибирск, 1982.
［62］Мышинский А. Л.，朱玉富．列夫·托尔斯泰解读老子的《道德经》：兼谈《道德经》在俄罗斯的传播［J］．中国俄语教学，2015，34（01）：64–69.
［63］阿尔杰姆·伊戈里维奇·科布杰夫，杨春蕾．人类历史中的中国文明之路［J］．国际汉学，2021（04）：5–13.
［64］［俄］布罗夫．俄罗斯的中国哲学研究：十七世纪末—二十世纪末（上）［J］．汉学研究通讯，1984（56）：249–253.
［65］［俄］布罗夫．俄罗斯的中国哲学研究：十七世纪末—二十世纪末（中）［J］．汉学研究通讯，1985（57）：21–26.
［66］［俄］布罗夫．俄罗斯的中国哲学研究：十七世纪末—二十世纪末（下）［J］．汉学研究通讯，1985（58）：121–126.
［67］蔡鸿生．俄罗斯馆纪事［M］．广州：广东人民出版社，1994.
［68］陈建华．二十世纪中俄文学关系［M］．北京：高等教育出版社，2002.
［69］陈开科．“莫斯科的孔夫子”：记俄罗斯科学院著名汉学家列·谢·贝列罗莫夫博士［J］．孔子研究，2000（03）：105–112.
［70］陈开科．俄国汉学家巴拉第的佛教研究［J］．湖南文理学院学报（社会科学版），2006（05）：63–70.
［71］陈开科．巴拉第的汉学研究［M］．北京：学苑出版社，2007.
［72］高深．国外《庄子》版本概述［J］．出版发行研究，2016（08）：86–89.
［73］戈宝权．中外文学因缘［M］．上海：华东师范大学出版社，2013.
［74］何寅，许光华．国外汉学史［M］．上海：上海外语教育出版社，2002.
［75］季塔连科，罗曼诺夫，张冰．1990年代后俄罗斯中国传统哲学研究综述［J］．社会科学战线，2017（01）：229–236.
［76］科布杰夫，张冰．《大学》在俄罗斯的命运［J］．国际比较文学（中英文），2020，3（03）：507–518.

［77］李明滨. 俄罗斯汉学史［M］. 郑州：大象出版社，2008.
［78］李明滨. 中国文化在俄罗斯［M］. 北京：新华出版社，1993.
［79］李明滨. 中国文学俄罗斯传播史［M］. 北京：学苑出版社，2011.
［80］李明滨. 中国文学在俄苏［M］. 广州：花城出版社，1990.
［81］李明滨. 中国与俄苏文化交流志［M］. 上海：上海人民出版社，1998.
［82］李明滨. 走进俄罗斯汉学研究之门［J］. 国际汉学，2017：5–11.
［83］列·谢·贝列罗莫夫，陈开科. 孔夫子学说在俄罗斯的过去、现在与未来［J］. 云梦学刊，2000（06）：35–38.
［84］刘丽芬.《论语》翻译在俄罗斯［J］. 中国外语，2014，11（05）：96–103.
［85］刘亚丁. 孔子形象在俄罗斯文化中的流变［J］. 东北亚外语研究，2013，1（02）：2–9.
［86］刘亚丁. 探究中国哲学 溯源华夏心智：俄罗斯《中国精神文化大典·哲学卷》管窥［J］. 甘肃社会科学，2013（04）：137–139.
［87］柳若梅.《庄子》的俄语译本小议［J］. 国际汉学，2012（02）：521–529.
［88］马约罗夫.《尚书》在俄罗斯的传播述论［J］. 扬州大学学报（人文社会科学版），2017，21（02）：87–97.
［89］孟列夫，黄玫. 阿列克谢耶夫院士及其汉学学派［J］. 国际汉学，2005（1）：41–46.
［90］米·季塔连科，安·维诺格拉多夫，张冰，等. 一生为中国而战：俄罗斯著名汉学家米·季塔连科访谈录［J］. 国外社会科学，2016（03）：134–141.
［91］莫东寅. 汉学发达史［M］. 上海：上海书店，1989.
［92］桑兵. 国学与汉学：近代中外学界交往录［M］. 杭州：浙江人民出版社，1999.
［93］［俄］斯卡奇科夫. 俄罗斯汉学史［M］. 柳若梅，译. 北京：社会科学文献出版社，2011.
［94］宿丰林. 早期中俄关系史研究［M］. 哈尔滨：黑龙江人民出版社，1999.
［95］孙柏林，张瑞臣. 当代俄罗斯学者的“老子”思想研究［J］. 学术交流，2018（03）：178–184.
［96］孙成木. 俄罗斯文化一千年［M］. 北京：东方出版社，1995.

[97] 田雨薇.《论语》在俄罗斯的译介与传播[J]. 中国俄语教学，2020，39（03）：87-95.
[98] 王灵芝.《论语》在俄罗斯的译介历程[J]. 孔子研究，2011（01）：108-116.
[99] 王朔.《道德经》在俄罗斯的译介与研究[J]. 俄罗斯文艺，2021（04）：45-53.
[100] [俄]王西里. 中国文学史纲要（俄汉对照）[M]. 阎国栋，译. 北京：中央编译局出版社，2016.
[101] 吴泽霖. 托尔斯泰和中国古典文化思想[M]. 北京：生活·读书·新知三联书店，2017.
[102] 阎国栋，林娜娜. 小西增太郎与中国思想典籍在俄罗斯的传播[J]. 俄罗斯文艺，2021（04）：17-25.
[103] 阎国栋，张淑娟. 俄罗斯的《诗经》翻译与研究[J]. 社会科学战线，2012（03）：140-146.
[104] 阎国栋. 俄罗斯汉学三百年[M]. 北京：学苑出版社，2007.
[105] 杨春蕾，科布杰夫. 阳明学在俄罗斯不同社会意识形态下的传播轨迹：从主观唯心主义到主观自然主义的认知流变[J]. 浙江学刊，2021（02）：24-30.
[106] 杨春蕾. 王阳明思想学说在俄罗斯的传播与影响[J]. 湖北社会科学，2018（07）：89-95.
[107] 张爱民. 老庄在俄苏[J]. 前沿，2010（22）：162-165+172.
[108] 张冰. 索洛维约夫与俄罗斯汉学[J]. 国际汉学，2017（01）：72-76+202.
[109] 张德彝. 航海述奇[M]. 长沙：湖南人民出版社，1981.
[110] 张国刚等. 明清传教士与欧洲汉学[M]. 北京：中国社会科学出版社，2001.
[111] 张鸿彦，王诣涵. 中国儒学在俄罗斯的传播与接受：以《中庸》在俄罗斯的翻译与阐释为中心[J]. 东北亚外语研究，2022，10（02）：27-37.
[112] 张鸿彦.《大学》在俄罗斯的传播与影响[J]. 人文论丛，2021，35（01）：197-204.

[113] 张鸿彦.《孟子》在俄罗斯的译介[J].俄罗斯文艺，2019(02)：109-116.

[114] 张维华，孙西.清前期中俄关系[M].济南：山东教育出版社，1997.

[115] 郑天星.俄国汉学：儒佛道研究[J].国外社会科学，2003(02)：54-63.

[116] 郑天星.俄罗斯的汉学：道教研究[J].国际汉学，2003(02)：193-208.

[117] 中国社会科学院近代史研究所翻译室.近代来华外国人名辞典[M].北京：中国社会科学出版社，1981.

[118] 中国社会科学院文献情报中心.俄苏中国学手册(上、下册)[M].北京：中国社会科学出版社，1986.

[119] 朱达秋，中国哲学在俄罗斯：20世纪90年代俄罗斯的中国哲学研究[J].哲学动态，2005(03)：62-67+73.

索 引

人名索引

A

阿巴耶夫 128

阿加福诺夫 21

阿里茂夫 166

阿列克谢耶夫 56，76–94，98–100，103，106–108，115，132，147，151，179，181

艾德林 85，86，89

奥贝尔米耶夫 62

奥登堡 61，62，77–80，82，152

奥列宁 24

B

巴尔蒙特 75，198，202

巴克舍耶夫 21

巴拉第 55–57，64，67，84

巴拉诺夫 104

巴里瓦诺夫 78

巴塔洛夫 134

巴彦科夫斯卡娅 85，86，98

白晋 15

拜耶尔 4，5，182，185，186，190，191

鲍里索夫 10

贝科夫 96

贝列罗莫夫 84，118，119，154，158，159，168，170，171，179–181，189

比丘林 3，22–34，36，40，41，46，56，81，125，171，177，181，185–187，190–193，195，207

彼得罗夫 10，32，50，59，80，81，85，89，91，99–102，105

波波夫 63–65，67，70，83，159，166，171，177–179，181，193–195，202

波波娃 23，162

波戈金 46

波诺马廖夫 6

波兹涅耶夫 67

波兹涅耶娃 126，130，133，179，181，193，196，205，206

布哈尔特 4

布拉日基娜 162，163

布朗热 69，71，171，184，186

布罗夫 3，10，30，60，61，76–78，94，96，102，107，108，114，116，117，119–121，133–136，147，154，188–190

布塞尔 82

D

杜曼 80，193，196

E

鄂山荫 78，89

F

菲阿克基斯托夫 129

费奥克蒂斯托夫 117，118，147，154，170，172

费德林 52，85，89，111，131，132

冯秉正 8

冯维辛 14，21，182-185，191

弗拉德金 9，13，20，21，36，191，192

弗鲁克 89，91，103

G

戈尔巴乔娃 32，177

格奥尔基耶夫斯基 36，57-60，63，67

格拉西莫夫 75

给恰诺夫 127

古列维奇 152

H

哈尔斯基 80

J

基里洛夫 38，39

吉姆科夫斯基 24，25，28

季塔连科 111，113，114，119，120，126，135，146，153-155，163，164，168-171，188

杰利维格 29

杰米多娃 152

捷尔季茨基 167

K

卡缅斯基 3，14，24，25，33，34，40

卡纳耶夫 10，11

卡日劳夫斯基 119

康拉德 16，78，92，93，95，97，111，114，153，179，181，194

科布杰夫 30，96-98，128，139-144，153，154，157-159，164，168，169，171，182-186

科里基 75

科洛科洛夫 78

科恰诺夫 40

科瓦列夫斯基 46

克拉夫佐娃 166，167

克雷莫夫 133，134

克里夫佐夫 125，126

克列林 7

克林姆斯基 34

克鲁申斯基 147，148

克罗尔 129，130

库利科娃 40

拉杜利—扎杜拉夫斯基 106

莱布尼茨 15

雷萨科夫 163

L

李福清 52，85，86，89，111

李谢维奇 126，132，196，198，200，203，205

里哈乔夫 95
理雅各 68，70，71，184，186
列昂季耶夫 3，5，9–21，39，40，69，183–186，189–193，195，206
列昂季耶夫斯基 34
列扎依斯基 4
卢基扬诺夫 144–147，153，154，159，170，171，182，188–190，196，201，204
鲁宾 96，126
鲁达科夫 63，105，193，195
鲁德娃 86
鲁萨诺夫 70
罗索欣 3，5–12，18，19，39，40，206
罗泽堡 61，62
洛马诺夫 154，163

M

马拉库耶夫 104，105
马利亚文 167
马良文 137–139，153，155，156，182，196，198–200，204–206
玛尔德诺夫 149–151，166，168，180–182
玛纳斯德列夫 63，171
玛约罗夫 163，164
梅利尼科夫—别切尔斯基 46
孟列夫 85，86，88，89，148，151–153，159，164，168，193
米纳耶夫 49，61，63，67
米亚斯尼科夫 23，111

N

尼基福罗夫 48，103
诺维科夫 13
帕什科夫 81
潘克拉托夫 81

Q

齐赫文 89，111，115，153
钱德明 17
切尔特科夫 68，70，71
切卡诺夫 11
切克马廖夫 7
切普尔科夫斯基 105
切斯诺依 38，39
丘古耶夫斯基 32
屈那 81

S

萨韦利耶夫 7
塞尔古诺夫 75
沙斯金娜 46
沙畹 78，79，82
绍库洛夫 11
施密特 63
施泰因 129，193，196
施图金 131，132，167
什库尔金 103，104
什斯托帕洛夫 4
舒尔金 6
斯卡奇科夫 8，9，12，19，21，28，32，40，50，66，67
斯拉科夫斯基 111
斯皮林 148，149

斯特拉霍夫 68
斯特拉汝克 163
宋采夫 111
宋君荣 9，16，18
苏霍姆利诺夫 9
索洛维约夫 73-75

T

塔拉诺维奇 10
特卡琴科 130，131
特列季亚科夫 4
托尔奇诺夫 128，159-162，166，168，196，198，201，203
托尔斯泰 37，59，68-73，75，76，107，171，184，186，187，189，190，197，198，200，202，207
托卡列夫 127

W

瓦赫金 133
瓦特今 135
瓦西里耶夫 12，23，28，30，34，41，45-55，57，58，60-64，66-68，77-79，81，82，107，122-124，154，164，177-179，181，187，189-191，193，195，202，204，206，207
维利盖利姆 66
卫礼贤 70
沃尔科夫 7，8
沃罗比耶夫 78
沃耶依科夫 4
沃兹涅谢斯基 78

X

西蒙诺夫斯卡娅 80
西维洛夫 3，35-38，40，185，190-193，195，197，200，202，206，207
希林格 24，26-28
谢列布列尼科夫 104
谢缅年科 127，179，181，193-196，200，203
谢宁 134
休茨基 16，80，81，88，89，91-99，115，140，141，143，171

Y

扬古诺夫 128，129
杨兴顺 115-117，198-203
叶尔马科夫 164-166
叶列梅耶夫 144
伊万诺夫 66，67，77，78
伊万诺夫斯基 63，79

Z

扎科夫 103
翟理斯 51
朱利安 37，70

文献索引

《八旗通志》 6，9，12，39，40
《白虎通》 136
《百论》 55
《抱朴子》 54，92，96，136，162
《昌言》 136

《臣规》 162
《出小无量寿经》 166
《传习录》 158
《创世记》 38
《春秋》 52，53，63，171
《春秋繁露》 136
《大乘无量寿经》 166
《大秦景教流行中国碑》 34
《大清会典》 14，16，18，31
《大清律例》 18
《大清一统志》 24
《大学》 14，15，21，28，36，39，40，53，69，135，143，158，159，182-186，188，189，191，206
《道德经》 22，35-38，40，52，54，69-71，73，75，93，105，107，115，116，124，127，130，136，146，148，156，160，161，164，166，177，187，192，196-202，206，207
《邓析子》 148
《帝范》 162
《法言》 136
《佛教经典》 166
《佛教文献》 46
《佛说轮王七宝经》 166
《佛说文陀竭王经》 166
《佛学译辑》 159
《福音书》 38
《感应传四种》 165
《高僧传》 165
《古代中国人劝诫和统治的哲学经验》 21
《古文观止》 88
《关于成吉思汗家族的蒙古史》 34
《观无量寿佛经》 166
《管子》 103，129
《鬼谷子》 103，156
《韩非子》 54，148
《汉书》 136
《汉文启蒙》 29
《淮南子》 54，136，146，164
《黄帝阴符经》 105
《浑天仪》 136
《金刚经》 38，166
《孔子传》 15，21，65，155，156，167
《老子》 75，101，146
《老子道德经或道德之书》 70
《老子的道德哲学》 35
《礼记》 53，54，124
《理学》 151
《两汉哲学资料集》 136
《列子》 66，126，138，146
《龙树菩萨论》 47
《吕氏春秋》 54，130
《论衡》 101，136
《论语》 28，36，48-50，52，53，64，65，67，83，84，86，87，90，114，118，119，127，135，136，146，151，158，159，164，177-181，187-189，192，206，207

《孟子》 14，23，36，40，53，63-65，67，71，105，129，136，151，159，171，189，193-195，206
《妙法莲华经》 166
《明心宝鉴》 36
《冥祥记》 165
《墨子》 54，71，103
《墨子摘译》 113
《欧洲人研究〈中庸〉的历史》 67
《般若波罗蜜多心经》48，166
《恰克图条约》4，12
《千字文》 7，10，55
《潜夫论》 136
《阮籍》 138
《三字经》7，8，10，18，22，25-27，32，39，40，55，171，206
《山海经》 146
《商君书》 118
《尚书》20，21，25，36，38，40，50，53，132，164，170，191，192，206
《申鉴》 136
《圣人书》 136
《圣祖圣训：论治道（1644—1661年顺治关于行为准则的训诫）》 21
《圣祖圣训：求言》 21
《圣祖圣训：圣德（1662—1722年康熙论生活准则）》 21
《诗经》 38，40，48，53，54，126，129，131-133，167，168
《史记》83，129，136
《世说新语》136
《四书或者中国哲学家孔夫子经典以及言论》 8
《搜神记》 152
《苏联科学院亚洲博物馆东方学家协会文集》92
《孙子兵法》 16，17，39，156
《太极拳》 156
《太平广记》 166
《太平经》 136
《太玄经》 96，136
《汤誓》 20，191
《通鉴纲目》24，34
《无量经》 166
《悟真篇》 160，201
《西夏国》127
《象祠记》88
《孝经》8，53，54
《玄奘游记》55
《荀子》54，117，129，151，172
《盐铁论》 129，130，135，136
《杨朱》 126
《一童驳倒孔夫子》 8
《异部宗轮论》 47
《易经》 15，16，18，39，54，80，88，91，93-97，124，132，140，143，144，146，148，149，157，160，163，169，171，191，206
《瘗旅文》 88
《阴符经》 166
《尹文子》 148
《印度佛教史》 46

《游天台山赋》 166
《御制朱子全书》 150
《原人论》 166
《阅藏知津》 55
《贞观政要》 162
《正蒙》 163
《政论》 136
《中阿含经》 166
《中国博览》 4，21，182，191
《中国典籍〈易经〉》 91，93，95-98
《中国典籍〈易经〉中阴阳的两重作用》 16
《中国风水》 166
《中国精神文化大典》 140，144，147，153，155，169，172
《中国居民的道德、习俗、教育》 29
《中国通史》 36
《中国文学史纲要》 50-54，67，178，193，195，204
《中国象棋》 19
《中国哲学百科辞典》 117，155，169，172
《中国哲学家程子给国王的劝谏》 13，16
《中国哲学家孔子的哲学》 35
《中庸》 14，15，28，36，39，40，69，75，146，159，186-190，206
《忠经》 21，162
《周易》 101
《朱熹哲学遗产中的理学》 151
《驻北京俄国宗教使团成员著作集》 57
《庄子》 21，54，124，126，136，138，139，146，148，160，204-206
《资治通鉴纲目》 8
《宗本义》 166
《祖国纪事》 46
《左传》 105